# 製造物責任

判例ハンドブック

羽成　守
青木莊太郎　[編]

青林書院

# はしがき

　製造物（製造又は加工された動産）の欠陥により生じた消費者の被害に対する製造者企業の責任を明らかにした製造物責任法（PL法）は，平成6年（1994年）に公布され，翌平成7年（1995年）に施行された。

　製造物責任（Product Liability）に関する法律は，1965年にアメリカで制定され，その20年後の1985年，ヨーロッパでEC市場統合の必要からEC指令がまとまり，当時アメリカ，ヨーロッパとの貿易を主力としていた日本でも，立法の必要性が論議され，EC指令の10年後に製造物責任法が制定されたものである。

　従来の民法下の不法行為損害賠償は「故意・過失」を要件としていたが，PL法では責任要件として製品の「欠陥」のみを規定し，製造者側の主観的要件を排除した。

　一方，PL法立法に対する製造者企業側の警戒心，反発も強く，成立したPL法は，欠陥存在の推定規定を設けず，被害者である消費者側に欠陥の立証責任を負わせたり，開発の際の科学と技術水準からみて，製品に内在する欠陥を発見することができなかったことを製造者側が証明できれば責任を問わないとする，いわゆる「開発危険の抗弁」を認めるなど，製造者企業側にとっては，ゆるやかな法律になっているとも言われた。

　また，PL法は全6条という小さい法律であるため，立法当初は，PL法立法の効果を疑問視する声が存していたことも事実である。

　しかし，施行から20年を迎えようとしている今日までの裁判例の集積は，小さなPL法を肉付けすることとなり，今や，製造物の欠陥による損害賠償法の根幹をなす極めて重要な法制度となった。

　本書は，全体を6章に分け，総則をはじめとして責任論，特に欠陥の内容ならびに損害といった組み立てに加え，当事者の立証について一章をさくこととした。

　これは，前述したように，PL法は欠陥存在の推定規定を設けなかった

が，このことが実際の訴訟において消費者に不利となっているかを知ることができるとともに，訴訟においては，実際にどの程度までの主張・立証が必要であるかを知る一つの目安となると考えたからである。

　本書は，判例ハンドブックとしてはいるが，単なる判例の紹介に止まらず，広く学説を紹介し，PL法の解釈についても論及した。

　PL法施行後20年目にこのような本を刊行することができたことは編者としても嬉しい限りである。

　また，本書を刊行するにあたっては，青林書院の倉成栄一さんに大変お世話になった。改めて，この場をかりて御礼申し上げる。

　　平成26年（2014年）9月

　　　　　　　　　　　　　　　　　　　　　　　羽　成　　　守
　　　　　　　　　　　　　　　　　　　　　　　青　木　荘太郎

# 編集者・執筆者

## 【編集者】
羽成　　守（弁護士　ひびき綜合法律事務所）
青木荘太郎（弁護士　青木法律事務所）

## 【執筆者（執筆順）】
羽成　　守（弁護士　ひびき綜合法律事務所）
鹿田　　昌（弁護士　小田原・鹿田法律事務所）
岸　　郁子（弁護士　四谷番町法律事務所）
青木荘太郎（弁護士　青木法律事務所）
氏原　隆弘（弁護士　あたご法律事務所）
大内　倫彦（弁護士　あたご法律事務所）
新美　裕司（弁護士　東京神田法律事務所）
兼松　浩一（弁護士　東京神田法律事務所）
保原　麻帆（弁護士　青木法律事務所）
芳仲美惠子（弁護士　畑・芳仲法律事務所）
垣内　惠子（弁護士　涼和綜合法律事務所）
川原奈緒子（弁護士　東京グリーン法律事務所）

# 凡　例

## 1　法令の摘記

法令名は，製造物責任法を「法」と略し，他の法令名については，地の文では原則として正式名称で表記し，かっこ内における法令条項の引用は，以下の要領で行う。

① 法令条数を列記するに当たっては，同一法令の場合は「・」，異なる法令の場合は「，」を用いる。

② 法令条文番号は，以下の略語を用いて表記する。

〔例〕　製造物責任法第2条第3項第1号
　　　→　法2条3項1号

【法令略語例】

| | |
|---|---|
| 法 | 製造物責任法 |
| 国賠 | 国家賠償法 |
| 商 | 商法 |
| 消費 | 消費者契約法 |
| 法適用通則 | 法の適用に関する通則法 |
| 法適用通則附則 | 法の適用に関する通則法附則 |
| 法例 | 旧法例 |
| 民 | 民法 |
| 民執 | 民事執行法 |
| 民執規 | 民事執行規則 |
| 民訴 | 民事訴訟法 |
| 民訴規 | 民事訴訟規則 |
| 民保 | 民事保全法 |
| 民保規 | 民事保全規則 |

vi　凡　例

## 2　判例の摘記

判例の引用は，次の〔例〕により，略語は略語例を用いて行う。

〔例〕　最高裁判所第二小法廷平成13年6月8日判決（平成12年(オ)第929号，平成12年(受)第780号），最高裁判所民事判例集55巻4号727頁，判例時報1756号55頁，判例タイムズ1066号206頁

↓

最判平成13年6月8日民集55巻4号727頁，判時1756号55頁，判タ1066号206頁

### 【判例等関係略語例】

| | |
|---|---|
| 最判（決） | 最高裁判所判決（決定） |
| 高判（決） | 高等裁判所判決（決定） |
| 地判（決） | 地方裁判所判決（決定） |
| 民（刑）集 | 最高裁判所民事（刑事）判例集 |
| 高民（刑）集 | 高等裁判所民事（刑事）判例集 |
| 東高民時報 | 東京高等裁判所民事判決時報 |
| 下民（刑）集 | 下級裁判所民事（刑事）裁判例集 |
| 裁判集民（刑） | 最高裁判所裁判集民事（刑事） |
| 裁時 | 裁判所時報 |
| 訟月 | 訟務月報 |
| 交民集 | 交通事故民事裁判例集 |
| 判時 | 判例時報 |
| 判タ | 判例タイムズ |
| 金法 | 金融法務事情 |
| 金判 | 金融・商事判例 |
| ジュリ | ジュリスト |
| LLI/DB | 判例秘書INTERNET |

## 3　主要参考文献

土庫澄子『逐条講義　製造物責任法　基本的考え方と裁判例』（勁草書房，2014年）

能見善久＝加藤新太郎編『論点体系　判例民法8不法行為Ⅱ〔第2版〕』（第一法規，2013年）

潮見佳男『不法行為法Ⅱ〔第2版〕』（信山社，2011年）
升田純『最新 PL 関係判例と実務―誤使用問題を含めて』（民事法研究会，2010年）
吉村良一『不法行為法〔第4版〕』（有斐閣，2010年）
廣瀬久和＝河上正二編『消費者法判例百選（別冊ジュリスト No. 200）』（有斐閣，2010年）
木ノ元直樹『PL 法（造物責任法）の知識と Q＆A〔改訂第2版〕』（法学書院，2009年）
遠藤浩編『基本法コンメンタール　債権各論：平成16年民法現代語化．2（事務管理・不　当利得・不法行為・製造物責任法）〔第4版，新条文対照補訂版〕』（日本評論社，2005年）
塩崎勤＝羽成守編『裁判実務大系30　製造物責任関係訴訟法』（青林書院，1999年）
小林秀之責任編集　東京海上研究所，東京海上火災保険㈱編『新製造物責任法大系(1)海外篇，(2)日本篇』（弘文堂，1998年）
山田卓生＝加藤雅信編『新・現代損害賠償法講座(3)製造物責任・専門家責任』（弘文堂，1997年）
升田純『詳解製造物責任法』（商事法務研究会，1997年）
経済企画庁国民生活局消費者行政第一課編『逐条解説　製造物責任法』（商事法務研究会，1995年）
小林秀之『製造物責任法（新法学ライブラリ11）』（新世社，1995年）
小林秀之『製造物責任法：その論点と対策〔新版〕』（中央経済社，1995年）
通商産業省産業政策局消費経済課『製造物責任法の解説』（通商産業調査会，1994年）
山本庸幸『注釈製造物責任法』（ぎょうせい，1994年）
羽成守＝青木荘太郎＝島田公一編『ハンドブック製造物責任（PL）法―新法の解説と業種別対応』（ぎょうせい，1994年）
加藤雅信『製造物責任法総覧』（商事法務研究会，1994年）
小林秀之責任編集　東京海上研究所，東京海上火災保険㈱編『製造物責任法大系1（理論篇），2（対策・資料篇）』（弘文堂，1994年）
木川統一郎『製造物責任法の理論と実務』（成文堂，1994年）
経済企画庁国民生活局消費者行政第一課編『製造物責任法の論点』（商事法務研究会，1991年）

# 目 次

はしがき
凡　例

## 第1章　総　則

〔概　説〕……………………………………………（羽成　守）…3
　1　PL法（3）／2　PL法と他の法制（3）

第1　管　轄
　1　国際裁判管轄………………………………………（鹿田　昌）…5
　　　1　東京地判（中間判決）平成18年4月4日判時1940号130頁，
　　　　判タ1233号332頁
第2　準拠法
　1　PL法の準拠法……………………………………（鹿田　昌）…11
　　　2　東京地判平成19年5月17日（平成15年（ワ）第21620号，平成
　　　　16年（ワ）第8944号）LLI/DB 06232163
第3　製造物
　1　自然産物と加工（イシガキダイ食中毒訴訟）…………（鹿田　昌）…18
　　　3　東京地判平成14年12月13日判時1805号14頁，判タ1109号285頁
　2　動産と付合（エスカレーターの動産性）………………（鹿田　昌）…24
　　　4　東京地判平成25年4月19日判時2190号44頁，判タ1394号214頁
第4　PL法の適用範囲（ソフトウエア）
　1　ソフトウエアと製造物……………………………（鹿田　昌）…31
　　　5　東京地判平成15年1月31日（平成12年（ワ）第23750号）LLI/
　　　　DB 05830422

x 目次

## 第5 PL法と他の法制との関係
1 PL法と民法（瑕疵担保責任）……………………（岸　郁子）…36
    6 京都地判平成18年11月30日判時1971号146頁
2 PL法と民法（債務不履行責任）…………………（岸　郁子）…42
    7 東京地判平成23年5月12日（平成19年（ワ）第4436号）LLI/DB 06630240
3 PL法と商法（買主の検査・通知義務）……………（岸　郁子）…51
    8 東京地判平成22年4月21日（平成20年（ワ）第22782号）LLI/DB 06530240
4 PL法と国等の責任……………………………………（岸　郁子）…59
    9 奈良地判平成21年5月26日（平成16年（ワ）第749号）LLI/DB 06450317

## 第6 請求権の主体
1 PL法と事業者…………………………………………（岸　郁子）…65
    10 東京地判平成19年4月11日（平成16年（ワ）第5388号）LLI/DB 06231705

---

## 第2章　責任の主体

〔概　説〕………………………………………………（青木荘太郎）…73
　1　責任の主体（73）／2　製造業者（74）／3　表示製造業者（74）／4　実質的表示製造業者（75）

### 第1 販売会社
1 輸入業者と販売会社……………………………………（氏原　隆弘）…76
    11 東京地判平成17年3月24日判時1921号96頁

### 第2 輸入業者
1 輸入業者…………………………………………………（氏原　隆弘）…83
    12 大阪地判平成22年7月7日判時2100号97頁，判タ1332号193頁

### 第3 製造業者とみなされる者

1　表示製造業者……………………………………（氏原　隆弘）…88
　　　　13　東京地判平成19年7月9日（平成15年（ワ）第26235号）LLI/
　　　　　　DB 06232992
　　2　実質的製造業者…………………………………（氏原　隆弘）…95
　　　　14　名古屋地判平成19年11月30日判時2001号69頁，判タ1281号
　　　　　　237頁
　　3　実質的製造業者…………………………………（氏原　隆弘）…101
　　　　15　札幌地判平成14年11月22日判時1824号90頁

## 第3章　欠　　　陥

**第1**　設計，製造上の欠陥
〔概　説〕………………………………………………（青木荘太郎）…109
　　　1　欠陥概念（109）／2　製造上の欠陥（110）／3　設計上の欠陥（110）
　　1　抗がん剤（イレッサ）の副作用……………………（羽成　　守）…111
　　　　16　東京高判平成23年11月15日判時2131号35頁，判タ1361号142頁
　　2　ロースターの脱臭オプション………………………（大内　倫彦）…119
　　　　17　東京地判平成18年7月10日（平成16年（ワ）第200037号）LLI/
　　　　　　DB 06132708
　　3　カーオーディオのスイッチのショート…………（大内　倫彦）…126
　　　　18　東京地判平成15年7月31日判時1842号84頁，判タ1153号106頁
　　4　介護用ベッドによる傷害…………………………（大内　倫彦）…132
　　　　19　京都地判平成19年2月13日（平成16年（ワ）第1837号）LLI/
　　　　　　DB 06250036
　　5　自動車カバーによる怪我…………………………（大内　倫彦）…138
　　　　20　仙台地判平成13年4月26日判時1754号138頁
　　6　乗車中の自転車破損………………………………（大内　倫彦）…145
　　　　21　東京地判平成25年3月25日判時2197号56頁
　　7　フレキシリードによる犬の怪我…………………（新美　裕司）…152

　　　　　　22　岐阜地判平成22年9月14日判時2138号61頁，名古屋高判平成
　　　　　　　　23年10月13日判時2138号57頁，判タ1364号248頁
第2　指示・警告上の欠陥
　〔概　説〕……………………………………………………（青木莊太郎）…159
　　　　1　欠陥概念（159）／2　指示・警告上の欠陥（159）／3　指示，警告すべき内
　　　　容，範囲（160）
　　1　サウナ器具による皮膚障害……………………………（新美　裕司）…161
　　　　　　23　大阪地判平成22年11月17日判時2146号80頁
　　2　ガラス食器の破片による怪我…………………………（新美　裕司）…169
　　　　　　24　奈良地判平成15年10月8日判時1840号49頁
　　3　RV車の横転………………………………………………（新美　裕司）…176
　　　　　　25　高松地判平成22年8月18日判タ1363号197頁
　　4　コレステロール低下剤の副作用………………………（新美　裕司）…183
　　　　　　26　東京地判平成22年5月26日判時2098号69頁，判タ1333号199頁
　　5　化粧品による皮膚障害…………………………………（兼松　浩一）…190
　　　　　　27　東京地判平成12年5月22日判時1718号3頁
　　6　幼児用自転車のばりによる怪我………………………（兼松　浩一）…196
　　　　　　28　広島地判平成16年7月6日判時1868号101頁，判タ1175号301
　　　　　　　　頁
　　7　配管ジョイント締め付け不良…………………………（兼松　浩一）…202
　　　　　　29　東京地判平成18年4月28日（平成17年（ワ）第5572号）LLI/
　　　　　　　　DB 06131849
第3　通常有すべき安全性
　〔概　説〕……………………………………………………（青木莊太郎）…209
　　　　1　通常有すべき安全性（209）／2　消費者期待基準説と危機効用基準説（209）
　　　　／3　日本法における判断基準（210）
　　1　トイレドアによる指挟み………………………………（兼松　浩一）…211
　　　　　　30　東京地判平成23年2月9日判時2113号110頁，判タ1360号240
　　　　　　　　頁
　　2　こんにゃくゼリーによる窒息…………………………（羽成　守）…216

　　　　31　神戸地姫路支判平成22年11月17日判時2096号116頁，判タ
　　　　　　1340号206頁
　3　玩具入りカプセルによる窒息……………………（兼松　浩一）…223
　　　　32　鹿児島地判平成20年5月20日判時2015号116頁
　4　油圧裁断機による圧死………………………………（保原　麻帆）…228
　　　　33　東京高判平成13年4月12日判時1773号45頁
　5　軽油代替燃料による車両トラブル………………（保原　麻帆）…234
　　　　34　東京地判平成20年4月24日判時2023号77頁
　6　イレッサの指示・警告内容………………………（保原　麻帆）…241
　　　　35　最判平成25年4月12日民集67巻4号899頁，判時2189号53
　　　　　　頁，判タ1390号146頁

## 第4章　損　　害

〔概　説〕……………………………………………………（羽成　　守）…249
　　1　損害の種類と賠償の範囲（249）／2　製造物自体の損害（249）
第1　製造物自体の損害
　1　健康食品の欠陥……………………………………（保原　麻帆）…251
　　　　36　大阪地判平成17年1月12日判時1913号97頁，判タ1273号249頁
第2　損害の範囲
　1　輸入食品の回収と信用損害………………………（保原　麻帆）…257
　　　　37　東京地判平成13年2月28日判タ1068号181頁
　2　行政指導による回収………………………………（芳仲美惠子）…263
　　　　38　東京地判平成17年7月19日判時1976号76頁

## 第5章　当事者の主張・立証

〔概　説〕……………………………………………………（羽成　　守）…275

1　主張・立証責任（275）／2　原告（被害者）側の主張・立証責任（275）／3　被告（加害者）側の主張・立証責任（276）

### 第1　使用者の主張・立証

1　携帯電話の異常発熱……………………………（青木莊太郎）…278
　　　39　仙台高判平成22年4月22日判時2086号42頁
2　乾燥装置による火災と欠陥……………………（芳仲美惠子）…283
　　　40　東京地判平成21年8月7日判タ1346号225頁
3　立証の程度──輸入食品の欠陥の内容………（芳仲美惠子）…289
　　　41　東京地判平成22年12月22日判時2118号50頁,判タ1382号173頁
4　立証の程度──工作機械の不備と他原因の可能性
　　　……………………………………………………（芳仲美惠子）…297
　　　42　東京地判平成19年2月5日判時1970号60頁
5　立証の程度──中古車発火と他原因の可能性…（芳仲美惠子）…303
　　　43　大阪地判平成14年9月24日判タ1129号174頁

### 第2　製造業者の主張・立証

1　防虫防錆剤と部品・原材料製造業者の抗弁，開発危機の抗弁
　　　……………………………………………………（垣内　惠子）…309
　　　44　東京地判平成16年3月23日判時1908号143頁
2　滑車の欠陥と点検不備…………………………（垣内　惠子）…318
　　　45　東京地判平成22年2月10日（平成19年（ワ）第10470号）LLI/DB 06530165
3　充電式フォークリフトの発火と誤使用………（垣内　惠子）…326
　　　46　東京地判平成23年10月27日判タ1379号237頁
4　便器洗浄剤による中毒と誤使用………………（垣内　惠子）…334
　　　47　東京地判平成23年1月17日（平成20年（ワ）第30108号）LLI/DB 06630105
5　汎用品の製造物を食品解凍装置に装着した使用者の義務
　　　……………………………………………………（垣内　惠子）…342
　　　48　東京高判平成16年10月12日判時1912号20頁
6　焼却炉からの発火と使用者の義務と過失相殺…（川原奈緒子）…350

49　名古屋高金沢支判平成19年7月18日判タ1251号333頁
　7　携帯電話の発熱告知と過失相殺……………（川原奈緒子）…355
　　　50　岡山地判平成23年1月27日（平成21年（ワ）第1363号）LLI/DB 06650026

## 第6章　保険，期間

〔概　説〕………………………………………………（羽成　守）…363
　　1　PL保険（363）／2　期間（364）
第1　PL法と保険
　1　生産物賠償責任　保険約款…………………（川原奈緒子）…365
　　　51　大阪高判平成21年9月11日判時2070号141頁
第2　時　効
　1　除斥期間………………………………………（川原奈緒子）…371
　　　52　神戸地尼崎支判平成24年5月10日判時2165号123頁
　2　消滅時効の起算点……………………………（川原奈緒子）…376
　　　53　名古屋地判平成16年4月9日判時1869号61頁，判タ1168号280頁

【資料】
○民間PLセンター一覧 ……………………………………… 387
○製造物責任法（平成6年7月1日法律第85号）……………………… 389
○製造物責任法案に対する附帯決議（衆議院商工委員会　平成6年6月15日）… 391
○製造物責任法案に対する附帯決議（参議院商工委員会　平成6年6月22日）… 392

《判例索引》

# 第1章

# 総　　則

# 概　説

## 1　PL法

　製造物責任（Product Liability＝PL）は，主にアメリカで発展した法理論である。

　平成7年7月1日から，我が国でも製造物責任法（欠陥製品による被害から消費者を救済するための製造物責任法＝PL法）が施行された。PL法は，物や動産を個別に規制する，いわゆる「個別立法」ではなく，対象物を「製造物」と定義し，包括的に法律の対象とする「包括立法」の形式をとった。

　「製造物」を，製造又は加工された動産に限定し，修理・運送・保管等のサービスや，電気等の無体物（ただし，ガスは対象とする。）を除外している。

　PL法は，対象とする目的物を「製造」「加工」を中心として構成しているから，本来，自然産品である農作物，魚介類は除外されるが，これらが「加工」された場合は対象となる。そこで「加工」とはどの程度までをいうのかという検討がなされることとなる。

　また，高度に技術化した現代では，PL法の立法時，想定していなかった製品や技術が次々と産み出され，それらを製造物の範囲に含むことができるかという問題も日々生じている。コンピュータ社会での，納入されたシステムの欠陥なども議論されている。

　対象物の範囲を拡張すればPL法の保護が広がることになり，今後の判例の蓄積に注目したい。

　また，PL法は，責任の主体として，輸入業者も含めたため，海外で製造された製造物による損害に対し，我が国に裁判管轄があるかが争われることがあるが，損害発生地が我が国であれば国際裁判管轄が認められる。

## 2　PL法と他の法制

　PL法は，6条で「製造物の欠陥による製造業者等の損害賠償の責任については，この法律の規定によるほか，民法の規定による。」と定めており，

民法との関係のみ規定している。

　PL法は、製造物責任の分野における一般法たる民法の特別法であるから、PL法で規定していないものは民法の規定が適用される。

　特別法が一般法に優先するのは法原則であるから、6条は、特に次の趣旨を注意的に規定したものと考えることができる。

　①製造物の欠陥による損害賠償は、不法行為法の特則であるPL法に限定することなく、民法の債務不履行責任や瑕疵担保責任などの契約責任による追及も可能であること。

　②PL法は、3条ただし書で「損害が当該製造物についてのみ生じたときは、この限りでない。」と規定している。これは、商品のみの損害、いわゆるクレームにはPL法を適用しないことを明言したものであるが、クレームの場合には民法による責任追及が可能であること。

　なお、「民法の規定」の代表的なものとしては、債務不履行責任（415条）、瑕疵担保責任（570条）、共同不法行為（719条）、金銭賠償の原則（722条1項）、過失相殺（722条2項）などがある。なお、注意すべきは、時効（144条以下）である。PL法は、5条で「期間の制限」として3年と10年の権利消滅期間を規定している。3年については、消滅時効と解されているが、10年については除斥期間とする考えが有力ではあるが、時効の中断を認めないことに疑問を呈する学説もあり、不法行為の20年の除斥期間（最判平成元年12月21日民集43巻12号2209頁、判時1379号76頁、判タ753号84頁）との関係で、議論の余地がある。

　PL法は、民法以外の法律との適用関係についてふれていない。

　これは、製造物に関する損害賠償責任については、PL法が一般法であり、他の法律が特別法という関係であると考えられる（山本庸幸『注釈製造物責任法』116頁（ぎょうせい、1994年））。そうであれば、一般法が特別法に優先するという法原則に従えばよいということになり、あえて他の法律については規定する必要がないということになる。

　ただし、PL法は、附則第2項で、原子力損害の賠償に関する法律を改正し、同法が原子力損害に関してPL法に後れて適用されることのないよう、PL法を原子力損害に対しては適用しないこととしたのである。

【羽成　守】

# 第1 管轄

## 1 国際裁判管轄

〔1〕東京地判（中間判決）平成18年4月4日（平成16年(ワ)第27460号）
判例時報1940号130頁，判例タイムズ1233号332頁

☞ 概　　要

■ 問題点

1　国際裁判管轄の認められる基準
2　製造物責任に関する訴えと国際裁判管轄

## 判決の内容

■ 事案の概要

1　日本国内に本店を置く日本法人である原告Xは，台湾に本店を有する外国法人である被告$Y_2$が製造する電子部品（以下「本件部品」という。）を購入し，本件部品を使用した製品を日本国内にて販売したところ，本件部品に隠れた瑕疵が存在したためXの製品に一定割合で故障が生じたことから，Xは販売した製品すべての交換を余儀なくされ5億円を超える損害を被った。

なお，本件部品には，アメリカ合衆国に本店を有する外国法人である被告$Y_1$を表すロゴが貼付されていた。

2　以上を前提に，Xは，本件部品が$Y_2$の保証した品質を備えていないと主張して，被告らに対し，瑕疵担保責任，債務不履行責任，不法行為責任，製造物責任に基づく損害賠償を求めたところ，被告らは，いずれも日本

国内には営業所も代表者も有していないことから，本件訴訟の管轄が我が国の裁判所にはないとする本案前の抗弁を主張した。

3 そこで，Xの被告らに対する請求に関する国際裁判管轄の有無について中間判決が下されたのが本件である。

## ■ 判決要旨

1 本判決は，「どのような場合に我が国の国際裁判管轄を肯定すべきかについては，国際的に承認された一般的な準則が存在せず，国際的慣習法の成熟も十分でないため」，条理に従って決定するのが相当であるとして，「我が国の民訴法の規定する裁判籍のいずれかが我が国内にあるときには，原則として，我が国の裁判所に提起された訴訟事件につき，被告を我が国の裁判権に服させるのが相当であるが（最高裁第二小法廷昭和56年10月16日判決），我が国で裁判を行うことが当事者間の公平，裁判の適正・迅速を期するという理念に反する特段の事情があると認められる場合には，我が国の国際裁判管轄を否定すべきである（最高裁第三小法廷平成9年11月11日判決）。」との基準を示し，被告らに対する各請求について次のように判示した。

2 まず，被告 $Y_2$ に対する請求のうち，不法行為責任及び製造物責任に基づく請求については，不法行為地には，「不法行為がなされた地のみならずその結果が発生した地も含まれると解するのが相当である」として，結果発生地である我が国に国際裁判管轄が認められるとし，瑕疵担保責任及び債務不履行責任については，義務履行地を基準とする管轄は否定したものの，不法行為又は製造物責任に基づく請求と主たる争点が共通し，密接な関係があるとの点から，民訴法の併合請求の裁判籍の規定（民訴7条本文）により，我が国の裁判所に国際裁判管轄が肯定されるとした。

次に，$Y_1$ に対する請求については，本件電子部品の表面に，$Y_1$ の社名そのものを表示するロゴマークが記されていること等から，製造物責任法2条3項2号の氏名，商号，商標その他の表示に該当するとし，上記同様に不法行為地には結果発生地も含まれる（製造物責任の管轄についてもこれと別異に解する理由はない。）として，我が国の裁判所の管轄を肯定した。

なお，いずれも国際裁判管轄を否定すべき特段の事情はないとしている。

〔1〕東京地判（中間判決）平成18年4月4日（平成16年（ワ）第27460号）

## 解　　説

### 1　国際裁判管轄を認める基準

　国際化が進んだ現代では，我々の身の回りにも外国からの輸入製品があふれているが，こうした輸入製品の瑕疵により我々が被害を受けた場合，具体的な状況次第では国際的な民事事件に発展する可能性もある。

　ところで，国際的な民事事件が発生した場合に，いずれの国の裁判所に具体的な事件を担当させるかについては明確な国際的ルールもなく，各国が条約や国内法で個別に規定するほかないのが実情である。

　我が国についてみれば，条約や国内法に具体的な規定はほとんどなく，国際裁判管轄を決定するのは条理によるべきとされていた。

　そのうえで，伝統的には，民訴法上の規定により我が国内に土地管轄が認められる場合には，当該事件について我が国の民事裁判権が逆に推知できるとする考え方（逆推知説）が主張されていたが，この説には根本的な方法論に疑問もあり，必ずしも結論的に妥当でない管轄配分がなされる危険もあったことから，民訴法上の土地管轄規定は条理に基づくものではあるが，渉外事件の特性に応じた修正を施すべき（修正類推説）とか，当事者間の公平，裁判の適正，迅速等の訴訟法上の理念により国家間での妥当な管轄配分をすべき（管轄配分説）等の考え方も主張されていた。

　本判決が引用する最高裁第二小法廷昭和56年10月16日判決（民集35巻7号1224頁，判時1020号9頁，判夕452号77頁〔マレーシア航空事件〕）は，「本来国の裁判権はその主権の一作用としてされるものであり，裁判権の及ぶ範囲は原則として主権の及ぶ範囲と同一であるから，被告が外国に本店を有する外国法人である場合はその法人が進んで服する場合のほか日本の裁判権は及ばないのが原則である。しかしながら，その例外として，わが国の領土の一部である土地に関する事件その他被告がわが国となんらかの法的関連を有する事件については，被告の国籍，所在のいかんを問わず，その者をわが国の裁判権に服させるのを相当とする場合のあることをも否定し難いところである。そして，この例外的扱いの範囲については，この点に関する国際裁判管轄を直接規定する法規もなく，また，よるべき条約も一般に承認された明確な国際法

上の原則もいまだ確立していない現状のもとにおいては，当事者間の公平，裁判の適正・迅速を期するという理念により条理にしたがつて決定するのが相当であり，わが民訴法の国内の土地管轄に関する規定（中略）その他民訴法の規定する裁判籍のいずれかがわが国内にあるときは，これらに関する訴訟事件につき，被告をわが国の裁判権に服させるのが右条理に適うものというべきである。」旨判示し，その後の最高裁第三小法廷平成9年11月11日判決（民集51巻10号4055頁，判時1626号74頁，判タ960号102頁〔ファミリー事件〕）が，これをふまえた上で「我が国で裁判を行うことが当事者間の公平，裁判の適正・迅速を期するという理念に反する特段の事情があると認められる場合には，我が国の国際裁判管轄を否定すべきである」（特段の事情論）旨判示したことにより，以後は，このような枠組みによる判断がなされてきた。

本判決もこのような判例の枠組みに基づく判断がなされた一例である。

ところで，平成23年5月2日に公布された「民事訴訟法及び民事保全法の一部を改正する法律」（平成23年法律第36号）は，民訴法第1編第2章「裁判所」に，第1節「日本の裁判所の管轄権」として第3条の2～第3条の12まで国際裁判管轄に関する規定をおいた。

平成23年改正民訴法では，被告の住所等による管轄権（3条の2），契約上の債務に関する訴え等の管轄権（3条の3），消費者契約及び労働関係に関する訴えの管轄権（3条の4）の規定と，管轄権の専属（3条の5），併合請求における管轄権（3条の6），管轄権に関する合意（3条の7），応訴による管轄権（3条の8）の各規定を置き，これらの規定により管轄権を肯定できる場合でも，「事案の性質，応訴による被告の負担の程度，証拠の所在地その他の事情を考慮して，日本の裁判所が審理及び裁判をすることが当事者間の衡平を害し，又は適正かつ迅速な審理の実現を妨げることとなる特別の事情があると認めるとき」は，訴えの全部又は一部を却下できるとして（3条の9），基本的には，上記判例の枠組みを踏襲している。

本件との関係では，債務履行地（3条の3第1号），不法行為地（3条の3第8号）等の規定が置かれており，今後はこれら民訴法の各条文の解釈により国際裁判管轄の有無が判断されることとなる。

## 2　製造物責任に関する訴えと国際裁判管轄

〔1〕東京地判（中間判決）平成18年4月4日（平成16年(ワ)第27460号）

　本判決は，我が国の裁判所に不法行為や製造物責任を根拠とした損害賠償請求訴訟を提起することを認めたが，製造物責任についての管轄を認める理論構成は，「不法行為地には結果発生地も含まれる（製造物責任の管轄についてもこれと別異に解する理由はない。）」と判示するのみである。

　では，現行の民訴法の下では，どのように判断されることになるのか。

　この点，準拠法について定める平成18年6月21日公布の「法の適用に関する通則法（平成18年法律第78号）」（以下「法適用通則」と略す。）では，不法行為に関する17条を受け，18条が「前条の規定にかかわらず，生産物（略）で引渡しがされたものの瑕疵により他人の生命，身体又は財産を侵害する不法行為によって生ずる生産業者（略）又は生産物にその生産業者と認めることができる表示をした者（略）に対する債権の成立及び効力は，被害者が生産物の引渡しを受けた地の法による。ただし，その地における生産物の引渡しが通常予見することのできないものであったときは，生産業者等の主たる事業所の所在地の法（生産業者等が事業所を有しない場合にあっては，その常居所地法）による」と特別な定めを置くが，民訴法にはこのような規定がない。

　しかし，民訴法が特別の規定を置かなかったことは，製造物責任に関する訴えについて我が国の裁判所の国際裁判管轄を否定する趣旨ではない。

　すなわち，民訴法改正にあたり，この点も議論されたが，製品の流通に訴訟当事者以外の複数の第三者が関与していることも多く，流通過程の特定の地が必ずしも当事者の訴訟追行や裁判所の審理の便宜に適しているとも限らないこと，こうした地に主要な証拠が所在する蓋然性は必ずしも高くないと考えられること等の諸事情を考慮し，最終的に，製造物責任に関する訴えは「不法行為に関する訴え」の一類型として，民訴法3条の3第8号の要件を充足する場合に我が国の裁判所の管轄権を認めれば足りるとの判断の下，特別な規定を置くことが見送られたのである。

　したがって，民訴法の下では，製造物責任に関する訴えは「不法行為に関する訴え」の一類型として，民訴法3条の3第8号により我が国での国際裁判管轄の有無を判断されることになる。

## 3　その他の問題
(1)　結果発生の予見可能性

本判決は,「不法行為地には, 不法行為がなされた地のみならずその結果が発生した地も含まれる」として, 結果発生地である我が国に国際裁判管轄を認めたが, 同時に「特段の事情」の検討に際し,「損害が日本国内で発生すること」についての$Y_2$の予見可能性を問題としている。

　この点, 民訴法3条の3第8号括弧書は, 本判決同様に我が国内での結果発生の予見可能性を問題としている。

　同規定括弧書がなくとも, 我が国における結果発生の予見可能性がない場合には, 民訴法3条の9により訴えが却下されるはずであるが, 定型的に我が国の国際裁判管轄が否定される場面は明確にした方が法的安定性等に資するとの観点から, 同規定括弧書が規定されたものである。

　なお, この予見可能性の判断は, 加害者が具体的に予見し得たかどうかという内心の問題ではなく, 当事者間の公平の観点から, 加害者, 加害行為の性質・態様, 被害発生の状況等を総合考慮し, 客観的・類型的に判断されるものとされている。

(2) 製造物責任の証明の程度

　現行民訴法の下において, 製造物責任に関する訴えにつき,「不法行為に関する訴え」の一類型として国際裁判管轄の有無を判断する場合, 本案の審理と国際裁判管轄の審理との関係が問題となる。

　この点について, 本判決は,「本案前の審理においては, 原則として, 被告の行為により原告の法益について損害が生じたとの客観的事実関係が証明されれば足りると解するのが相当である」と判示し, 本件では, 証拠上このような客観的事実関係が肯定できるとした。

　本判決の示す判断を参考にすれば, 製造物責任に関する訴えについては, $Y_2$が製造物責任の主体たり得ることと, $Y_2$の製造物により我が国内でXに損害が発生したことについての客観的事実関係とが証明されることが必要と考えられる。

　なお, 本件の本案ではXの請求がいずれも棄却されたことに鑑みれば, 国際裁判管轄の審理における立証の程度は本案におけるそれと異なることは明らかであろう。

【鹿田　昌】

〔2〕東京地判平成19年5月17日（平成15年(ワ)第21620号，平成16年(ワ)第8944号）

# 第2　準拠法

## 1　PL法の準拠法

〔2〕東京地判平成19年5月17日（平成15年(ワ)第21620号，平成16年(ワ)第8944号）
LLI/DB 06232163

☞　概　　要

■　問題点

1　製造物責任に基づく損害賠償請求をする場合の準拠法

## 判決の内容

■　事案の概要

1　原告Xは韓国法によって設立された外国法人であり，被告Yは日本法人である。

Xは，Yに対し，平成12年10月ころから同13年10月ころまでの1年間で7期にわたって，Xが製造するIHクッキング・ヒーター用のインバータユニット等を売り渡した（製作物供給契約）が，このうち第6期及び第7期の製作物供給契約についてYが代金支払を怠ったと主張し，その未払代金の支払を求めた（本訴）ところ，Yは，Xに対し，Xから納品された第6期納品分のインバータユニットには瑕疵や欠陥があるため債務の本旨に従った履行がないから代金支払義務は発生していない等と主張した。

2　他方で，Yは，Xに対し，同第1期〜第7期の各納品分のインバータユニットには設計ミスや通信エラー等の瑕疵があったとして，瑕疵担保責

任，債務不履行責任，製造物責任，不法行為責任等に基づき損害賠償を請求した（反訴）ところ，Xは，契約の不存在や免責の合意がある等と主張したほか，製造物責任又は不法行為責任については，準拠法は韓国法となること，Yは事業者であり，Yの請求は事業者間の損失の負担の問題であるから製造物責任が適用されない等と主張した。

### ■ 判決要旨

**1** 本判決は，本訴との関係で，準拠法を日本法とする旨の合意を認め，第6期及び第7期納品分のインバータユニットの瑕疵やXの債務不履行を否定し，YのXに対する未払代金債務を認めた。

**2** これに対し，反訴でYが主張した瑕疵担保責任又は債務不履行責任は，前提となるべきXY間での契約関係が認められないとして否定した。

**3** また，製造物責任又は不法行為責任については，製造物責任は，不法行為類似の性質があるとはいえ，「法例11条によって不法行為地法（事実発生地法）によるとすると，結果発生地が偶然に決まることになるなど適当ではないため，その準拠法は，条理によって決定すべきところ，それが被害者の保護のための制度であることにもかんがみ，被害者の常居所地法によるものと解するのが相当である」と判示し，Yの所在地法である日本法を準拠法とした。

そのうえで「原告が製造した本件インバータユニットは，IHクッキング・ヒーターという一般家庭で利用される調理用器具に組み込まれる部品であり，高周波電流によって磁力を発生させて発熱させるため，安全性の確保が要求されるにもかかわらず，全く過電流防止措置がなく，そのために，一定の使用形態をとれば，過電流が発生してIGBTが破壊されるという結果が発生したのであるから，これは通常有すべき安全性を欠くものとして，製造物責任法2条にいう『欠陥』に該当することは明らかである」と判示し，当該欠陥と相当因果関係を認め得る一部の損害につきXの製造物責任に基づく賠償義務を肯定するとともに，Yの対応による損害の拡大を考慮し2割の過失相殺をした上で，上記未払代金債務との相殺を認めた。

## 解　説

### 1　準拠法と国際私法

　現代では，製造物が国際的に取引されることも多く，製造物責任についても国際的な紛争に至ることが想定されるが，製造物責任が問題となる国際的紛争について，我が国の裁判所に国際裁判管轄が認められる場合，当然のように我が国の製造物責任法を適用して解決を図ることができるであろうか。

　このような「国際的要素を含んだ私的法律関係に，いかなる国の法律が適用されるかを決定することにより，当該法律関係の法的安定性と国際私法的正義を実現するための法律」を国際私法（抵触法）といい，この国際私法により当該法律関係に適用されると具体的に決定された法律（実質法）を「準拠法」という。

　世界中には極めて多くの国があり，それぞれに独立した法体系を有するが，これら各国の法はそれぞれの価値観に基づき作られているため，いずれの国の法が適用されるかしだいで結論も異なる可能性がある。

　そこで，国際紛争解決のために，準拠法を選択・適用する方法が問題となるが，国際私法的正義の実現のため当該法律関係に最も密接に関係する実質法を適用するとの観点と，関係当事者に不測の事態を発生させないという法的安定性確保の観点から，一般的には問題となり得る法律関係をあらかじめ幾つかに類型化（単位法律関係）し，その類型ごとに準拠法の決定方法が定められている。

### 2　我が国の国際私法

　我が国では，明治31年に制定された「法例」（明治31年法律第10号）が100年以上もの長きにわたり，我が国の国際私法の中心として準拠法の選択・適用の基準とされてきたが，この間の大きな社会経済環境の変化に対応するには限界もあったことから，我が国の国際私法の現代化を図るべく，「法例」の全部を改正し，平成18年に「法の適用に関する通則法」（平成18年法律第78号）（以下「法適用通則」という。）が成立し，現在では，これが，我が国の国際私法の中心を担っている。

　本件は，法適用通則の施行日前に結果が発生したものであるため，本判決

は「製造物責任は，製造者が生産した製造物の欠陥によって消費者が被害を受けた場合の責任を問題とするものであるから，不法行為類似の性質があるとはいえ，法例11条によって不法行為地法（事実発生地法）によるとすると，結果発生地が偶然に決まることになるなど適当ではないため，その準拠法は，条理によって決定すべきところ，それが被害者の保護のための制度であることにもかんがみ，被害者の常居所地法によるものと解するのが相当である」と判示し，Ｙの常居所地法である日本法を準拠法とした。

　ここで言及された法例11条1項は，不法行為等の法定債権について原因事実発生地法によると規定していたが，加害行為地と被害結果発生地が異なる隔地的不法行為の場合に，いずれを原因事実発生地とすべきか見解が分かれていたばかりか，不法行為について一律に原因事実発生地法によることの不都合性も指摘され，これを回避するための解釈もなされていた（千葉地判平成9年7月24日判時1639号86頁参照）。

　本判決は，このような流れを受け，不法行為の一種である製造物責任について，法例11条ではなく条理による準拠法決定をした例であり，法適用通則施行日（平成19年1月1日）前に「その原因が発生した」事案については，今後も本判決が参考になろう。

### 3　法適用通則について

　これに対し，法適用通則施行日以降に原因が発生した場合は，法適用通則18条の生産物責任の特例の規定により準拠法の判断がなされることになる。

　この点，法適用通則18条（生産物責任の特例）は「前条の規定にかかわらず，生産物（生産され又は加工された物をいう。以下この条において同じ。）で引渡しがされたものの瑕疵により他人の生命，身体又は財産を侵害する不法行為によって生ずる生産業者（生産物を業として生産し，加工し，輸入し，輸出し，流通させ，又は販売した者をいう。以下この条において同じ。）又は生産物にその生産業者と認めることができる表示をした者（以下この条において「生産業者等」と総称する。）に対する債権の成立及び効力は，被害者が生産物の引渡しを受けた地の法による。ただし，その地における生産物の引渡しが通常予見することのできないものであったときは，生産業者等の主たる事業所の所在地の法（生産業者等が事業所を有しない場合に

あっては，その常居所地法）による。」としていることから，その基本となる不法行為に関する同17条を参照すると，原則は，被害者保護の観点から結果発生地法を準拠法とするが，ただし書で，その地における結果発生が通常予見できないような場合には，加害者に酷であることから加害行為地法を準拠法とする例外を規定している。

なお，同条ただし書の予見可能性は結果発生自体についてではなく，人身損害なら傷害された時点の人身の所在地，物件損害なら権利侵害時の当該物件の所在地が，「その地」であることについて要求される。結果発生自体の予見可能性は，準拠法決定後の実質法の判断の中で問題とされるべき事柄であるからである。

### 4 法適用通則18条規定の規定された趣旨

ところで，本判決も判示するように製造物責任は不法行為の一種であることからすれば，製造物責任についても法適用通則17条の適用によるとの立法論も可能であった。

しかし，製造物責任に同条を適用した場合には，製造物の取引状況しだいでは，結果発生地が過度に広がったり偶然に決定されることにもなりかねず，法的安定性の見地から問題がある一方で，加害行為地は製造（工場所在）地となり，「当該法律関係に最も密接に関係する実質法を適用する」との観点や被害者保護の点でも問題がある。

そこで，法適用通則18条は，製造物責任の準拠法は市場地法によるべきとの考え方と被害者保護の観点から「被害者が生産物の引渡しを受けた地の法」を原則とし，生産業者と被害者との間の衡平の観点から，例外として「その地における生産物の引渡しが通常予見することのできないものであったときは，生産業者等の主たる事業所の所在地の法」によることとした（予見可能性の対象は，17条ただし書と同様に「その地」における引渡しである。）。

### 5 製造物責任法と法適用通則18条

製造物責任法では「製造物」の欠陥によって損害が発生した場合に「製造業者等」に責任が認められているが，法適用通則18条は「生産物」の瑕疵により損害が発生した場合の「生産業者等」に対する債権が問題とされているため，両者の相違点などを検討する必要がある。

まず,「製造物」と「生産物」についてであるが,「製造物」とは,製造又は加工された動産（法2条1項）と定義されるのに対し,「生産物」は「生産され又は加工された物」とされ（法適用通則18条）,未加工の農水産物や建物等の不動産も含まれるため,「生産物」のほうが広い概念である。

次に,「製造業者」と「生産業者」については,「製造業者」が「当該製造物を業として製造,加工又は輸入した者」（法2条3項1号）とされるのに対し,「生産業者」は「生産物を業として生産し,加工し,輸入し,輸出し,流通させ,又は販売した者」とされている（法適用通則18条）。

製造物責任法では,単に流通や販売に関与した者は責任主体とならず,当該製造物に実質的な製造業者と認めることができる表示をした者（法2条3項3号）に該当する場合のみ,流通業者等が責任主体となる可能性があるが,法適用通則18条では,流通過程で関与したに過ぎない単なる卸売業者や小売業者などに対する債権も含まれる点で差異がある。

なお,製造物責任法では,「製造業者等」として,当該製造物に製造業者としての表示又は誤認させるような表示をした者（表示製造業者）も責任主体とされている（法2条3項2号）ところ,法適用通則18条も同様の規定をおいていることから,この点では大きな差異はない。

### 6　製造物責任法と準拠法の具体的決定

以上のように,責任主体の点では製造物責任法よりも法適用通則18条のほうが範囲が広いうえ,法適用通則18条の生産物責任の要件は「引渡しがされたものの瑕疵により他人の生命,身体又は財産を侵害」とされ,製造物責任の要件である「引き渡したものの欠陥により他人の生命,身体又は財産を侵害」（法3条）とほぼ同内容の規定であることから,製造物責任に基づく損害賠償請求については,法適用通則18条により,原則として「引渡しを受けた地」の法が準拠法とされることになる（「引渡しを受けた地」とは,被害者が生産物を現実に自己の支配下に置いた地ではなく,被害者が「生産物の占有を法的に取得した地」を意味すると解されているから,例えば占有改定による引渡しを受けた場合等は注意する必要がある。）。

このように,法適用通則18条では,原則として引渡しを受けた地の法が準拠法とされ,その地での引渡しが予見不可能の場合には,例外的に生産業者

等の主たる事業所の所在地の法が準拠法とされるが，製造物責任が問題となる事案にはさまざまなケースが想定されるため，これらの地以外の法を適用することが個別・具体的事情に照らし相当と判断されることもあり得る。

　そこで，法適用通則20条及び21条は，同18条の例外として準拠法決定における具体的妥当性を図るための規定をおいた。

　まず，法適用通則20条は，不法行為等の当事者が同じ地に常居所を有する場合や，当事者間の契約に違反して不法行為が行われた場合などの事情に照らし，同18条で決定される準拠法より明らかに密接な関係のある地があるときは，その地の法を準拠法とする旨規定する。

　次に，法適用通則21条は，当事者自治の尊重の観点から当事者間で準拠法の事後的変更を認めている。

　このように，製造物責任についての準拠法の決定については，現在では，法適用通則18条を基本としつつも，同20条及び21条により柔軟化が図られているため，製造物の引渡しが日本国内で行われている場合や，製造物の取引に関する契約で日本法が準拠法とされている等の事情があれば，日本法を準拠法とできることになろう。

【鹿田　昌】

# 第3 製造物

## 1　自然産物と加工（イシガキダイ食中毒訴訟）

〔3〕東京地判平成14年12月13日（平成13年（ワ）第12677号）
判例時報1805号14頁，判例タイムズ1109号285頁

## ☞ 概　要

### ■ 問題点

1　自然物であるイシガキダイを調理して提供した行為が製造物責任法3条にいう「加工」に該当するか
2　シガテラ毒素を含有するイシガキダイ料理が「欠陥」を有する製造物に該当するか
3　食中毒と開発危険の抗弁

## 判決の内容

### ■ 事案の概要

　本件は，原告らXが，被告Yの経営する割烹料亭においてYが調理したイシガキダイのアライ，兜の塩焼き等の料理を食したところ，これに含まれていたシガテラ毒素を原因とする食中毒に罹患して，下痢，嘔吐，発疹，皮膚掻痒症，鳥肌発作，痺れ，冷汗亢進，体のだるさ等の症状を生じたことから，イシガキダイのアライ，兜の塩焼き等の調理が製造物責任法にいう「加工」に該当し，当該料理にシガテラ毒素が含まれていた点が「欠陥」ないし「瑕疵」に該当すると主張して，Yに対し，製造物責任（法3条）（又は瑕疵担保責任（民634条2項））に基づき，診療費，休業損害，慰藉料等の損害賠償を

求めた事案である。

■ 判決要旨

1 本判決は、「製造又は加工」について、「原材料に人の手を加えることによって、新たな物品を作り（『製造』)、又はその本質は保持させつつ新しい属性ないし価値を付加する（『加工』）ことをいうものと解するのが相当である。そして、食品の加工について、より具体的にいえば、原材料に加熱、味付けなどを行ってこれに新しい属性ないし価値を付加したといえるほどに人の手が加えられていれば、法にいう『加工』に該当するというべきである」とし、Yの「調理行為は、原材料である本件イシガキダイに人の手を加えて新しい属性ないし価値を加えたものとして、法にいう『加工』に該当するものというべきである」旨判示した。

2 次いで、本判決は、本件料理を、加工された動産として製造物に該当するとし、「食品は、その性質上、無条件的な安全性が求められる製品であり、およそ食品に食中毒の原因となる毒素が含まれていれば、当該食品は通常有すべき安全性を欠いているものというべきであるから、本件料理がシガテラ毒素を含んでいたことは、製造物の欠陥に当たる」として、Yの製造物責任を認めた。

なお、Y主張の開発危険の抗弁については、「製造業者の新製品開発意欲が失われ、研究開発や技術革新が停滞し、ひいては産業活力が損なわれて国民経済の健全な発展が阻害される事態を回避するための政策的配慮」と解したうえで、製造物責任制度の目的である被害者救済や、製品事故における損害賠償責任の法的安定性確保という観点をふまえ、「科学又は技術に関する知見」とは、「特定の者が有するものではなく客観的に社会に存在する知識の総体を指すものであって、当該製造物をその製造業者等が引き渡した当時において入手可能な世界最高の科学技術の水準がその判断基準とされるものと解するのが相当である」とし、「既存の文献を調査すれば判明するような事項については開発危険の抗弁が認められる余地はないと解すべきである」から、Yに開発危険の抗弁による免責を認めることはできない旨判示した。

## 解　説

### 1　製造物責任の法的根拠

　製造物責任法は，「製造物の欠陥により他人の生命，身体又は財産を侵害」することを要件に損害賠償責任を認める（3条）。

　製造物責任が過失責任の原則を修正する法的根拠につき，本判決は「①製造物の安全性の確保はその製造又は加工の過程に携わる製造業者に依存しており，当該製造物の持つ危険性を制御すべき立場にある製造業者がその危険が顕現した場合の損害を負担すべきであるとの危険責任の法理，②製造業者は製造物を製造又は加工するというその事業活動によって利益を得ており，当該製造物の欠陥によって他人に損害を与えた場合にはこのような利益を得ている製造業者においてその損害を負担すべきであるとの報償責任の法理，③製造物の利用者は製造業者が当該製造物の安全性を確保していることを信頼してこれを利用しており，この信頼に反して損害が発生した場合にはそのような信頼を与えた製造業者が損害を負担すべきであるとの信頼責任の法理を背景として，公平の観点から，製造物の欠陥によって損害が発生した場合にはその損害を製造業者に負担させ，被害者の円滑かつ適正な救済を図ることが適切であると考えられたものと解される」旨判示する。

　これは，立法過程の議論を踏まえたものに過ぎないが，判決中に明示されたことにより，今後の製造物責任法の解釈において重要な指針となろう。

### 2　「製造又は加工」について

　外国には，未加工の農林水産物を含め製造物責任を認める立法例もあるが，製造物責任法では，「製造物」は「製造又は加工された動産」とされるため（2条1項），未加工の農水畜産物は「製造物」に該当しない。

　未加工の農林水産物が製造物責任の対象外とされたのは，製造物責任の根拠である製造又は加工の過程で人為的に危険性が作出あるいは高められるとの観点からは，もっぱら自然力に依拠して生産される未加工の農林水産物は，高度に加工された工業製品と区別されるべきことや，農水畜産物生産者の多くは零細な生産者であるため，過度の危険管理能力を求めるのは酷であることなどを考慮した結果である（当然のことながら，未加工の農林水産物が製造

物責任の対象から外れても不法行為責任等の対象になる以上不都合はない。）。

　このように，農林水産物については，「製造又は加工」されたものか，「未加工」かの区別が製造物責任法の対象か否かの分水嶺となるところ，製造物責任法自体には「製造又は加工」についての定義がないため，その意味が問題となる。

　この点，例えば民法246条にも「加工」の文言があり，それは「他人の動産に工作を加え新たな物を製作すること」と理解されている。しかし，製造物責任法の「加工」は，人為的危険性の発生等という製造物責任の根拠から導かれる要件であるため，民法とは異なる考察が必要となる。

　本判決では，裁判例として初めて，「製造」を「原材料に人の手を加えることによって，新たな物品を作ること」，「加工」を「原材料の本質は保持させつつ新しい属性ないし価値を付加すること」と各定義し，「加工」に該当するかについて，原材料に加熱，味付けなどを行って「これに新しい属性ないし価値を付加したといえるかどうか」との見地から判断をしている。

　製造物責任法の立法過程での政府委員の答弁によれば，「加工か未加工かの判断は，具体的には個々の事案において当該製造物に加えられた行為等のもろもろの事情を考慮し，社会通念に照らして判断されることとなり，一般的に加熱（煮る，焼く），味付け（調味，塩漬け，燻製），粉引き等は加工にあたると考えられるが，単なる切断あるいは冷凍，乾燥などは基本的に加工にあたらないと考えられる」旨述べられている。

　本判決はこうした考え方を踏まえ，上記基準を示したものであり，結論としてイシガキダイのアライ，兜の塩焼きについて「加工」に該当する旨判断が下されている。塩焼きはもちろんアライも，原材料であるイシガキダイを客に提供できる程度に調理し，新たに料理としての価値を付加している以上，妥当な判断と思われる。

　なお，キャベツを半分や四つ切にして販売することは「加工」には該当しないが，千切りにした場合には「加工」に該当するとか，魚を三枚おろしや単なる切り身にした程度では「加工」に該当しないが，切り身に保存用の処理がなされたり，刺身として直ちに食べられる程度まで調理された場合には「加工」に該当するとの見解もあり，「加工」と「未加工」の限界は具体的事

案によっては極めて微妙であるため，今後の判例の集積が重要となる。

### 3 製造物の「欠陥」について

製造物責任が認められるためには，当該製造物の「欠陥」により損害が発生することが要件となる。この製造物の「欠陥」については，製造物責任法2条2項が「当該製造物の特性，その通常予見される使用形態，その製造業者等が当該製造物を引き渡した時期その他の当該製造物に係る事情を考慮して，当該製造物が通常有すべき安全性を欠いていることをいう。」と規定している。

食品の「欠陥」については，製造物責任法の成立以前に，ふぐの肝などによる食中毒について不法行為責任を認めた例が多数存在するが，製造物責任との関係では，ジュースに混入した異物による咽頭部の負傷（名古屋地判平成11年6月30日判時1682号106頁［ジュース異物混入事件］）や，飲食店で提供された瓶詰め輸入オリーブのボツリヌス菌による食中毒被害（東京地判平成13年2月28日判タ1068号181頁）の事例がある。

これらの判決でも，異物の混入や食中毒を引き起こすような細菌に冒された食品は，食品として通常有すべき安全性を欠いていたことは明らかであるとされている。

本件では，「本件料理が動産であることは明らかであるから，本件料理は，加工された動産として製造物に該当する。また，食品は，その性質上，無条件的な安全性が求められる製品であり，およそ食品に食中毒の原因となる毒素が含まれていれば，当該食品は通常有すべき安全性を欠いているものというべきであるから，本件料理がシガテラ毒素を含んでいたことは，製造物の欠陥に当たる。したがって，被告は，法3条に基づき，このような製造物の欠陥による製造物責任を負うものというべきである」として，Yの製造物責任を認めているが当然の結論であろう。

なお，本件のような食品事故に関しては，製造物である食品自体を摂取時の状態のまま保存できないため，製造物の「欠陥」を直接立証できない場合も多く，むしろ間接事実による推認等の主張立証の方法が実務的には重要であろう（上記名古屋地判平成11年6月30日参照）。

### 4 食中毒と開発危険の抗弁

製造物責任法4条1号は，「当該製造物をその製造業者等が引き渡した時における科学又は技術に関する知見によっては，当該製造物にその欠陥があることを認識することができなかったこと。」を証明した場合，製造業者が責任を免れる旨規定している（いわゆる開発危険の抗弁）。

製造物責任法の立法過程の議論や学説では，開発危険の抗弁を認めることにより，そのときどきの科学水準論争による訴訟遅延を引き起こす可能性があるとの懸念や，製造物責任を無過失責任とした趣旨を没却する危険性が指摘されてきた。

本判決は，裁判所として初めて，いわゆる最先端産業保護の趣旨を明確に示したうえで，製造物責任制度の目的である被害者救済や，製品事故における損害賠償責任の法的安定性確保を考慮し，「科学又は技術に関する知見」につき「特定の者が有するものではなく客観的に社会に存在する知識の総体を指すものであって，当該製造物をその製造業者等が引き渡した当時において入手可能な世界最高の科学技術の水準がその判断基準とされるものと解するのが相当である」として，「既存の文献を調査すれば判明するような事項については開発危険の抗弁が認められる余地はないと解すべきである」との具体的判断を示した点で重要である。

## 5 その他

Yは「加工」に関して，製造業者が製造物の危険を回避し，あるいは発見，除去できる程度に関与したことが必要であるとの制限解釈を主張したが，本判決は，そのような解釈は，被害者に製造業者の過失の立証を求めるのと異ならず，製造物責任法の趣旨を没却しかねない旨判示し，Yの主張を排斥した。

この点，製造又は加工の過程で人為的に危険性が作出あるいは高められるとの製造物責任の根拠からすれば，Y主張の制限解釈も合理性があるようにも考えられるが，原材料としての農林水産物に毒素が含まれている場合でも，それを直ちに食すことが可能な料理に加工し提供することは，食品被害発生の危険性を高める行為であり（危険責任），そこには料理に対する新たな信頼も生じている（信頼責任）など，本判決の結論が妥当であろう。

【鹿田　昌】

## 第3 製造物

### ② 動産と付合（エスカレーターの動産性）

〔4〕東京地判平成25年4月19日（平成23年（ワ）第2870号）
判例時報2190号44頁，判例タイムズ1394号214頁

## ☞ 概　　要

■ 問題点

1　製造物責任と不動産
2　付合と「製造物」
3　製造物の「引渡し」の時期
4　エスカレーターの欠陥

## 判決の内容

■ 事案の概要

　本件は，商業ビルに設置された2階から1階への下りエスカレーター（「本件エスカレーター」）の2階乗り口付近で，被害者が本件エスカレーターの移動手すりに接触してこれに乗り上げ，本件エスカレーター外側の吹き抜けから1階の床に転落して死亡した事故について，被害者の相続人が，同ビルの所有者かつ管理運営者等に対しては土地工作物責任に基づき，本件エスカレーターの製造業者に対しては製造物責任に基づき，各損害賠償を求めた事案である。

〔4〕東京地判平成25年4月19日（平成23年(ワ)第2870号）

■ 判決要旨

1 本件では，まず，原告Xのビル所有者かつ管理運営者等に対する土地工作物責任に基づく請求につき瑕疵の有無が問題とされたが，本判決は，土地の工作物の設置又は保存の瑕疵について，「工作物が通常有すべき安全性を欠いていること」とし，安全性が欠けているか否かの判断は，当該工作物の「本来の用法に従った使用を前提として，何らかの危険発生の可能性があるか否かによって決せられるべき」との基準を示した。そして，この基準に照らして本件エスカレーターには設置又は保存の瑕疵は認められず，本件事故は，「意図して，本件移動手すりに接近し，身体の背面側の中心線をその折り返し部分に接着させ，後ろ向きにこれに寄りかかるという，エスカレーターの本来の用法からかけ離れた」被害者の異常な行動の結果として発生したものというべきである旨述べ，ビル所有者かつ管理運営者等の土地工作物責任を否定した。

2 次に，本件エスカレーターの製造業者に対する製造物責任については，①本件エスカレーターが，製造物責任法2条1項に規定する製造物として同法3条の適用を受けるか，②本件エスカレーターに，同法2条2項に規定する欠陥があり，それにより本件事故が発生したかが問題とされた。

本判決は，上記①の問題について，製造物責任法3条が「製造業者等において製造物を引き渡した場合に製造物責任が生じるとしているのは，製造業者等がその意思に基づいて製造物を流通過程に置いた場合に限って，製造業者等に厳格責任である製造物責任を負担させるという趣旨」であるから，同条の引渡しは民法633条の引渡しと同義ではなく，「製造業者等が製造物を自らの意思で流通過程に置」くことをいい，「製造業者等が製造物の引渡しをした後にその製造物が不動産に付合して独立した動産でなくなったとしても，その製造物は，製造物責任の対象となり得る」との解釈を示した。そのうえで，本件エスカレーターを構成する部品が「その製造工場から出荷された時点でそれ自体が独立して取引の対象となる動産であったことは明らか」であるから製造物責任法2条1項の製造物に該当すること，製造業者が「上記部品を完成品としてのエスカレーターに組み込んでこれを他人所有の本件

ビルに設置することにより，その時点まで動産であった上記部品をその意思に基づいて流通過程に置いた」点で，同法3条に規定する引渡しが認められるから，その後，製造業者から「本件ビルの建築請負業者に対して民法633条に基づく本件エスカレーターの引渡しがされた時点では，本件エスカレーターが独立した動産でなくなっていたとしても，本件エスカレーターは，製造物責任の対象となり得るもの」と判示した。

また，②の問題については，製造物責任法2条2項の「欠陥」の定義を前提に，「本件エスカレーターは，関係法令等に適合し，広く普及した仕様の一般的なエスカレーターであると認められ，利用者が身体の背面側の中心線を移動手すりの折り返し部分に接着させて後ろ向きに寄りかかるというのは，通常予見されるエスカレーターの使用形態であるとはいえず，そのような使用形態によって本件事故が発生したとしても，本件エスカレーターが通常有すべき安全性を欠いているものということはできず，これに欠陥があるということはできない」として，本件エスカレーター製造業者の製造物責任を否定した。

なお，本稿脱稿後，本判決に対する東京高裁の控訴審判決が平成26年1月29日付で言い渡された。

控訴審では，本件エスカレーターの移動手すりに利用者が接着してしまった場合には，利用者が抗えないほどの強い力が加わり階下へ転落する危険性があったが，そのような危険性の警告がなかった等の主張がなされたものの，控訴審判決は，本判決同様に本件エスカレーターの手すりには，かかる危険はないとして，本判決同様にビル所有者等の土地工作物責任や，本件エスカレーター製造業者の製造物責任を否定した。

## 解　説

### 1　製造物責任と不動産

　製造物責任法の制定過程では，不動産を製造物に含めることも問題とされたようであるが，そもそも製造物責任の導入は，大量生産・大量消費という経済構造を背景とするものであること，不動産については，基本的に相対取引の対象であり，既存の土地工作物責任や瑕疵担保責任，不完全履行等の制度により被害者保護を図ることができるため（横浜地判昭和60年2月27日判タ554号238頁，東京地判平成3年6月14日判時1413号78頁，判タ775号178頁参照），製造物責任の対象に含める必要性が低いと判断された。しかも，不動産の欠陥が問題となる場面の多くは，その安全性というよりは品質が問題となることや，国際的にも不動産を含める例が少ないこと等もあり，最終的に製造物責任法では，不動産を対象から除外し，製造物を「製造又は加工された動産」（法2条1項）に限定した。

### 2　付合と「製造物」

　上記のように，製造物責任法では，「製造物」を動産に限定し，不動産を製造物責任の対象から除外するが，ここにいう「動産」「不動産」は，民法上のそれと同様に考えるべきか。民法86条2項は，動産を「不動産以外の物」とし，同法86条1項は不動産を「土地及びその定着物」とするが，例えば土地の定着物の代表である建物は，動産である部品が多数集合して作られているところ，この建物の一部となった個々の部品について，「製造物」としての責任を追及できるのであろうか。

　この点，民法242条によれば，不動産の所有者は，不動産に付合した物の所有権を取得するとされ，付合した物は独立した物ではなく不動産の一部（構成部分）となる。それ故，動産であることを要件とする「製造物」ではなくなるようにも考えられる。

　しかし，上記民法の付合の規定は，一物一権主義の下で権利義務の客体を明確にするために定められたものであり，製造物責任の対象である「製造物」が動産に限定された趣旨とは全く観点が異なる。

　建物は，事実的観点で観察すれば有機的に組み合わされた部品（動産）の

集合体であるが，取引の対象として建物を見た場合には，個々の部品の所有権を独立に扱う必要はない。これに対し，流通におかれた動産に内在する欠陥や危険性についての責任を問題とする製造物責任の観点では，建物の個々の部品を動産として扱い，製造物責任を認めるべき必要もある。

すなわち，製造物責任は，欠陥の存在により他人に損害を発生させる危険のある動産を流通においた結果，その危険が現実化した場合に当該危険な動産を流通させた製造業者等に責任を負わせるものである。それ故，欠陥の存在する動産が流通におかれた後に不動産の部品として使用されるなど，損害発生時に民法上は動産としての扱いを受けない状況となっていた場合でも，当該損害が流通におかれた際に当該動産に存在していた欠陥と相当因果関係を有する以上は，当該欠陥のある動産を流通させた製造業者等が製造物責任を負うのは当然である。

本判決は，「製造業者等が製造物の引渡しをした後にその製造物が不動産に付合して独立した動産でなくなったとしても，その製造物は，製造物責任の対象となり得るものというべきである」として，上記の見解を明確に示したものである。

### 3 製造物の「引渡し」の時期

本判決は，製造物の引渡しをした後に不動産に付合したとしても製造物責任を追及できる旨判示したが，では，製造物責任法3条の「引渡し」はどの時点と解すべきであろうか。

この点，被告のエスカレーター製造業者は，本件ビルの建築請負業者から本件エスカレーターの設置工事を請け負い，本件エスカレーターを本件ビルに設置した上で引き渡したのであるから，その引渡し時点では本件エスカレーターは本件ビルに付合して不動産の一部になっていたとして，本件エスカレーターの引渡しは，民法633条の引渡しの時点であると主張した。

これに対し，本判決は，製造物責任法3条が「引渡し」を前提とするのは，「製造業者等がその意思に基づいて製造物を流通過程に置いた場合に限って，製造業者等に厳格責任である製造物責任を負担させるという趣旨によるものである」との前提に立ったうえ，本件エスカレーターの構造から，フレームを含めた各部品が動産であるのはもちろん，完成した本件エスカレー

ター全体についても「それ自体独立の動産として存在しうる機械設備であ」り，これを本件ビルに設置した時点で，その意思に基づいて流通過程に置いたと，引渡時期を本件エスカレーターの設置時とする解釈を示した。

　本件エスカレーターに使用された個々の部品の欠陥が問題とされる場合ならば，その部品の取り付け時が，完成品としての本件エスカレーターが現場に運ばれ本件建物に設置されたのであれば，その設置時が，それぞれ「引渡し」時とされるのは当然である。

　本判決では，さらに進んで，本件建物に部品が運び込まれ，現場で組み立てられた場合であっても，エスカレーター全体を製造物とし，その設置時に「引渡し」を認めた点に注目すべき点がある。

　すなわち，本判決では，まず，本件エスカレーターが，製造工場で製造加工された動産としてのフレームに駆動機構や踏み段等の部品を取り付け完成できる構造を有しているから，それ自体独立の動産として存在し得ることを前提に，これを建物に設置することが「引渡し」に該当する旨を示し，さらに，本件エスカレーターのフレームが建物に固定された後に，駆動機構や踏み段，手すり等の各部品が取り付けられる場合でも異ならないとの判示をした。

　民法242条を前提とすると，フレームを不動産に固定（付合）した後に他の部品を取り付け，現場で完成されたエスカレーターを，その組立完了時において全体として動産であったとする点には理論的には疑問を感じざるを得ないが，組立ての順番だけで製造物責任の適否が変わるのも問題があること，製造物責任の対象やその要件は，製造物責任独自の観点から解釈するべきであることなどから，結論としては妥当な解釈といえよう。

## 4　エスカレーターの欠陥

　本件では，原告側から，事故発生当時において，本件エスカレーターの両側面には利用者の転落を想定した柵や網は設けられておらず，利用者が移動手すりの折り返し部分に横ないし斜め方向から接近して接触するのを防止するための誘導柵等も設けられていなかった（事故後に各種安全策が施された）点や，本件エスカレーターの移動手すりの折り返し部分の先端部に利用者の身体が接触ないし接着すれば，その粘着性（摩擦係数）のために，これに寄り

かからなくても，容易に身体が持ち上げられてその上に乗り上げてしまう危険性があったこと，その点の警告表示がなかったこと等が欠陥として主張された。

　この点，本判決は「欠陥」の意義につき「当該製造物の特性，その通常予見される使用形態，その製造業者等が当該製造物を引き渡した時期その他の当該製造物に係る事情を考慮して，当該製造物が通常有すべき安全性を欠いていることをいう」と製造物責任法2条2項の基準を示したうえ，過去に同種の事故報告がないことや，本件エスカレーターが，関係法令等に適合し，広く普及した仕様の一般的なエスカレーターであると認められること，監視カメラの映像から認定された被害者が身体の背面側の中心線を移動手すりの折り返し部分に接着させて後ろ向きに寄りかかるという行動は，通常予見されるエスカレーターの使用形態であるとはいえず，そのような使用形態によって本件事故が発生したとしても，本件エスカレーターが通常有すべき安全性を欠いているものとはいえないこと等（一部事情は，筆者が建物所有者かつ管理運営者等に対する土地工作物責任における認定を引用）から，本件エスカレーターの欠陥を否定した。

　このように，製造物の一般的な使用方法からかけ離れた異常な使用方法や誤使用が問題となった事例としては，自動車に関するものとして東京地裁平成21年10月21日判決（判時2069号67頁，判タ1320号246頁），トイレブースのドア扉に関するものとして東京地裁平成23年2月9日判決（判時2113号110頁，判タ1360号240頁）などがあり，いずれも誤使用（の可能性）を根拠に，製造物責任法2条2項の「欠陥」の存在を否定している。

　本件も今後の「欠陥」の判断の事例判例として重要な判例と思われ，防犯カメラの画像から詳細に事実認定がなされている点などが，同種事案の立証活動として参考となろう。

【鹿田　昌】

## 第4　PL法の適用範囲（ソフトウエア）

### 1　ソフトウエアと製造物

〔5〕東京地判平成15年1月31日（平成12年（ワ）第23750号）
LLI/DB 05830422

☞ **概　　要**

■ 問題点

1　「製造物」とソフトウエア
2　ソフトウエア等の情報に製造物責任が問題となる場面
3　「欠陥」の意義
4　製造物責任の特約による排除

## 判決の内容

■ 事案の概要

　本件は，原告Xからインターネットを利用した資産運用シミュレーションゲームのシステム構築を依頼された訴外Aが，同システムの開発を被告Yに委託したところ，Yが完成し訴外Aに納品した同システムには他人へのなりすましや他人の個人情報を見ることができる等のセキュリティ上の欠陥（本件不具合1）や，不正取引が可能となる欠陥（本件不具合2）が存在したため，訴外Aから同システムの納品を受けたXはその運用を中止せざるを得ず，これにより損害を被ったとして，第一次的には，訴外AのYに対する同システムの欠陥を理由とする債務不履行に基づく損害賠償請求権を代位行使すると

ともに、第二次的に、製造物責任法に基づく損害賠償を請求した事案である。

■ **判決要旨**

1 本件では、Xと契約関係にあった訴外Aが無資力であったことから、XがYに対し、第一次的に債権者代位権の行使による債務不履行責任に基づき、第二次的に製造物責任に基づき、損害賠償を各請求した。

第一次的請求について、本判決は、Yと訴外Aとの本件システムに関する契約では、本件システムの保証期間中の不具合については、訴外Aの要請に基づいてYが無償で補修に応じることとし、その保証期間を本件システムの検収後1年間と限定する旨の合意をしたこと、本件契約締結後に打合せを重ね作成されたシステム仕様書には、本件不具合1及び本件不具合2の防止策を講ずることは記載されていなかったこと、本件システム納入及び検収後に締結された本件システムに関する欠陥修補特約では、平成10年5月29日以降は訴外Aの費用と責任でサポート体制を整えなければならないこと及び訴外AからYがその費用と責任において当該欠陥を修復すべき責任を負う期間についても平成10年5月29日を限度とすることが各明記されていたこと、訴外AからYに対する本件不具合1及び本件不具合2についての通知がなされたのは、いずれも上記期限とされた平成10年5月29日より後の平成10年8月17日～9月4日であったこと、Xが平成10年9月30日に本件システムの運用を中止したことなどを認定し、Xの第一次的請求を棄却した。

2 次に、第二次的請求について、本判決は、「製造物責任法2条2項に規定する『欠陥』とは、当該製造物が通常有すべき安全性を欠いていることを意味する。これに対し、本件不具合1及び本件不具合2は、仮にこれらが本件システムの欠陥と評価されたとしても、それは本件システムの品質ないし性能上の点の問題にすぎず、いずれも安全性とは無関係であるから、同項に規定する『欠陥』には当たらないというべきである」とし、Xの第二次的請求も棄却した。

# 解説

## 1 「製造物」とソフトウエア

　現代社会では，日常生活にとっても，経済活動にとってもコンピュータがさまざまな場面で不可欠の存在となっており，コンピュータを動かす上でソフトウエアは，これまた不可欠なものである。それ故，ソフトウエアに何らかの欠陥がある場合には，コンピュータが作動しないあるいは誤作動する等により，さまざまな場面で損害が発生することも予想に難くない。

　しかしながら，製造物責任法2条1項は，製造物を製造又は加工された動産と定義し，不動産，未加工の動産，エネルギーやサービスを製造物責任の対象外とした。本件で問題となっているソフトウエアのような情報は無体物であるから，それ自体としては製造物責任の対象ではない。

　ソフトウエアを含む情報一般が製造物責任の対象から外されたのは，情報それ自体には，一般的に生命・身体に対する危険性があるとはいえないことや，情報の概念や内容が多種多様で個性が強いこと，諸外国の立法例でも製造物責任の対象から外されていること，債務不履行等の既存の責任で対応可能であること等が理由とされているから，これからの社会の発展につれて一層のコンピュータ社会化が進めば，将来の立法としてはソフトウエア等の欠陥を製造物責任により解決することも検討されるようになるかもしれない。

　しかし，現行の製造物責任法の下では，本件は，ソフトウエアである本件システムの欠陥を問題とする以前に，そもそもソフトウエアである本件システムが「製造物」に該当しないとの点で，Xの第二次的請求を排斥できたはずである。その意味では，本判決が「製造物」を問題とせず「欠陥」を問題としてXの請求を棄却した判断には疑問が残る。

## 2 ソフトウエア等の情報に製造物責任が問題となる場面

　では，ソフトウエアについて製造物責任が問題となることは一切ないのであろうか。

　この点，ソフトウエアがCDやDVDのようなメディアに記録され販売される場合で，その記録メディア自体に欠陥があり，他人に損害を発生させた場合には，当該メディアにつき製造物責任が問題となる。

また，ソフトウエアが組み込まれた電化製品や自動車，工業用機械などが多く出回っているが，このような製品が，組み込まれたソフトウエアの欠陥により誤作動等して損害を発生させた場合にも，当該製品についての製造物責任が問題となる。
　このように，ソフトウエアはそれ自体として製造物責任を問題とすることはできないが，それが組み込まれた製品についての製造物責任を問題とすることで，被害者保護等の要請には応えることができる。
　もっとも，こうした場合に製造物責任を負うのは，当該製品の製造業者であり，ソフトウエア業者自身は製造物責任を負わないため，ソフトウエア業者に対する責任追及には他の法理に基づく必要がある。
　また，製造物責任法3条ただし書は「その損害が当該製造物についてのみ生じた場合は，この限りでない」と規定しているため，ソフトウエアの欠陥により，それが組み込まれた製品が故障したが，他への損害拡大はなかったような場合も，製造物責任を問題とすることができない。
　したがって，ソフトウエアの欠陥に基づく損害が発生したとしても，製造物責任が適用される場面は極めて限られることになろう。

## 3　「欠陥」の意義

　上記のように，本件では「欠陥」への該当性を判断するまでもなく，「製造物」に該当しないとの観点で，Xの請求を棄却できたはずであるが，本判決は，本件システムに存在した他人へのなりすましや不正取引が可能となる不具合を，いずれも製造物責任法2条2項の「欠陥」に該当しないとしてXの請求を否定している。
　ところで，ソフトウエアの欠陥が問題とされた裁判例としては，大阪高判昭和63年4月27日判タ685号241頁や東京地判平成5年1月28日判時1473号80頁，東京地判平成16年12月22日判時1905号94頁，判タ1194号171頁等があげられる。
　これら裁判例でソフトウエアの欠陥として問題とされているのは，その品質や性能であり，当事者間で想定されたレベルに満たない品質や性能であれば債務不履行責任が認められる可能性がある。
　これに対し，本判決は，本件で問題とされた各不具合を「本件システムの

品質ないし性能上の点の問題にすぎず，いずれも安全性とは無関係である」とし，製造物責任法2条2項に規定する「欠陥」に該当しないと判断しているが，これは，製造物責任法2条2項の「欠陥」が，不完全履行とは全く異なる判断を要求される概念であることを明らかにした点で意義があるといえよう。

## 4　製造物責任の特約による排除

本件では，第一次的請求の債務不履行等に基づく責任については，当事者間での特約による期間制限を認め，Yの責任を否定した。

では，製造物責任について，このような特約での責任排除が認められるのであろうか。EC理事会指令や，例えば韓国製造物責任法では明文で排除条項を無効としているが，我が国の製造物責任法では，このような規定がないことから，当事者間での責任排除特約の有効性が問題となる。

この点，製造物責任法6条は，同法に特段の定めのない事項については民法の規定による旨規定するところ，免責特約についても民法の不法行為の原則によることになる。

立法過程での法務省の説明によれば「製造業者等の損害賠償責任を制限あるいは免除する旨の記載が製品の表示や取扱説明書などに存在しても，これによって特約が当事者間に締結されたと認めることは困難である」とか，当事者間で免責特約が締結されても「当該特約は公序良俗違反（民法90条）により無効と判断される場合が多いと考えられる」旨述べられているが，少なくとも人身損害に関する免責特約は公序良俗違反を理由に一律に無効となるものと解してよいであろう。

【鹿田　昌】

## 第5　PL法と他の法制との関係

### 1　PL法と民法（瑕疵担保責任）

〔6〕京都地判平成18年11月30日（平成17年（ワ）第167号）
　　　判例時報1971号146頁

☞ **概　　要**

■ 問題点

　1　製造物責任法と民法570条の瑕疵担保責任——賠償されるべき損害の範囲
　2　製造物責任法と民法570条の瑕疵担保責任——遅延損害金の起算点

## 判決の内容

■ 事案の概要

　1　Xは，約3年9か月前に$Y_2$経営の店舗で購入した，$Y_1$製造にかかる足場台（以下，「本件足場台」という。）から転落して，胸部打撲，左肋骨骨折（4本）及び外傷性気胸の傷害を負った（21日間の入院を含み治療期間は約4か月間）。そのため，$Y_1$に対しては製造物責任法3条に基づき，$Y_2$に対しては民法570条の瑕疵担保責任に基づき，治療費・慰謝料等の損害賠償を求めた。
　2　Xが，転落の原因は，本件足場台に初期不正及び補強金具の不具合が存したため，その使用中に足場台の脚に変形が生じ，右後方に傾いたことにあると主張したのに対し，Yらは，Xの転落はバランスを崩したためであり（足場台の脚は確かに事故後変形しているが，これは転落の際の衝撃による。），本件足場台には欠陥や隠れたる瑕疵はないと主張し，Xの主張する損害についても

これを争う旨の主張を行った。

## ■ 判決要旨

　本判決は，Xの転落は，本件足場台を使用した作業中に足場台の脚が変形したことによるものであり，変形は本件足場台に初期不正及び補強金具の不具合が存在したことが原因である蓋然性が高いとして，転落時点で「足場台に何らかの不具合があったと推認される」とし，①購入後3年9か月後という期間は，「本件足場台が通常有する安全性が維持されてしかるべき合理的期間の範囲内である」こと，②Xは購入後「通常の用法に従い使用していたと推認される一方で，$Y_1$ が $Y_2$ に本件足場台を納入した当時から，本件足場台には本件変形の原因となる不具合があったと推認される」ことから，「本件足場台には，欠陥及び隠れたる瑕疵があった」とした。

　その上で，Yらが賠償すべき損害について，$Y_1$ については，治療費，入院雑費，通院交通費，慰謝料（120万円）及び弁護士費用のほか，本件足場台の代金相当額である5229円の損害賠償義務と，Xの最後の治療日の翌日（Xの主張した日である）から年5％の遅延損害金を認めた。

　他方で，$Y_2$ については，「本件足場台には社会通念上使用不能に陥る瑕疵が存在していた」として，足場台の代金相当額の賠償義務を認めたが，瑕疵担保責任に基づく賠償の範囲は「いわゆる信頼利益に限られる」とし，治療費や慰謝料，弁護士費用等は「いわゆる拡大損害に属するものであって，信頼利益には含まれない」として，これらの損害については賠償義務を認めなかった。さらに，本件でXは，$Y_2$ に対しては「債務不履行責任又は不法行為に基づく損害賠償を請求していない」が，本判決は，仮に請求があったとしても，$Y_2$ には「本件足場台に瑕疵が存したことやこれにより本件事故が発生すること」は予見できず，事故発生につき過失はなかったとして，やはり治療費や慰謝料等の損害賠償は認められないとした。

　さらに，本判決は，Xの $Y_2$ に対する損害賠償債権についての遅延損害金について，瑕疵担保責任に基づく損害賠償債務は，いわゆる期限の定めがない債務であり，催告によって履行遅滞に陥るとして，訴状送達の日の翌日からの遅延損害金が発生するものとした。

*38*　第1章 総　　則　　第5　PL法と他の法制との関係

# 解　説

## 1　製造物責任法の責任主体

　製造物責任法は，その責任主体を製造業者等としている。製造業者等とは，①　当該製造物を業として製造，加工又は輸入した者，のほか，②　自ら当該製造物の製造業者として当該製造物にその氏名，商号，商標その他の表示をした者又は当該製造物にその製造業者と誤認させるような氏名等の表示をした者（表示製造業者），③　①②のほか，当該製造物の製造，加工，輸入又は販売に係る形態その他の事情からみて，当該製造物にその実質的な製造業者と認めることができる氏名等の表示をした者（実質的製造業者）も含まれる（同法2条3項）。

　製造物の製造から販売までの過程においては，それ以外の者，例えば販売業者，運送業者，倉庫業者などの関与もあるが，これらの者は責任主体から除外されている。

　本判決においても，Xは，製造業者である $Y_1$ に対しては製造物責任法による責任を求め，販売業者に過ぎない $Y_2$ に対しては，民法570条の瑕疵担保責任に基づく責任を求めている。

## 2　欠　陥

　製造物責任法における「欠陥」とは，「当該製造物の特性，その通常予見される使用形態，その製造業者等が当該製造物を引き渡した時期その他の当該製造物に係る事情を考慮して，当該製造物が通常有すべき安全性を欠いていること」をいう（同法2条2項）。

　欠陥の存在時期について，製造物責任法上明確な規定はないが，解釈上は，欠陥は，製造業者等が当該製造物を引き渡した時点で存在している必要があると解されている（内田貴『民法Ⅱ〔第3版〕債権各論』524頁（東京大学出版会，2011年）等）。

　本件判決は，本件足場台の欠陥・隠れたる瑕疵に関し，まずは転落時点で足場台には何らかの不具合があったと推認されるとした上で，購入後3年9か月後という期間は本件足場台が通常有する安全性が維持されてしかるべき合理的期間の範囲内であり，Xは購入後，通常の用法に従い使用していたと

推認される一方で、$Y_1$が$Y_2$に本件足場台を納入した当時から、本件足場台には変形の原因となる不具合があったと推認されるとして、本件足場台には欠陥及び隠れたる瑕疵があったと判断した。

## 3 製造物責任法・瑕疵担保責任と賠償の範囲

### (1) 製造物責任法と賠償の範囲

製造物責任法3条は、「ものの欠陥により他人の生命、身体又は財産を侵害したときは、これによって生じた損害を賠償する責めに任ずる」としており、同法により賠償される損害の範囲は、基本的には通常の不法行為責任と同様に、欠陥と相当因果関係の認められるあらゆる損害に及ぶ。すなわち、人的損害・物的損害いずれも賠償対象となり、相当因果関係がある限りにおいては、慰謝料等の精神的損害、営業損害等の純粋財産損害に関しても賠償の範囲に含まれる。

ただし、製造物責任法は、同条ただし書において、「ただし、その損害が当該製造物についてのみ生じたときは、この限りでない」とし、拡大損害が生じた場合のみを賠償の対象とし、当該製造物にのみ生じた損害については賠償されないものとしている。その理由としては、製造物責任はその沿革からみて、拡大損害の救済のために発展してきた法理であること、当該製造物にのみ生じた損害については、被害者と契約関係のある販売業者等との間で契約責任に基づいて解決すれば足りること、当該製造物にのみ生じた損害に関しては、欠陥と欠陥に至らない品質上の問題との区別が困難であること等があげられている（通商産業省産業政策局消費経済課編『製造物責任法の解説』132頁以下（通商産業調査会、1994年）、内田・前掲書527頁参照）。

### (2) 瑕疵担保責任と賠償の範囲

これに対し、瑕疵担保責任に関しては、学説上は大きくは法定責任説と契約責任説の対立があり、法定責任説によれば、瑕疵担保責任の対象となる目的物は特定物に限られ、損害賠償の範囲は信頼利益（瑕疵のない物であると信じたことによって被った損害）に限られる。

他方、契約責任説の立場では瑕疵担保責任は不特定物売買にも適用になり、賠償の範囲は債務不履行の一般原則に従い履行利益も含まれるものとされる。近年では契約責任説も有力となっている。

これに対し，判例は次のように述べ，基本的には法定責任説に立つものと解されている。

まず，大判大正14年3月13日（民集4巻217頁）は，不特定物の売買においても，目的物の危険移転の時（買主が目的物を受領した時）に民法401条2項の特定があったと言えるから，それ以降は特定物の売買と同様瑕疵担保責任が適用となるとした。

これに対し，その後の最判昭和36年12月15日（民集15巻11号2852頁，判時283号23頁）は，「債権者が瑕疵の存在を認識した上でこれを履行として認容し債務者に対しいわゆる瑕疵担保責任を問うなどの事情が存すれば格別，然らざる限り，債権者は受領後もなお，取替ないし追完の方法による完全な給付の請求をなす権利を有し，従つてまた，その不完全な給付が債務者の責に帰すべき事由に基づくときは，債務不履行の一場合として，損害賠償請求権および契約解除権をも有するものと解すべき」とした。

### (3) 本判決の考え方

(a) $Y_1$ に対する請求

本判決は，Xの $Y_1$ に対する請求，すなわち製造物責任法3条に基づく損害賠償請求については，上記に示した製造物責任法の考え方に従い，被害者に生じた治療費や通院交通費，精神的損害についての慰謝料，さらには弁護士費用（不法行為損害賠償請求における弁護士費用について，最判昭和44年2月27日民集23巻2号441頁，判時548号19頁，判タ232号276頁）についても，賠償されるべきものとした。

また，本判決は，本件足場台の代金相当額である5229円についても，$Y_1$ の損害賠償義務を認めている。前記のとおり，製造物責任法3条ただし書においては，当該製造物にのみ生じた損害については賠償されないものとしているが，拡大損害が生じた場合には，当該製造物にのみ生じた損害も含めて賠償対象となる点には注意が必要である。

(b) $Y_2$ に対する請求

これに対し，Xの $Y_1$ に対する請求，すなわち瑕疵担保責任に基づく損害賠償請求については，本判決は，前記判例の考え方に従い，損害賠償の範囲は信頼利益に限られるとして，本件足場台の代金相当額のみの賠償を認め，

治療費・慰謝料等の賠償を認めなかった。

　本件足場台は不特定物であるが，本件Xは，瑕疵担保責任に基づく賠償請求のみを求めていることから，上記最判昭和36年12月15日に照らしても，「債権者が瑕疵の存在を認識した上でこれを履行として認容し債務者に対しいわゆる瑕疵担保責任を問うなどの事情が存す」る場合と解されよう。

　判決では，本来であれば瑕疵担保責任に基づく損害賠償がどこまで認められるかという点のみを判断すればよかったはずである。しかし，本判決は，仮にXが債務不履行又は不法行為に基づき請求していたとしても，$Y_2$には過失がないとして，やはり治療費や慰謝料等の損害賠償は認められないという指摘も行っている。

## 4　製造物責任法・瑕疵担保責任と遅延損害金の起算点

### (1)　製造物責任法に基づく損害賠償債務の遅延損害金

　製造物責任法は，不法行為に関する民法の特別法であり，同法6条は，「製造物の欠陥による製造業者等の損害賠償の責任については，この法律の規定によるほか，民法の規定による」としている。

　そして，不法行為に基づく損害賠償債務は，何らの催告を要することなく，損害の発生と同時に遅滞に陥るものと解されており（最判昭和37年9月4日民集16巻9号1834頁），製造物責任法に基づく損害賠償債務も損害の発生すなわち不法行為時に遅滞に陥るものと考えられる。

　本事案におけるXの$Y_1$に対する請求に関しても，事故，すなわちXが本件足場台から転落して受傷した日から遅延損害金が発生するものと解されるところ，Xは，それより後の最後の治療日の翌日からの遅延損害金を求めたことから，本判決もXの主張に沿った判断を行ったものと考えられる。

### (2)　瑕疵担保責任に基づく損害賠償債務と遅延損害金

　これに対し，瑕疵担保責任に基づく損害賠償債務については，期限の定めのない債務であり民法412条3項によりその債務者は債権者からの履行の請求を受けた時にはじめて遅滞に陥る。本判決もこの考え方に従い，遅延損害金の起算点を訴状送達の翌日とした。

【岸　　郁子】

## 第5　PL法と他の法制との関係

### 2　PL法と民法（債務不履行責任）

〔7〕東京地判平成23年5月12日（平成19年（ワ）第4436号）
LLI/DB 06630240

☞ **概　要**

■ 問題点

　金属片混入があった加工品以外の加工品を用いた商品の回収・廃棄費用，あるいは混入があった加工品以外の加工品の破棄費用等が，製造物責任法における損害として賠償対象となるか

## 判決の内容

■ 事案の概要

　1　Yは，海産物等の加工，販売及び輸出入を業とする会社であり，中国大連市にある海産物加工食品の製造輸出業者（以下「中国グループ会社」という。）にも出資していた。
　甲は，いわゆる「おつまみ」の製造，販売を業とする日本企業である。甲とYらは，新製品であるメカブ（海草）の加工品（以下「本件加工品」という。）を開発し，これを中国グループ会社が製造，Yが輸入して甲に販売することとして，平成17年7月から，その輸入が開始された。
　本件加工品については，中国グループ会社においてX線検査機及び金属探知機で全数検査を行ったものを，Yが日本に輸入し，甲の指定した倉庫に納入した後，甲の子会社Aが袋詰めして商品化するとともに再度金属探知機等

による検査を行った後出荷されていたが，平成17年11月にＡが行った検査において，同年８月23日から27日ころに製造された本件加工品に合計約39個の金属片の混入が発見された。

そのため，甲は，直ちに商品の出荷を停止し，市場に出回っていた商品の回収を行うとともに，回収した商品，出荷前の商品，袋詰め前の本件加工品，さらには商品用パッケージ等の梱包材料を廃棄した。

**2**　甲は，生産物品質保険契約を締結していたＸから，商品回収，廃棄等に要した費用（新聞広告費，通信費，人件費増加分等を含む），損害等について，保険金の支払を受けたため，Ｘが甲に代位して，Ｙに対し製造物責任法３条に基づく損害賠償請求訴訟を提起した（後に債務不履行に基づく請求を追加）。

これに対し，Ｙは，製造物責任については，①輸入に当たって通関業務を代行したに過ぎず，利益もわずかであるから，製造物責任法２条３項１号にいう「製造業者等」には当たらない，②金属片の混入は輸入後に起こった可能性も全くないとはいえない，③金属片混入があった本件加工品についての廃棄費用等は，同法３条ただし書にいう「損害が当該製造物についてのみ生じたとき」に当たり，また，その他の商品回収等による損害は甲の自主的判断に基づくもので製造物責任法が予定する損害には当たらない，④甲は，本件加工品の製造について従業員を常駐させるなどして技術指導及び指揮監督を行っていたから，同法４条２号の部品・原材料製造業者に係る免責事由が適用されると主張して，Ｘの請求を争った。

また，債務不履行責任についても（時機に遅れた攻撃防御方法であると主張したほか），上記④の事情を指摘して注意義務違反を争うとともに，過失相殺を主張し，損害についても相当因果関係を争った。

■ **判決要旨**

本判決は，製造物責任について，金属片の混入が見つかったため，出荷されずに廃棄された本件加工品（判決では「グループ②の本件加工品」とされている。）については，「『製造物』であって，それが通常有するべき安全性を欠いているから『欠陥』があるといえ」，「輸入される前の中国の工場段階で金属片が混入し，混入したままで輸入されたと認められ」るとし，これを輸入

した被告は「製造業者等」に当たるとしたが,「出荷されず,これを廃棄等したものであって,グループ②の本件加工品によって消費者が傷害を受けるとか,グループ②の本件加工品を回収するために費用を要するとかいうことはなかった」とし,「グループ②の本件加工品による損害は,当該製造物それ自体にとどまり,拡大損害は発生していない」として,製造物責任法3条ただし書を適用してYの賠償責任を否定した。

さらに,金属片混入が見つかる前に袋詰め及び検査を経て,商品として保管ないし出荷されていた本件加工品（判決では,「グループ①の本件加工品」とされている。）については,「製造物責任法にいう欠陥としての金属片混入があったとは認められ」ず,その回収及び廃棄がグループ②の本件加工品の欠陥による拡大損害といえるかどうかについても,「金属片の混入や検査による排除がされなかった原因,加害者ないし債務者における過失・注意義務違反の所在等と関わりなしに,グループ②の本件加工品の欠陥自体から,グループ①の本件加工品の回収及び廃棄が当然に行われるべきものであるということもできないと考えられ,製造物責任法の趣旨にかんがみて,欠陥との因果関係を認めることはできない」とした。

また,金属片の混入が見つかった時点で,まだ倉庫に保管されていた袋詰め前の本件加工品（判決では「グループ③の本件加工品」とされている。）については,Aによる検査を受けていない状態のもので,「製造物責任法にいう欠陥としての金属片混入があったとは認めることはできない」とし,この廃棄等が,グループ②の本件加工品の欠陥による拡大損害といえるかどうかについても,同様に,「グループ②の本件加工品の欠陥である金属片混入それ自体から,グループ③の本件加工品に金属片混入があったと推認することはできず,また,グループ②の本件加工品の欠陥自体から,本件加工品を袋詰めした本件商品が製造販売できなくなるとは当然にいうこともできないと考えられ,やはり欠陥との因果関係を認めることはできない」とした。

他方で,本判決は,Yの債務不履行責任を肯定してXの請求を認め（ただし,梱包材料を廃棄した損失や,袋詰めにされる前の加工品のうち,改めて検査を行って出荷できたはずの分については,因果関係を否定。),中国グループ会社の工場に派遣されていた甲の従業員の不注意等を認定して3割の過失相殺を行った。

〔7〕東京地判平成23年5月12日（平成19年(ワ)第4436号） 45

# 解　　説

## 1 損害が当該製造物についてのみ生じたとき（法3条ただし書）

　製造物責任法3条ただし書は，「その損害が当該製造物についてのみ生じたとき」は，製造物責任法3条による賠償責任が発生しないものとしている。

　製造物責任法により賠償されるべき損害について，立法論としては，不法行為と同様の考え方により損害を決定すべきという考え方と，不法行為とは別に賠償範囲を画するべきという考え方という二つの方向性が存した（潮見佳男『不法行為法Ⅱ〔第2版〕』407頁以下（信山社，2011年）等）。後者の考え方によれば，賠償対象を消費者被害に限定したり，自然人の被害に限定する（法人の被害を対象外とする。），純粋経済損害を除外する等の立法が考えられた。

　この点，製造物責任法は，基本的には前者の考え方に立ち，製造物責任法において賠償されるべき損害については，不法行為における損害と同様と捉えた上で，法3条ただし書において，その考え方に修正を加え，欠陥による拡大損害が発生しなければ製造物責任法の責任は生じないとしている。

　その趣旨は，事故発生の危険までは有しない品質上の瑕疵と，欠陥を有する製造物自体の損害とは区別が微妙で実際には困難な場合が多く，そのために不当なクレームによる法の濫用のおそれがあること，他方で被害者は，販売業者に対して瑕疵担保責任や債務不履行責任を追及できるからその救済に欠けることはないことから，製造物自体の損害を賠償対象から除外するが，拡大損害が生じた場合には，拡大損害（製造物責任法による請求）と製造物自体の損害（瑕疵担保責任等による請求）とで異なる請求原因によって請求しなければならないとすると被害者の負担が過大になるため，製造物自体の損害を賠償範囲に含めるものとしたとされている（通商産業省産業政策局消費経済課編『製造物責任法の解説』132頁以下（通商産業調査会，1994年））。

　ただし，法3条ただし書の規定については，前記2つの考え方の妥協であって，整合性という点での疑問も指摘されている（新美育文「損害論」判タ862号79頁以下，浦川道太郎「製造物自体の損害と拡大損害」塩崎勤＝羽成守編『裁判実務大系30製造物責任訴訟法』196頁以下（青林書院，1999年）等）。また，製造物自体の損

害というものの範囲をどう解釈するのかという問題（新美・前掲論文862頁，中村哲也「特別法としての製造物責任―純粋財産損害問題をめぐって―」太田知行＝中村哲也編『民事法秩序の生成と展開　広中俊雄先生古稀祝賀論集』635頁以下（創文社，1996年）等），些細な他の物等に損害が生ずるだけで製造物自体の損害も賠償対象となることの不合理さ（浦川・前掲論文201頁以下等）なども指摘されているところである。

## 2　本判決の考え方

本判決は，Xの主張する損害は，製造物それ自体に生じたものであるか，製造物の欠陥とは因果関係の認められない損害であり，Yは製造物責任法に基づく賠償責任は負わないものとした。

すなわち，判決は，金属片の混入した加工品については，欠陥はあるが，出荷されていないことから消費者の傷害や回収費用は発生しておらず，発生した廃棄費用は製造物自体に生じた損害であるとし，欠陥が存した加工品以外の加工品については，「不法行為や債務不履行責任が加害者ないし債務者の過失により損害が発生したことを要件とするのに対し，製造物責任法は，製造物の欠陥により損害が発生したことを立証すれば足りるとしており，欠陥が発生した原因が何か，欠陥発生が加害者等の責に帰するのかどうかを問わないこととしたものであって，賠償すべき損害の範囲は当該欠陥と相当因果関係があるものに限られる」として，グループ②の本件加工品の欠陥自体から，グループ①や③の「本件加工品の回収や廃棄が当然に行われるべきものであるということもできない」とした。

他方で，本判決は，Yの債務不履行責任は肯定し，Xの主張する次の損害について，賠償を認めた。

　ア　出荷前の本件商品及び市場から回収した本件商品の廃棄による損失
　イ　袋詰め前の本件加工品の廃棄による損失（但し，再検査等を経て出荷できたはずの分は除く）
　ウ　回収のために要した新聞広告費
　エ　回収に際して要した交通費，郵送費，通信費用等
　オ　ア及びイの廃棄処分に要した費用
　カ　回収のために要した通常の人件費を超える部分の労務費

## 3 製造物責任と債務不履行責任

　企業が消費者向けに販売するために購入した製品に，異物等が混入していることが判明した場合，企業が販売した製品をエンドユーザーあるいは販売店等から回収せざるを得なくなるということは，あり得ることである。

　本件は，その回収・廃棄費用等を企業が輸入業者等に損害賠償請求したという事案であるが，輸入業者の製造物責任は否定され，債務不履行責任が肯定されている。

　まず，この点，製造物責任法に基づく損害賠償請求権は，不法行為責任や契約責任等に基づく損害賠償請求権を排除，制限するものではなく，複数の損害賠償請求権が併存する場合，被害者としては，どの請求権を行使することも自由である（升田純『詳解　製造物責任法』40頁（商事法務研究会，1997年））。

　ただし，これらの損害賠償請求権は，権利を発生させる要件がそれぞれ異なる上に，効果（賠償の認められる損害の範囲）も異なる場合がある。

　前述のように，製造物責任法において賠償されるべき損害は，不法行為と同様に，基本的には相当因果関係あると認められるすべての損害であるが，ここでの相当因果関係は，「欠陥」と損害との間に求められる。これに対して，債務不履行責任においては，債務の本旨に従って履行しないという債務者の行為，不法行為責任においては故意又は過失ある加害者の行為と損害との間に，相当因果関係あることが求められている。

　したがって，製造物責任においては，欠陥の存する商品の回収のための費用（広告費や人件費等）が生じた場合には，製造物責任法における「損害」として賠償が認められる可能性があるが，欠陥の存した商品以外の商品を回収したような場合には，その費用は「欠陥」との因果関係はないものとされ，製造物責任法による賠償責任が否定される場合も生じ得るのである。

　本判決が指摘するように，製造物責任は，欠陥の存在を要件とする無過失責任であり（「欠陥責任」ともいわれる。前記通産省編『製造物責任法の解説』10頁，米村滋人「製造物責任における欠陥評価の法的構造(1)」法学72巻1号1頁以下（2008年）），債務不履行責任を判断する場合の相当因果関係とはその判断も当然異なり得るのである。

## 4 本判決の考察

ところで，本件においても，「欠陥の存した商品」の範囲をどのように考えるかによっては，拡大損害が生じたものとして，理屈上は，製造物責任を肯定できる可能性が存するものとも思われる。

　すなわち，本件では，約39個の金属片の混入が確認された加工品は，平成17年8月23日から27日ころに製造されたものと特定され，同期間に製造された加工品（グループ）全体について，「通常有すべき安全性を欠いており」「欠陥がある」ものとされた。そして，これらの加工品はすべて出荷されておらず甲の下にあったために，回収費用等の拡大損害は生じておらず（生じたのはその廃棄費用のみ），製造物責任が発生しないとされた。本件では，欠陥の存した商品を検討するに当たり，グループに属する個々の加工品ないし包装への混入の有無は検討されていないが，具体的に約39個の金属片が混入された加工品（あるいはその包装された一包）のみ「欠陥」ある製造物と解すれば，これと同一時期に製造された他の加工品に関しては，その物自体に欠陥があるとはいえないがその廃棄は必要（相当）であったとして，廃棄費用を相当因果関係ある拡大損害としてとらえ，製造物責任を肯定することも不可能ではないとも思われる（ただし，廃棄が必要（相当）とされる場合というのは，裏を返せば，当該製造物が「通常有すべき安全性」を欠いている場合に他ならないとすれば，やはりその廃棄費用等は常に当該製造物に生じた損害ということになろう。）。

　さらに，本件では，上記期間に製造された加工品以外の物については，「欠陥（金属片混入）」があったと推認することはできないとされたが，仮に本件事案を離れて，出荷された商品を含むより広範囲の商品に金属片混入の可能性あるとされれば，それら全てが「欠陥」ある製造物と捉えられ，既に出荷された商品の回収費用は拡大損害となって，廃棄費用も含めて製造物責任による賠償が認められる余地が生ずるものと思われる。

　要するに，製造物責任の成否（拡大損害が生じたか否か）の判断には，欠陥の存する（通常有すべき安全性を欠く）商品の「範囲」についての判断も重要な要素となると考えられる。

　そして，特に本件のように，欠陥が，食品に対する異物の混入というような生命・身体に重大な被害を生じさせる可能性のあるものであった場合には，事案によっては「欠陥」ある商品の範囲を広く捉え，その回収費用を

「欠陥」と相当因果関係ある拡大損害とし，あるいは，「欠陥」ある商品の範囲を限定的に捉えたうえで，他の商品の回収・廃棄についても欠陥と相当因果関係がある拡大損害に当たるとして，製造物責任が肯定されることもあり得るのではないかとも思われる。

　この点，製造物責任は無過失責任（欠陥責任）であり，その適用範囲を広げた場合には損害が莫大となって，賠償義務者に過重な負担がかかるおそれもあるのであって，「相当因果関係」あるいは「欠陥」の存否についての考え方の下で，社会通念上常識的な範囲で賠償責任を認定する要請（通産省編・前掲書136頁）も存する。また，製造物責任が追及できない場合であっても，販売店は，本件のように，商品を直接購入した契約当事者に債務不履行責任を問い得るのであるから，製造物責任法の保護の対象外としてもよいとも考えられている。

　しかしながら，例えば直接の契約当事者が倒産等で無資力となった場合などには，契約責任は事実上問えないこととなるのであって，特に消費者に近い零細な販売店の場合などを考えると，製造物責任法の趣旨からしても，商品の回収費用に関しては，製造物責任法による救済の範囲をやや広くとらえる余地もあるように思われる。また，救済を否定することにより，危険な商品の回収がなされない現象が生じることを危惧すべき場合もあろう（この点，東京地判平成22年4月21日判例集未登載〔判例3〕は，部品の交換が可能であって回収の必要はなかったという主張に対し，製品の危険性，リコール制度の現状等に照らし，全品回収もやむを得ないと判断している。）。

　なお，本件と同様に，輸入業者の製造物責任が否定され，さらに債務不履行責任も否定されたが，瑕疵担保責任が肯定された事案として，東京地判平成22年12月22日判時2118号50頁，判タ1382号173頁〔判例41〕がある。同判決の事案でも，有害物質の検出されなかった商品について，製造物責任法における「欠陥」の有無，瑕疵担保責任における「瑕疵」の有無が争点となり，「瑕疵担保責任における瑕疵とは，契約の目的物が，契約において当事者間で予定されていた品質・性能を欠くことをいうものと解され」，当該当事者間では，「商品は，取引観念上，最終的に消費者の消費に供し得る品質を有し，それに基づいて，他社への販売が可能である商品価値を有すること

が予定されていた」として，消費者の目から見れば，有害物質が混入している疑いがあった商品について，「取引観念上，最終的に消費者の消費に供し得る品質を有しておらず，他社への販売が可能な商品価値を有していなかった」ものとして「瑕疵」が存したとし，商品の回収・廃棄費用等の賠償を認めたが，製造物責任に関しては，「商品自体から中毒事故等が発生したものではなく」，検査によっても「有害物質は検出されていないのであって，本件商品について，現に有害物質が混入していたことを認めるに足りる証拠はない」とし，「製造物責任法3条に規定する『欠陥』があったと認めることはできない」として責任を否定した（事故発生の危険性までは有しない品質上の瑕疵を認めたものといえる。）。

これに対し，本判決は，さらに踏み込んで，「欠陥」の存しなかった商品の回収費用等が，「欠陥」による拡大損害に当たるか否かを検討し，「欠陥」から通常生じ得る損害には当たらない（相当因果関係がない）ものと判断したものである。

【岸　郁子】

〔8〕東京地判平成22年4月21日（平成20年（ワ）第22782号）

# 第5　PL法と他の法制との関係

## ③　PL法と商法（買主の検査・通知義務）

〔8〕東京地判平成22年4月21日（平成20年（ワ）第22782号）
LLI/DB 06530282

☞　概　　　要

■　問題点

1　製造物責任法と商法526条
2　商法526条を排除する合意
3　製造物責任と損害の範囲

## 判決の内容

■　事案の概要

1　給油所作業機器及び関連サービス業務の開発・販売を主活動とし、給油所向け販売促進商材の販売等も行っているXが、プラスチック製品の製造販売を業とする会社であるY製造にかかる灯油用ポリエチレン缶（以下「本件灯油缶」という。）を購入、販売したところ、一定の時期に製造された本件灯油缶に欠陥が存したという事案である。

Yの製造にかかる本件灯油缶は、Xと取引のあるA社仕様であり、Xは、本件灯油缶をA社の特約店及び販売店運営の給油所に納入していた。具体的取引としては、Xは、本件灯油缶をB社とC社を経由して仕入れ、製品の納入は、Yから、末端のA社特約店及び販売店運営の給油所に直接納入されていた。

**2** 本件灯油缶の欠陥は，A社特約店及び販売店運営の給油所から灯油を購入したユーザーの申告により発見されたもので，キャップのねじ山の高さ不足により，キャップをいっぱいに閉めても横倒しするとキャップの口から灯油が漏れるというものであった。

そのため，Xは，欠陥の発見後，製品の販売を停止するとともに，欠陥製品を回収することとなった。

**3** Xは，Yに対し，製造物責任法3条に基づき，回収した商品の販売利益（逸失利益），欠陥製品以外の製品につき代金回収できなくなったことによる損失，製品の販売を停止したことによる営業的損失，回収作業に伴い必要となった人件費，回収促進物制作費等の損害賠償を求め，Yの代表取締役Zに対しても，会社法429条又は不法行為に基づき，任務懈怠又は危険防止義務違反による損害賠償を求めて，訴えを提起した。

Yらは，欠陥の存在自体は争わず，買主の検査義務（商526条1項）違反による免責，検品作業を行わなかったことによる過失相殺等を主張し，また，Xの主張する損害額についてもこれを争った。

## ■ 判決要旨

本判決は，まず，商法526条1項の買主の検査義務違反による免責について，「被告会社から原告までの各売買の当事者間においては，少なくとも原告に商法526条に定める買主の検査義務が課されない旨明示又は黙示的に合意されていたものと認めるのが相当」とした。

その理由として，製品の納品方法としては，Yが出荷の際に必要な検査を行い，製品の安全性が公的に認定されたことを証する危険物保安技術協会等の推奨認定ラベルを貼付した上で，直接末端のAの特約店及び販売店運営の給油所に直接納入するシステムとなっていたことから，「このような納品方法からすると，本製品が手元に来ない原告において買い受けた製品を検査することは予定されて」おらず，Yにおいて「製品の安全性を検査し，これを保証する責任を負っていたものというべき」とし，また，そもそも，本製品の安全性の検査については，JIS規格によれば，常温で缶に標準量の水を入れて栓を手で十分に締めた後，口部を下にして12時間放置し漏れの有無を調

べる『漏れ試験』等11種類の試験が規定されているなど，検査には相当の手間を要し，かつ，製品が大量に販売されるものであることからすると，商流の中間の業者である原告において，個別に製品の安全性を検査することは極めて困難であることを挙げた。

同様に，過失相殺の主張に対しても，Xに検査義務がない以上，失当であると判断した。

Xの主張する損害額については，Yは，パッキンの交換が可能であり全品回収・廃棄の必要性を争ったが，灯油缶という危険な製品であること，行政からの指導の事実，リコール制度の現状に照らし，全品回収もやむを得ないとして，回収した商品の販売利益（逸失利益），回収作業に伴い必要となった人件費，回収促進物制作費等，弁護士費用について，欠陥と相当因果関係ある損害とした。

これに対し，欠陥製品以外の製品の代金回収ができなくなったことによる損害については，同時期の製品の9割以上は代金回収ができており，欠陥製品が製造された時期が既に相当程度確定されており，それ以前に製造された製品の代金回収が不可能であったとはいえないとして否定し，欠陥製品以外の返品要求に応じたことによる損害についても相当因果関係あるものと認めなかった。また，本製品の販売停止期間中の営業的損失については代替品の販売ができなかった等の事実が不明であるとし，販売報奨金を得られなくなったことによる損害も主張されたが，特別損害であり予見不可能であったとして，相当因果関係を否定した。

代表取締役Zについても，欠陥は製造ラインにおける機器の調整を行った際に生じ，Z自身これを認識して調整を指示したがこれが十分でなかったために発生したとして，その責任が肯定されている。

## 解　説

### 1　製造物責任法と商法526条

　製造物責任法は，製造業者等が，製造物の「欠陥」により他人の生命，身体又は財産を侵害したときの賠償義務を定めており（同3条），「欠陥」については，「当該製造物が通常有すべき安全性を欠いていること」（同2条2項）をいうとしている。

　製造物責任は無過失責任であり，製造物責任法では，製造業者等が免責される場合として，「当該製造物をその製造業者等が引き渡した時における科学又は技術に関する知見によっては，当該製造物にその欠陥があることを認識することができなかった」場合（開発危険の抗弁。同4条1号）と，「当該製造物が他の製造物の部品又は原材料として使用された場合において，その欠陥が専ら当該他の製造物の製造業者が行った設計に関する指示に従ったことにより生じ，かつ，その欠陥が生じたことにつき過失がない」場合（設計・指示の抗弁。同4条2号）という2つの場合が規定されているのみである。

　しかし，製造物責任法は，不法行為についての特別法であり，製造物責任法に規定のない事項については民法の規定が適用されるとされており（同6条），民法その他の規定の適用は排除されてはいない。

　そこで，本事例のように，商法526条の買主の検査・通知義務違反も問題となることとなる。

### 2　買主の検査・通知義務（商526条）

　商法526条1項は，「商人間の売買において，買主は，その売買の目的物を受領したときは，遅滞なく，その物を検査しなければならない」とし，同2項は，「前項に規定する場合において，買主は，同項の規定による検査により売買の目的物に瑕疵があること又はその数量に不足があることを発見したときは，直ちに売主に対してその旨の通知を発しなければ，その瑕疵又は数量の不足を理由として契約の解除又は代金減額若しくは損害賠償の請求をすることができない。売買の目的物に直ちに発見することのできない瑕疵がある場合において，買主が6箇月以内にその瑕疵を発見したときも，同様とする。」としている。

同条の趣旨は，善意の売主に瑕疵等に対する善後策を講じる機会を与えるとともに，買主が民法570条2項の「1年」という期間内に売主の危険において投機をなすことを防止する必要があり，また，商人として専門的知識のある買主は容易に瑕疵を発見し得ることが多いことも指摘されている（東京地判平成22年12月22日判時2118号50頁，判タ1382号173頁等）。

同条によれば，買主は，目的物を受け取った後遅滞なくこれを検査し，瑕疵があることを発見したなら，直ちに売主にその旨の通知を発しなければ，その瑕疵によって契約の解除又は損害の賠償を請求することはできず，その瑕疵が直ちに発見し得ないものであるときでも，受領後6か月内にその瑕疵を発見して直ちにその旨の通知を発するのでなれば，契約解除や損害賠償請求はできないこととなる（最判昭和47年1月25日判時662号85頁，判タ276号146頁）。

## 3 製造物責任法と商法526条との関係

製造物責任法と商法526条との関係については，商法526条の規定は「瑕疵担保責任」についての規定であり，債務不履行による損害賠償請求には適用がないとした裁判例も存し（大阪地判昭和61年2月14日判時1196号132頁，判タ597号58頁。玩具の瑕疵が問題となった事案で，被告が原告の検査・通知義務違反を主張したのに対し，判決は，原告は被告らに対し本件玩具の瑕疵担保責任を追及するものではないから，被告らの主張は失当であるとした。），不法行為の特別法である製造物責任法にも，同様に，商法526条の適用はないと解釈する余地も存するものと思われる（升田純『詳解製造物責任法』1011頁（商事法務研究会，1997年）。ただし，同書は，契約責任と製造物責任のいずれも請求できる場合は，製造物責任を選択したときには商法526条の適用の余地を認め，この場合，商法526条による免責を認める範囲を物的な損害に限定すべきとする。）。この場合であっても検査・通知義務違反は過失相殺における過失として考慮されることはあろう。

他方で，最判昭和35年12月2日民集14巻13号2893頁が，商法526条は不特定物売買にも適用があるとしていることもあり，商法536条は債務不履行にも適用となるとする裁判例も少なくなく（東京地判平成25年1月22日判時2202号45頁），本判決はさらに，製造物責任法に基づく損害賠償請求にも，商法526条が適用になることを前提としているものと考えられる（なお，本件では，前記のとおり，Xは，本件灯油缶をB社とC社を経由して本件灯油缶を仕入れてお

り、XとYは直接の売買契約の当事者ではない。この点、判決は、「被告会社から原告までの各売買の当事者間においては」買主の検査義務が課されない旨合意されていたとした。）。

なお、商法526条は、商人間の売買についての規定であり、売買契約ではない場合には基本的には問題とならず、さらに売買契約の当事者間にのみ適用となると考えられる。

### 4 商法526条の排除

製造物責任にも商法526条が適用されるとしても、商法526条は任意規定であり、契約により、あるいは当事者間の別途合意によって、買主の検査義務自体の免除や、6か月という期間の延長などを定めることができる。

本判決も、「買主の検査義務が課されない」旨の明示又は黙示的な合意があったとして、本件において商法526条1項の適用を排除した。合意の存在を裏付ける事情としては、製品の納入方法（Yにおいて検査を行い、推奨認定ラベルを貼付した上で出荷し、Xを経由せず納入されていたこと）、検査自体相当手間や時間のかかるものであり、この検査を買主に求めることは酷であることなどが指摘されている。

この点、商法526条1項に定める「検査」の内容、すなわちどの程度の検査が買主に求められるかについては、商法に具体的な定めはないため、事案ごとに当事者間の契約あるいは意思解釈によって決せざるを得ないところ、確かに、規格に適合するものか否かという厳格緻密な検査を買主に求めることは酷な場合も多いと思われる。

しかし、裁判例の中には、原告が「買主の一般的な検査によっては到底発見できないような瑕疵の場合には、商法526条の趣旨は妥当せず、同条の適用はないと解すべき」と主張した事案で、「商法526条2項は、商取引の迅速な確定の観点から、買主の検査によっても直ちに発見できない瑕疵についても、目的物の受領から6か月以内に瑕疵の通知がなされない場合には損害賠償の請求等を制限するものであると解されるから、本件商品の瑕疵が、発見の困難な瑕疵であったことを理由に同項の適用が排除されると解することはできない」とした裁判例（前掲東京地判平成22年12月22日、大阪地判平成22年7月7日判時2100号97頁、判タ1332号193頁も同様の判断を行っている。）も存する。

また，本判決は，「本製品が手元に来ない原告において買い受けた製品を検査することは予定されて」おらず，Yにおいて「製品の安全性を検査し，これを保証する責任を負っていたものというべき」との認定も行っている。
　この点，安全性の保証という点について，上記東京地裁平成22年判決は，売主が買主に対し売買契約に先立って品質保証書を差し入れていたという事案で，買主側が，売主はこれにより商法526条の適用を排除して損害賠償の責に応じることを明らかにしている旨主張したのに対し，品質保証書の内容は，「納品する商品が商品の表示どおりの品質を備えるものであり，食品衛生法や品質表示基準などの法令に違反せず，顧客の信頼を裏切るものではないことを保証する趣旨のものであって，その文言からみて，商法526条の適用を排除し，同条に基づく抗弁を放棄することが明らかにされているものではない」とした（上記大阪地裁平成22年判決も品質保証がなされている事案で同様の判断を行っている。）。
　本判決は，納入方法も考慮し，総合判断として商法526条の適用排除の合意があったと認定したのであって，商法526条の適用を排除する合意があったか否かの判断は，具体的な事案によって異なることには注意が必要である。大阪地判昭和56年9月25日（判タ456号162頁）は，本判決と同様，商法526条1項の検査通知義務を減免する（黙示の）特約が問題となった事案であるが，黙示の特約は認められないとしている。
　なお，現実の取引においては，商法526条の検査通知義務の減免，あるいは検査義務の内容等について，当事者が契約書等で明確な規定を置いている場合も少なくないのではないかと思われる。

## 5　過失相殺について

　前述のように，製造物責任法は，民法その他の規定の適用を排除しておらず，製造物責任法に規定のない事項については民法の不法行為の一般的規定が適用になるとしていることから，民法722条2項の過失相殺も問題となり得る。
　この点，本判決は，そもそも買主には商法526条1項の検査義務がないとして，過失相殺を否定した。判決の事案においては，過失相殺を否定した判断も妥当なものと思われる。

ただし，過失相殺（民722条2項）における過失とは，民法709条における不法行為成立要件としての「過失」とは異なり，被害者の単なる「不注意」で足りるとされている（最判昭和39年6月24日民集18巻5号854頁，判時376号10頁，判タ166号105頁は，「民法722条2項の過失相殺の問題は，不法行為者に対し積極的に損害賠償責任を負わせる場合とは趣を異にし，不法行為者が責任を負うべき損害賠償の額を定めるにつき，公平の見地から，損害発生についての被害者の不注意をいかにしんしやくするかの問題に過ぎない」とする。）。

したがって，一般論としては，被害者に，法律上の義務違反がなくとも，何らかの不注意があれば，過失相殺における「過失」として斟酌され，過失相殺がなされる余地は存する。例えば，製品が賠償請求者のもとを経由して納入されているような場合で，通常の注意を払えばキャップのゆるみ等に気がつき，欠陥に気付くことができたような場合には，買主に検査義務が課されていない場合であっても，過失相殺における「過失」があるとされ，過失相殺される可能性が存するのではないかと思われる。

また，過失相殺をどのように行うかについて，通説は，被害者・加害者双方の過失の対比により決するという相対説の立場をとる。この点，無過失責任である製造物責任においては，加害者側の「過失」について，「公平」の観点から別の要素を考慮すべきこととなろう。

### 6　損害について

判決では，前述のように，回収した商品の販売利益（逸失利益）のほか，製品の回収作業に伴い必要となった人件費，回収促進物制作費等の製品の回収関係費用全額が，損害として認められている。

他方で，欠陥製品以外の製品についての損害については，相当因果関係が否定されている。

さらに，XがAから受け取ることができた「販売報奨金」（販売促進キャンペーンによる）も問題となったが，判決は，通常損害とはいえず，Yらに，販売報奨金の有無や金額，製品の欠陥によりそのすべてが支払われなくなることを予見することはできなかったとして，相当因果関係を否定した。

【岸　　郁子】

## 第5　PL法と他の法制との関係

### 4　PL法と国等の責任

〔9〕奈良地判平成21年5月26日（平成16年(ワ)第749号）
LLI/DB 06450317

☞ **概　　要**

■ 問題点

1　卓球台の横転による負傷が，卓球台の欠陥によるものといえるか
2　市が卓球台の管理者といえるか。卓球台に国家賠償法2条1項の「瑕疵」があったといえるか
3　瑕疵と欠陥

## 判決の内容

■ 事案の概要

1　主婦であるXは，奈良市内の公営体育館での同好会の卓球練習に参加したが，その際，練習開始前に卓球台を設置しようと考え，知人の男性Aと二人でドイツ製卓球台のそばに移動し，天板を挟んで両側に立ち双方から天板を水平に開こうとしたところ，Xの立つ側に卓球台が転倒して，右第1ないし3中足骨骨折を受傷した。

Xは，卓球台の輸入業者であるYに対し，製造物責任法3条に基づき，卓球台の管理者であるZ市に対しては国家賠償法2条1項に基づき，治療費や慰謝料等の損害賠償を求めた。

2　Xの請求に対し，Yは，Xの主張するような態様で卓球台が転倒する

ことはない，通常の使用方法で事故は生じず，仮に転倒したのであれば，Xが注意書きを無視し，よほどの力で天板を倒したものであり，事故は専らXの取扱方法の誤り，故意過失によるものであるとし，少なくとも大幅な過失相殺がなされるべきと主張した。

また，Z市は，本件卓球台を管理していたのは，市から委託を受けた訴外事業団であり，通常の管理については同事業団に任されているとし，仮にZ市が管理者の地位にあるとしても，「管理の瑕疵」はないと主張した。

### ■ 判決要旨

本判決は，天板転倒の原因として，XとAが卓球台の天板を開板しようとした際，二人のタイミングが合わず，Xの方が先に天板を手前に降ろしたために，卓球台の天板の一方にのみ力がかかることになって，卓球台のキャスターがXの反対側へすばやく滑り，天板が開くことなくXの方に倒れてきたとし，また，本件卓球台は従来の卓球台より軽い力で開板できるものであったが，Xはそれを知らずに，開板するには大きすぎる力で開板したことも原因とした。

そのうえで，Yの責任については本件卓球台（約128kg）を含むコンパクト一体型車輪付卓球台は，2〜3年の間に複数回，移動中に横転したことがYによっても確認されていること，本件卓球台と同型の卓球台についても，事故年に3回，移動中に横転していること，卓球をする際に卓球台を設置・収納のために移動させることは日常的に行われることであることなどから，横転が「希有な例」であるとはいえないとして，本件卓球台は「キャスターの車輪幅が狭いことから横転し易い傾向を有していた」とし，「横転すれば傍にいた人を傷つける結果となることは容易に想像できる」とした。

そして，Xの使用方法についても，「二人で開板作業をする際にそのタイミングが合わないことは間々生じ勝ちなことであるし，必要以上の力で開板することも同様」として，本件事故はXの「異常な使用のために生じたものということはできない」とし，本件卓球台には，「体育館に納入されたときから欠陥が存していたもの」として，Yの製造物責任を肯定した。

また，Z市については，まず，本件卓球台は国家賠償法2条1項の「公の

営造物」に当たるかについて，判決は，本件体育館を管理していたのは訴外事業団であるが，Ｚ市の指示に従って委託業務を処理する義務があったほか，体育館の備品はＺ市の予算で購入するものであり，Ｚ市は訴外事業団に対して，管理上，財政上の監督を及ぼす余地があったとして，本件卓球台の管理者と認め，本件卓球台は「営造物」に当たるとした。そして，「瑕疵」の有無については，Ｙの製造物責任を肯定したのと同様，本件卓球台には「横転し易い欠陥があったものであり，通常備えるべき安全性を欠いていた」として，営造物責任を肯定した。

その上で判決は，ＹとＺ市の責任について，同一事故による損害を賠償するものであり，不真正連帯の関係に立つとし，同額の賠償義務と，損害発生（事故）の日から５％の遅延損害金の支払義務を認めた。

損害の内容としては，治療費，通院交通費，通院慰謝料が認められている。

なお，本判決と同日，同地裁同裁判官による判決でも，同じく奈良市内の体育館に設置されたドイツ製の卓球台の転倒による負傷事故について，その輸入業者の製造物責任と市の営造物責任が肯定されている（平成16年(ワ)第783号）。

# 解　説

## 1　卓球台の欠陥について

　本判決においては，まず卓球台に「欠陥」があったといえるか否かが問題となっている。

　卓球台の輸入業者であるYは，通常の使用方法によっては事故は生じず，卓球台には欠陥はない，事故は専らXの取扱方法の誤りによるものであると主張したが，判決は，卓球台が転倒するに至るまでの事実関係についてはほぼX主張のとおりの事実を認定し，同種の卓球台が，過去にも何度か横転していること等から，本件卓球台は「横転しやすい」ものであったとして，「欠陥」があったと認定し，Y社の製造物責任を肯定した。

　製造物責任法における「欠陥」とは，「当該製造物の特性，その通常予見される使用形態，その製造業者等が当該製造物を引き渡した時期その他の当該製造物に係る事情を考慮して，当該製造物が通常有すべき安全性を欠いていること」（同法2条2項）をいう。

　この点，卓球台に欠陥があるか否かを認定するに当たり，"横転した以上は何らかの欠陥が存する"と判断することは妥当とはいえない。欠陥の有無は「製造物の特性，その通常予見される使用形態」などを考慮して判断される必要がある。製造物責任は無過失責任とはいえ，「通常有すべき安全性を備えた製品を製造するのは，まさに製造者に課された注意義務といえるから，その意味では，欠陥があるということがいえれば，通常は，過失を認定することもできる」との指摘もあるところであり（内田貴『民法Ⅱ（第3版）』523頁以下（東京大学出版会，2011年）），「欠陥判断が製造業者に対する行為規範として機能することは法の趣旨にも合致する」（米村滋人「製造物責任における欠陥評価の法的構造（3）」法学73巻3号427頁以下（2009年））のである。

　本判決は，「欠陥」を認定するに当たり，「収納のために天板を立てた状態の卓球台が絶対に転倒しないということはあり得ないものであって，どの程度転倒し易いかにより，本件卓球台が通常備えるべき安全性を備えているかが決定される」とし，他方で，卓球台が，ドイツの工業製品基準DINや，2003年版国際卓球連盟テクニカルリーフレットの基準に合致していること

が、「本件卓球台に欠陥がないことを示すものではないし、逆に基準に合致していないとしても欠陥があることになるものでもない」として、結局のところ、本件卓球台は、キャスターの車輪幅が狭いことから横転し易い傾向を有していたものと判断した。

## 2 営造物責任（国家賠償法2条1項）について

### (1) 「公の営造物」

国家賠償法2条1項は、「道路、河川その他の公の営造物の設置又は管理に瑕疵があつたために他人に損害を生じたときは、国又は公共団体は、これを賠償する責に任ずる」として、営造物の設置・管理の瑕疵があった場合の国又は公共団体の責任を定めている。

ここでいう「公の営造物」とは、「①国または公共団体が設置・管理する有体物および物的設備であって、②特定の公の目的に供するもの」をいい、道路、下線、建物のほか、「自動車、航空機」、「職員用の椅子、学校の教材、自衛隊の砲弾、拳銃、工作機械といった動産」も含まれ、この点で、「民法717条の『土地の工作物』概念とは異なる」といわれている（潮見佳男『不法行為法Ⅱ〔第2版〕』276頁（信山社、2011年））。

本件卓球台も、国又は公共団体が設置・管理しているといえれば、「公の営造物」に当たるが、本判決では、Ｚ市が「管理している」ことを争ったため、この点も争点となった。

判決は、前記判決要旨記載のとおり、訴外事業団に体育館の管理を委託していたＺ市も「管理者」であるとした。

### (2) 「営造物の設置・管理の瑕疵」について

営造物の設置・管理の瑕疵とは、「通常有すべき安全性を欠いている状態」（最判昭和45年8月20日民集24巻9号1268頁、判時600号71頁、判タ252号135頁）とされ、この瑕疵があったか否かについては、「当該営造物の構造、用法、場所的環境及び利用状況等諸般の事情を総合考慮して具体的個別的に判断すべき」とされている（最判昭和53年7月4日民集32巻5号809頁、判時904号52頁、判タ370号68頁）。

「通常有すべき安全性」という表現は、営造物責任でも、製造物責任でも同じであり、製造物責任法2条2項における「欠陥」の定義は、営造物責任

あるいは土地工作物責任における「瑕疵」の概念と同様の観点から欠陥を捉えたものともいわれている（潮見・前掲書392頁。これに対し，瑕疵担保責任における瑕疵については，同じように通常有すべき品質・性能を備えているかが問題となるが，これには契約の趣旨，つまり契約当事者がどのような品質・性能を予定していたかが重要な要素となる（内田・前掲書134頁））。

ただし，厳密には次の点で異なる点が見いだせる。

すなわち，営造物責任における「瑕疵」の対象は，設置又は管理についてであり，営造物それ自体について瑕疵が存在することが要件となってはいない（ただし，営造物自体に瑕疵があるものを設置あるいは放置すれば，設置・管理に瑕疵があるといえ，営造物の設置・管理の瑕疵には，営造物自体の瑕疵も当然含まれる。内田勝一「営造物責任」山田卓生代表編集『新・現代損害賠償法講座(4)使用者責任ほか』346頁以下（日本評論社，1997年））。

また，営造物責任における「設置の瑕疵」とは，営造物の設定，設計，建造等に不完全な点があること，「管理の瑕疵」とは，営造物の維持，修繕，保管等に不完全な点があることをいうとされるが，設置の瑕疵は原始的瑕疵であり，管理の瑕疵は，設置後の後発的瑕疵を意味するといわれている（内田（勝）・前掲論文）。

これに対し，製造物責任における「欠陥」は「物」についてのものであり，また，欠陥は「引き渡し」（同法3条）時に存在しなければならないとされている。

製造物責任における「欠陥」と，国家賠償法における「営造物の設置または管理」の「瑕疵」にはこのような違いが存する。

とはいえ，本判決で問題となった「転倒し易い」という「欠陥」「瑕疵」は，設置あるいは引渡時点で既に存在していたものであり，本判決は，営造物責任における「瑕疵」についても，製造物責任の欠陥を認めたのと同様に認定し，Z市の営造物責任を肯定した。

【岸　　郁子】

## 第6 請求権の主体

### 1 PL法と事業者

〔10〕東京地判平成19年4月11日（平成16年(ワ)第5388号）
LLI/DB 06231705

☞ **概　　要**

■ **問題点**

1　製造物責任法の損害賠償請求権の主体について，制限があるか
2　事故は，ヒーターの製造上の欠陥によるものか，それともXによる各種禁止事項違反等の不適切な使用に起因するものか
3　製造物責任法4条2号の設計・指示の抗弁が認められるか
4　製造物責任法に基づく損害として，相当因果関係が認められる範囲

## 判決の内容

■ **事案の概要**

1　Xは，訴外A社から無電解すずメッキ装置（以下「本件メッキ装置」という。）の設計，製作を受注し，同装置の処理槽で使用するヒーター（以下「本件ヒーター」という。）12本をYから買い受けた。

Xは，本件ヒーターを使用して本件メッキ装置を完成させて，A社に納入し，A社は，中華人民共和国江蘇省のB社工場にこれを設置した。

ところが，B社工場で本件メッキ装置を稼働し約11か月経ったところで，本件ヒーターのうち1本が爆発し，本件メッキ装置の処理槽及び周辺の機器が損傷した。

Xは，ヒーターの交換，事故後の対応に当たったほか，A社からの損害賠償請求にも応じざるを得なかった。

**2** Xが，Yに対し，製造物責任法3条に基づく損害賠償を求めて訴えを提起したが，Yは，Xは製造物責任法上加害者の立場にあり，製造物責任法に基づく損害賠償請求主体とはなり得ないこと，本件ヒーターには欠陥がないこと（事故は本件ヒーターの製造上の欠陥によるものではなく，Xによる各種禁止事項違反等の不適切な使用に起因するものであること），仮に欠陥があったとしても，その欠陥は，専らXが行った設計に関する指示に従ったことにより生じ，かつ，その欠陥が生じたことにつき過失がないこと（法4条2号）を主張し，損害の額についてもこれを争った。

## ■ 判決要旨

本判決は，損害賠償請求権の主体については，製造物責任法は何ら制限を設けていないとして，Xも請求権の主体となり得るとした。

その上で，製造上の欠陥の有無について，鑑定の結果を踏まえ，本件ヒーターについて，外管の構造上の欠陥として密閉型の外管にしたこと，漏電遮断機能が働いていなかったことという欠陥があったとし，製造物責任法4条2号の免責事由（設計・指示の抗弁）については，本件ヒーターの設計は，XとYが「共同で行ったもの」であり，専らXの行った設計に関する指示にYが従ったことにより生じたものとはいえないとして，免責事由は認められないとした。

判決は，以上の理由によりYの製造物責任に基づく賠償責任を認め，損害については，ヒーターの交換費用，事故後の対応のための出張費，航空券，宿泊費等，現地業者への作業料，A社に対して支払った損害賠償金については相当因果関係ある損害と認めたが，本件メッキ装置の処理槽及び部品製作費，取替品輸送費，技術者人件費，その他諸経費については，これを裏付けるに足りる証拠はなく，特に人件費については本来の給与以外に別途支払がされた事情は何ら窺われないとして，賠償義務を否定した。

## 解説

### 1 製造物責任法による損害賠償請求権の主体

　製造物責任法は，損害賠償請求権の主体について，何ら制限する規定を置いていない。このことは，製造物の欠陥により生命，身体又は財産を侵害された者は，誰でも製造物責任法に基づく損害賠償請求を行い得ることを意味する。

　諸外国，特にEC（1985年の製造物責任についてのEC理事会指令），アメリカなどでは，消費者被害だけが保護され（EC指令では，生命・身体の損害のほか，物損については個人的な使用又は消費を目的とする動産についての損害に限定されている），営業損害や企業損害は製造物責任法による保護の対象外とされているのに対し，日本の製造物責任法は（立法の直前まで同様の法制度が検討されていたが），消費者被害に限定せず企業損害を含めて賠償の対象としている。

　その理由としては，「わが国では零細，中小事業者が多く，これらの者を製造物責任の適用の面で自然人と区別すべき合理的な理由がないこと，製造物責任が厳格責任を認めるものとはいっても，従来の過失責任の客観化，抽象化，高度化の傾向と大きな違いがないが，従来の過失責任の下においては，要項試案（昭和50年9月製造物責任研究会による「製造物責任法要項試案」），EC理事会司令のような限定がされていなかったこと等の事情が考慮されたもの」等と説明されている（升田純「製造物責任法の制定まで」山田卓生編集代表『新・現代損害賠償法講座3　製造物責任・専門家責任』53頁以下（日本評論社，1997年））。

　本判決は，前記判決要旨記載のとおり，損害賠償請求権の主体については，製造物責任法は何ら制限を設けていないとして，Xが賠償請求権の主体となり得ないというYの主張を退けた。

### 2 製造上の欠陥について

　次に，本判決では，本件ヒーターの製造上の欠陥の有無が争いとなっているが，その前提として，そもそも本件ヒーターの破裂の原因が何かであるかという点も争いとなった。技術的な内容にわたるため，双方の主張の詳細については省略するが，判決は鑑定の結果，鑑定人が，本件のヒーターの破裂

の原因について,「①間接的には,熱媒体として充填された酸化マグネシウムに吸着していた水分が,ヒーター稼働中の高温下,脱離して最大9気圧程度に外管内圧を高めた結果,外管底部が変形し,稼動停止により常温に戻ると,内圧は常圧に戻り,外管底部はそれなりに収縮するというサイクルを繰り返した結果,底部の特に強度が弱いと考えられる溶接部で,疲労破壊又は応力腐食して,微少欠陥(亀裂又はピンホール)が生じたこと,②直接的には,この微少欠陥から外管に浸入した水が,電源投入後の急激な温度上昇により,外管の耐圧を超える圧力となったことによって,本件破損ヒーター1の破裂又は部分破裂に至ったと推定される」旨結論付けた内容を,そのまま採用して認定した。

そして,欠陥についても,鑑定人が,「ヒーターの設計・構造上の欠陥の有無について,外管の構造上の欠陥として,本件ヒーターにつき密閉型の外管にしたことを挙げている。さらに,同鑑定人は,漏電遮断機能が働いていなかった問題をも指摘する」として,鑑定結果のとおりの設計・構造上の欠陥があったものと認定している。

これに対し,Yは,Xが,本件ヒーターの使用に当たり,本件ヒーターを中国にある本件工場で使用する旨を被告に説明しなかったこと,塩ビ槽にて使用したこと,本件ヒーターの先端を設置する台座を設けたことといった,各種の禁止事項違反等を行い,これが事故の原因となったと主張したが,本判決は,本件ヒーターの具体的な使用状況等を考慮すると,いずれの禁止事項違反等も,それが本件事故につながったことを窺わせるに足りる事情は認められないとして,その主張を退けた。

### 3 製造物責任法4条2号の設計・指示の抗弁について

本事案では,XとYとの間の売買契約締結に際し,まずはXが本件ヒーターについて,その容量,材質,フランジサイズ及び寸法の仕様概要を指定した上で,図面及び見積りを依頼し,Yが依頼に応じて図面及び見積書を作成,Xにおいてこれを一部修正した上で売買契約締結に至っている。

そのため,Yは,本件ヒーターの図面は原告による一切の仕様の指示に基づき,これらの情報をYがコンピュータソフトにそのまま入力して作図し,これをXに提出し,さらにXの指示に従い訂正するという手順でできあがっ

たものであり，Yのした作図はXの設計に基づくとして，製造物責任法4条2号の設計・指示の抗弁を主張した。

本判決は，仕様自体はXの指示により決定されたものであるが，作図はYのコンピュータソフトで行われたこと，XとYとで交渉がなされた部分や，YがXに構造を明らかにしなかった部分のあること等から，本件ヒーターの設計は，XとYとが共同で行ったものであるとした。

製造物責任法4条2項は，欠陥が「専ら」当該他の製造物の製造業者が行った設計に関する指示に従ったことにより生じたことを要件としている。

部品・原材料の製造者は，「専ら」設計に関する指示に従ったのでなければ，製造等の過程で欠陥の発生を避けることができるためである。すなわち，部品・原材料の製造者は，設計に関し，みずからの判断の余地がなかったことを立証できなければ，責任を免責されない。免責が認められるには，「設計に関する指示」と製造物の製造との間に因果関係が認められるだけでは足りない（潮見佳男『不法行為法Ⅱ〔第2版〕』418頁（信山社，2011年））ともいわれているところである。

### 4 損害について

本判決では，上記判決要旨記載のとおり，本件ヒーターの交換費用，事故後の対応のための出張費，航空券，宿泊費等，現地業者への作業料，A社に対して支払った損害賠償金を相当因果関係ある損害と認めた。

他方で，本件メッキ装置の処理槽及び部品製作費，取替品輸送費，技術者人件費，その他諸経費については，これを裏付けるに足りる証拠はないとした。

相当因果関係ある損害についての一般的な認定事例と思われる。

【岸　郁子】

# 第2章
## 責任の主体

## 概　説

### 1　責任の主体

製造物責任法は，その責任の主体として，
① 当該製造物を業として製造，加工又は輸入した者
② 自ら当該製造物の製造業者として当該製造物にその氏名，商号，商標その他の表示をした者又は当該製造物にその製造業者と誤認させるような氏名等の表示をした者
③ 前号に掲げる者のほか，当該製造物の製造，加工，輸入又は販売に係る形態その他の事情からみて，当該製造物にその実質的な製造業者と認めることができる氏名等の表示をした者

の三者を挙げている（法2条3項）。

　これらの者が製造物責任の主体とされた理由は，製造物との関係で，aその製造により利益を得ている者にその欠陥による損失を負担させるべき（報償責任）こと，b危険が内在する製造物を製造，流通させた者に危険が現実化した損失を負担させるべき（危険責任）こと，c高度な流通システムにより製造と消費が分離した現代社会においては，消費者は製造者等を信頼して製造物を購入，使用するしか術がなく，これを保護する必要があること（信頼責任）などがあげられる。また，これらの考え方の根底には，物の製造に近い位置にいる者は，その物の性状，技術仕様，危険の要素をよく知り，経済的にも技術的にもこれらを制御，排除することが可能な立場にあることから，これらの者に欠陥に対する社会的責任を課すことにより欠陥を減少させることができるとの発想があるものと考えられる。

　なお，米国や欧州では販売業者にも製造物責任を負担させる例があるが，日本法においては，特殊な場合を除き，販売業者は責任の負担者とされていない。

　なお，これらすべての責任について「業として」行うことが要件となっているが，この場合の「業として」とはこれらを反復・継続して行うことをい

い，その意思があれば，初回の製造によって欠陥製品を生み出したときも責任を問われる。また，営利目的であることは必要なく，非営利団体が無償頒布品を反復して製造する場合も責任を問われる。

## 2 製造業者

まず，①について，製造者，加工者は，そもそも欠陥のある製造物を作出，加工する者であり，技術的には製品の製造過程に直接携わることから欠陥を除去することができる立場にあり，また，製品を製造，加工することにより利益を得ていることから経済的にも欠陥の除去が期待される立場にあって，製造物の欠陥により生じた損害の負担者として第1に挙げられる点に異論はないであろう。

なお，輸入業者は，製造物を製造，加工する者ではないが，一般消費者にとって外国において製造された製品の製造者に対して責任追及を行うことには困難が予想されること，また，我が国の市場に欠陥のある製品を持ち込んだ者として，製品の製造と同様に国内市場に危険を生じさせた者と評価できることから，責任の負担者とされている。これは一見輸入業者に過大な負担を負わせるようにも見えるが，輸入業者において直接の取引相手である国外の製造者，販売者との間で適切な責任契約を締結しておけば，求償することで負担を回避することが可能であるとの考慮に基づくものである。

## 3 表示製造業者

次に②の表示製造業者であるが，これは製造業者ではないが，当該製造物に製造業者としての表示，あるいはこれと誤認させるような表示を行ったことに対して責任を負うものである。

本来，製造物責任は製造業者が負うものであるが，今日の製造と消費が分離した社会においては，消費者は製造物に関する技術や知識を持ち合わせず，製造業者や販売業者が提供する広告やパンフレット等による情報に依存しており，製造物にその氏名等を表示することはその製造物について性能や安全性を保証し，信頼を付与するものとも考えられる。それゆえ誰が製造業者であるかという購入者にとっての重要な判断要素に着目し，これを信頼し

た消費者を保護するため，製造物に製造業者として氏名を表示等した者に責任を負担させることとしたものである。この意味で，①の責任が欠陥製品を流通に置いたことに対する帰責であるのに対し，②の責任は，流通の末端にいる消費者の信頼の保護を重視したものと考えられる。具体例としては，いわゆる OEM 契約に基づいて販売される商品などが考えられる。この場合，氏名等は，当該製造物に表示されることが必要であるが，必ずしも製造物自体に限らず，保証書や取扱説明書，パッケージ等の製造物と一体をなす物への表示も含まれると考える。

## 4 実質的表示製造業者

最後に③の実質的な表示製造業者であるが，これは②の責任で述べた消費者の信頼の保護を更に進め，表示のみからは製造業者とは評価できないとしても，その他の事情から製造業者と実質的に評価できる者がある場合に，この者に責任を負担させるものである。これは，今日の商業流通において大規模小売業者の隆盛が見られ，小売業者が商品を企画し，これを下請けの製造業者に作成させるといった製造過程も見られるようになっており，この場合，その小売業者は，商品の安全性，危険性の管理について関与し得る地位を有し，かつ，商品にその氏名を冠することによって製造物に信頼を付与していると認められるため，そのような実態に即したものである。

実質的製造業者と認められる具体的事情については，「製造・加工」に関して商品の企画，開発への関与，検査の実施，「輸入」に関して製品の選択，開発への関与，「販売」に関して独占的，専属的販売といった事情が考えられ，また，総合的なものとしてはグループ企業間の製造依頼や大手の小売業者と零細製造業者との取引といった事情が考えられる。

いずれにしろ，これらの「製造業者と誤認される表示」や「実質的な製造業者」については，事例ごとの個別事情によって判断が左右されることが考えられ，今後の裁判例の集積が待たれるところである。

【青木荘太郎】

# 第1　販売会社

## 1　輸入業者と販売会社

〔11〕東京地判平成17年3月24日（平成14年（ワ）第15646号）
判例時報1921号96頁

## ☞ 概　　要

### ■ 問題点

　大手小売店が輸入業者から電気ストーブを大量に仕入れて販売している場合に、大手小売店は製造物責任法3条の「製造業者等」（同法2条3項1号の輸入業者）に当たるか

## 判決の内容

### ■ 事案の概要

　1　原告（$X_1$）は、被告（大手小売店、Y）の販売店において、外国製の電気ストーブ（本件ストーブ）を購入した。その後、本件ストーブを $X_1$ の子 $X_3$ が自室の勉強机の下に置いて使用していたところ、$X_3$ に腹部、胃部の異常や違和感、手足や指の痺れ、目の充血等の症状が現れ、その後、歩行困難、呼吸困難等の状態に陥った。これら $X_3$ の症状については、本件ストーブの使用を原因とする「中枢神経機能障害・自律神経機能障害」との診断がなされた。

　2　$X_3$ とその両親である $X_1$ 及び $X_2$ らは、Yに対し、本件ストーブから有害化学物質が発生し、これにより $X_3$ は中枢神経機能障害及び自律神経機能障害を発症した上、化学物質過敏症の後遺症が生じ、$X_1$ 及び $X_2$ は $X_3$ の

上記症状発症により精神的苦痛を被ったと主張し，不法行為，債務不履行，製造物責任に基づく損害賠償を請求した。

3　Xらは，製造物責任に関し，①本件ストーブの輸入者は形式的には補助参加人であるが，補助参加人は製造業者である台湾の法人の日本における出先機関たる法人でしかなく，実質的には，Yが製造元の台湾の法人から直接本件ストーブを輸入したものと見るべきであり，製造物責任法3条の「製造業者等」に当たる，②有害化学物質を発生させる本件ストーブには欠陥があった，と主張した。

### ■　判決要旨

本判決は，傍論において，「本件ストーブは，補助参加人が台湾の法人から輸入し，被告が補助参加人から仕入れて販売したものであり，原告ら主張のように，補助参加人が台湾法人の単なる出先機関にすぎないと認めるべき証拠はないから，被告は製造物責任法3条にいう『製造業者等』には該当せず，製造物責任法3条の責任は問題とならない。」と述べてXらの主張を退けた。

なお，本判決は，$X_3$の症状と本件ストーブ使用との因果関係を認めず，Xらの請求を棄却した（ただし，控訴審では当該因果関係が認められ，不法行為が成立するとされている（東京高判平成18年8月31日判時1959号3頁））。

# 解　説

## 1　製造物責任の主体

製造物責任の主体である「製造業者等」は，製造物責任法2条3項により，次のいずれかに該当する者と規定されている。

① 当該製造物を業として製造，加工又は輸入した者（以下単に「製造業者」という。）

② 自ら当該製造物の製造業者として当該製造物にその氏名，商号，商標その他の表示（以下「氏名等の表示」という。）をした者又は当該製造物にその製造業者と誤認させるような氏名等の表示をした者

③ 前号に掲げる者のほか，当該製造物の製造，加工，輸入又は販売に係る形態その他の事情からみて，当該製造物にその実質的な製造業者と認めることができる氏名等の表示をした者

## 2　輸入業者が責任を負う根拠

製造業者の製造物責任の根拠については，危険責任，報償責任，信頼責任の観点から説明されるが，輸入業者が製造物責任を負担すべき理由についても，次のように製造業者と同様の観点から根拠付けることができる（塩崎勤＝羽成守編『裁判実務大系30　製造物責任関係訴訟法』135頁以下（青林書院，1999年）参照）。

### (1)　危険責任の観点

危険な状態を作出し，そのような危険な状態を制御し得る立場にあった場合には，そのような危険の作出について責任を負うべきである。

輸入業者は製造物を国内の市場に供給することにより，国内に当該危険を持ち込んだ源泉供給者であり，国内における製造業者と比較しても，危険な状態を作出し，制御し得る立場にあるという点において同視すべき立場にあり，製造業者と同等の責任を負うべきである。

### (2)　報償責任の観点

利益を上げる過程において他人に損害を与えたときは，その損害について責任を負うべきである。輸入業者は製造物を輸入したことによって利益を得ているから，製造物の輸入によって他者に与えた損害についての責任を負う

べきである。

### (3) 信頼責任の観点

製品の品質・安全性等について他者に信頼を与えている者は，その信頼に反し，製品の欠陥によって他者に損害を与えたときは，その責任を負うべきである。外国の製造業者の製品について，消費者が国内の輸入業者を信頼して製品を購入することがあるので，輸入業者は，その信頼を裏切ったことによる責任を負うべきである。

### (4) その他

国外で製造・加工した者の責任を実効的に問うことは困難な場合があるが，輸入業者は，国外の製造業者に対して求償権を行使することが可能である（被害者救済を図る観点）。

輸入業者は，自ら製造・加工を行っていないが，当該製造物を輸入するに当たり，その安全性を確認すべきである。

## 3 輸入業者

上記のとおり，輸入業者，すなわち「業として……輸入した者」は製造物責任の主体である「製造業者等」に含まれる（法2条3項1号）。

ここでいう「輸入」とは，国外で製造又は加工された製造物を国内に搬入することをいう。また，「輸入した者」とは，国外で製造又は加工された製造物を国内に陸揚げ又は荷揚げした者をいい，実質的に輸入の主体となったものであり，代理ないし代行業者はこれに含まれない。

そして，「業として」輸入するとは，同種の製造物の輸入を反復・継続して行うことをいい，反復・継続の意思があれば，実際に反復・継続して行われていなくても良い。

また，営利を目的にしているか否かを問わない。この点，報償責任が製造物責任の根拠の一つとして挙げられていることから，「業として」というには営利目的の場合に限定されるという説もある。しかし，製造物責任は危険責任を中心とし，報償責任と信頼責任はこれを補完するものと考えられるから，営利目的でない場合でも要件を充足するというべきである。

権利能力を有する主体であれば，輸入業者としての責任主体となる。法人，自然人を問わず，営利を追求しない団体であっても，責任主体となる。

## 4 本判決における認定

　本判決やその控訴審判決で認定されているように，形式的には補助参加人が輸入業者となっているため，Ｘらは，補助参加人が台湾法人の単なる出先機関にすぎず，実質的にはＹが輸入業者であると主張した。

　この点，不法行為に関しても法人格否認の法理は適用されてきており，企業支配が複雑化するなか，分社化や株式を通じた企業支配などにより他の法人格を濫用し，実質的な危険や責任を回避しつつ利益を確保しようとする事例については積極的に法人格を否認し，実質的な支配を及ぼしている法人に製造物責任を負わせるべきであるとの見解がある。また，同様の視点から，大型スーパーやデパート等，支配力が強い大規模小売業者などが商品の企画，設計，検査など，実質的に製造過程をコントロールしている場合には，それらの者にも責任を負わせることを検討すべきとの見解もある。このような観点から，Ｘらは上記の主張を行ったものと思われる。

　しかし，本判決では，補助参加人が台湾の法人から本件ストーブを輸入した輸入業者であり，Ｙは，補助参加人からこれを仕入れて販売した者（販売業者）であって製造物責任を負わないとされた。

　もっとも，控訴審判決においては，「本件ストーブは，台湾法人が中国法人に製造させ，補助参加人が輸入し被控訴人（大手小売店である被告）に納入された」ものであることからＹの輸入業者（製造業者等）としての製造物責任が否定されているものの，Ｙには，その営業実態，本件ストーブの日本国内における取扱い状況等から，販売するに当たり製造物の安全性について一定の確認をすべき注意義務が課され，また，販売開始後の経緯や当時の化学物質によって健康被害が発生することについての知見等から，本件ストーブからその使用に伴い化学物質が発生することの予見義務，発生する化学物質やその有害性についての検査確認義務，検査確認の結果に基づき本件同型ストーブの使用による健康被害の発生を回避すべき結果回避義務が課される旨の判断が示された。

　すなわち，控訴審判決は，「被控訴人は，全国に多数の店舗を擁し，百貨小売業（スーパーマーケット）を中心とする営業を行う者であり，その取り扱う商品については，製造者とは別に，販売者として，顧客の立場に立った

〔11〕東京地判平成17年3月24日（平成14年（ワ）第15646号）

品質管理を行い，また，そのことを公表して顧客の信頼を得ているもの」であると述べたうえで，「被控訴人は，……全国の店舗で販売し，その販売台数は，補助参加人の輸入販売数全体の3分の1を超えるものであることからすると，そのような大量の本件同型ストーブを取り扱う以上，販売者である被控訴人においても，その安全性について一定の確認をすべき義務はある」との判断を示した（ただし，本件では第三者検査機関において技術的観点から安全性の確認がなされていたため，上記安全性を確認する義務違反の存在は否定されている。）。

また，被控訴人は，「全国的に多数の店舗を構え，本件同型ストーブを大量に販売する者」として，本件同型ストーブから異臭が発生するという問い合わせがあることを認識した時期において，同ストーブの使用に伴い化学物質が発生することを予見すべき義務を負い，「本件同型ストーブを大量に販売する者として，これを使用する顧客の安全性を確保する見地から，直ちに」発生する化学物質やその有害性についての検査確認義務を負うとしている。そして，当時の有害化学物質に対する一般的な知見からすると，大量の本件同型ストーブを販売する者として，同ストーブから発生する化学物質により人に対する健康被害が生じ，人によっては化学物質に対する過敏症を生ずることもあることについて認識すべきであり，検査確認の結果に基づき本件同型ストーブの使用による健康被害が生じないように，その結果の発生を回避すべきであったとの判断を示し，これらの予見義務，検査確認義務，結果回避義務を怠った過失が認められるとして，不法行為に基づく損害賠償義務を認めたものである。

このように形式的には輸入業者に当たらず製造物責任を問えない場合であっても，営業実態や被害が発生するまでの具体的事情から，製造や販売過程を実質的に支配していたり，あるいは一定の影響力を有していたりする場合には，製造物責任が認められる趣旨（危険責任，報償責任，信頼責任）を不法行為責任における注意義務違反の認定に及ぼし，その責任を問うことは可能である。

なお，本件では，補助参加人が台湾法人の単なる出先機関にすぎず，実質的にはYが輸入業者であるとの主張はなされていたものの，製造業者，補助参加人，及びYの関係性が十分に明らかにされなかったため，売買基

本取引約定書等からの形式的判断によって製造物責任が否定されたものと思われる。控訴審の判断においてYの営業実態等が考慮されていることからすれば，実質的製造業者の該当性（製造物の製造，流通，販売の過程における関与実態，同種の製造物の製造や設備の保有状況，同種の製造物の製造又は輸入状況，資本的組織的な関係等）について，さらに主張立証が可能であれば製造物責任が認められる余地もあったように思われる。

【氏原　隆弘】

## 第2　輸入業者

### 1　輸入業者

〔12〕大阪地判平成22年7月7日（平成21年（ワ）第10666号）
判例時報2100号97頁，判例タイムズ1332号193頁

☞ **概　　要**

■ **問題点**

外国の食品製造業者から輸入業者を通じて食品を購入し，国内で販売した国内販売会社は，製造物責任法3条の「製造業者等」に当たるか

## 判決の内容

■ **事案の概要**

1　原告Xは，中国のA社が製造した冷凍食品（本件商品）を被告Yから購入し，それを原材料として使用した食品を製造販売していた。すると，A社製造の冷凍餃子に毒物（有機リン酸系殺虫剤メタミドホス）が混入しており，これを購入して食べた消費者が吐き気や下痢などの中毒症状を訴え，5歳の女児が一時意識不明の重体になるなど9人が入院するという中毒事件が生じたことが明らかとなった。そのため，当該冷凍餃子と同じ工場で製造されていた本件商品の回収を余儀なくされたとして，Xは，Yに対し，債務不履行，瑕疵担保責任，製造物責任に基づき回収に要した費用相当額の損害賠償又は委任契約に基づき回収費用の償還及び損害賠償を求めた。

2　製造物責任に関し，Xは，本件商品にはメタミドホス混入の相当な疑いがあり，通常有すべき安全性を有していなかったことは明らかであるから

製品の「欠陥」があり，Yは製造物責任に基づき損害賠償責任を負う旨を主張した。これに対し，Yは，本件商品はA社が製造しB社が輸入したものであり，B社から購入してXに販売したYは「製造業者等」には当たらず，本件商品へのメタミドホス混入の相当な疑いがあるとは言えず「欠陥」もないと主張し，これを争った。

■ **判決要旨**

本判決は，「被告は，B社がA社から輸入した本件商品をB社から購入して原告に販売したのであるから，当該製造物を業として製造，加工又は輸入した者とはいえない。したがって，その余の点について判断するまでもなく，原告の製造物責任に基づく損害賠償請求は理由がない。」として，「被告が製造業者等に当たる」旨のXの主張を退けた。

しかし，「被告が原告に対して納入した商品が，社会通念上食品として市場に流通し得る品質を備えていない場合には，被告が原告に納入した商品には（XY間における取引基本契約）第4条の保証に関する瑕疵があるというべきである」「そして，同第15条は，被告が原告に供給した商品に第4条による保証に関する瑕疵があり，同商品を原料とした原告の商品に瑕疵をもたらした場合，被告は損害賠償責任を負うことを定めている」としたうえで，「本件商品及び本件商品を原料として使用したかつとじ丼は，……社会通念上食品として市場に流通し得る品質を有していなかったと評価するのが相当」と判断し，XY間における取引基本契約に基づくYのXに対する損害賠償責任を認め，「自社在庫分製品金額」「流通から回収した製品金額」「流通からの返送・転送経費，回収製品保管経費」「お客様への返品代金支払額，お客様からの着払郵送経費，お客様への返金郵送料」「お客様電話対応経費」「お客様からの返品処理対応人件費」「回収製品保管経費」「パッキンケース購入費用」「新聞回収告知費用」「ホームページ回収告知制作費」「廃棄費用」「数量確定費用」などが損害であるとして，その支払を命じた。

## 解　説

### 1　販売業者の製造物責任

　販売業者については，その販売形態等から実質的な製造業者と認められる表示をしたときに責任主体となることが定められているほかは，製造物責任の主体とはされていない（法2条）。

　製造物責任は，現代社会における大量生産・大量消費の現象に伴い，製造物の安全性の確保等が製造業者等に大きく依存するようになるなかで，適切に被害者の救済を図ることを目的としているものである。そして，製造物責任として無過失責任を負わなければならないとされる理由については，一般に危険責任，報償責任，信頼責任の観点から説明される。すなわち，①危険な状態を作出し，そのような危険な状態を制御し得る立場にあった者は，その危険が実現化した場合の責任を負うべきである（危険責任），②利益を上げる過程において他人に損害を与えたときは，その損害について責任を負うべきである（報償責任），③製品の品質・安全性等について他者に信頼を与えている者は，その信頼に反し欠陥ある製品を製造し，引き渡したことによって他者に損害を与えたときは，その責任を負うべきである（信頼責任），という説明である。

　このような観点からすれば，販売業者についても，欠陥のある製造物を流通に置くことによって危険な状態を拡散させ，販売による利益を受け，製品の購入者から見れば直接の信頼の対象となっているという評価も可能であり，販売業者を製造物責任の責任主体として位置づけることにも一定の合理性がある。

　諸外国における製造物責任法の責任主体としての販売業者の取扱いをみても，アメリカ法においては，1965年の第二次不法行為リステイトメント402A条において小売業者も販売により自己の支配下を離れる時点で製造物に存在していた欠陥による事故について厳格責任（無過失責任）を負うとされている。また，EU加盟国においては，1985年に閣僚会議で採択されたEC指令では，原則として販売業者を製造物責任の責任主体とせず，製造者不明の製造物の場合に供給者として補完的な責任主体となるとされているもの

の，フランス，ベルギー，ルクセンブルクでは，一切の事業上の製造物の供給者が製造物責任の責任主体とされている。

もっとも，我が国においては，上記の通り，実質的な製造業者としての表示がなされている場合を除き，販売業者は製造物責任の主体とはならない。これは，製造物責任の根拠が基本的には危険な製造物を自己の意思をもって市場に供給したことにあること，販売業者は設計製造に関与せず，安全性を点検するための設備や能力にも劣るのが一般的であり，製造業者と同様の責任を負わせることは相当ではないこと，また販売業者は消費者と直接販売契約等を締結することが多く，従来からの民法の規定による責任追及も可能であることなどの理由によるものである（また，日本国内には平成3年の時点で中小の卸・小売業者が数百万あることについても留意する必要があるという政策的な配慮も販売業者を製造物責任の責任主体から除外する理由として挙げられている。）（塩崎勤＝羽成守編『裁判実務大系30　製造物責任関係訴訟法』157頁以下（青林書院，1993年）参照）。

したがって，販売業者が，販売に際して製造又は加工とみなされるような行為を行い製造業者等と認められたり，表示製造業者（製造業者と認められる氏名等を表示した者等）又は実質的製造業者（実質的な製造業者と認めることができる表示をした者）と認められたりしない場合には，従来の民法の規定による責任（契約責任や不法行為責任）を追及していかなければならない。

## 2　本判決における判断
### (1)　販売者の製造物責任

本判決では，YはB社がA社から輸入した本件商品をB社から購入してXに販売した者であるとの事実を認定し，製造業者等には当たらず，製造物責任法による責任を否定した。Yが本件商品の製造や加工に関与した事情は見当たらず，また，Yは，本件商品を我が国に持ち込んだ輸入業者でもなく，本件商品に何らかの表示をしていたという事実もないようであるから，本件でYの製造物責任が認められることは困難であったと思われる。

### (2)　契約責任（債務履行責任）

本判決は，XY間の取引基本契約に基づくYのXに対する損害賠償責任を認めたものである。

すなわち，同契約4条の「被告は，本商品について，原料納入規格書等

に定める品質及び規格を有する，並びに食品衛生法その他の日本国の法律，政令，規則等のすべてに合致する商品として，原告に供給することを保証する」旨の定めは，YがXに納入する商品が，社会通念上食品として市場に流通し得る品質を備えるものであることの保証をも当然に含んでいると解するのが相当であると判断した。そして，A社が製造したメタミドホスが混入した冷凍餃子による健康被害が広域かつ重大であったこと，消費者が食品の安全性に対する姿勢に対して厳しい目を向けるようになり，少しでも安全性に不安のある商品は極力購入を避ける傾向にあること，連日にわたってA社製造の冷凍餃子による健康被害等がマスコミで報道されたこと，行政機関からA社製造の製品の販売中止の要請がなされていたこと，A社製造の製品の自主回収が相次いでいたこと，Y自身がXに本件商品の回収を依頼し，Yが販売するA社製造の製品の自主回収を行っていたことなどの事情から，本件商品及び本件商品を原料として使用した食品は，メタミドホス等の毒物が実際には混入していなかったとしても，消費者から毒物混入のおそれが存在する食品として認識され，購入されない食品であり，Xにおいて事実上販売ができない食品であったというべきであるから，社会通念上食品として市場に流通し得る品質を有していなかったとして，XY間の取引基本契約4条における保証に瑕疵があり，その場合の損害賠償責任を定めた同契約15条に基づき，損害賠償責任を認めた。

　もっとも，本件における事実関係からすれば，本件商品及び本件商品を原料として使用した食品は社会通念上食品として市場に流通し得る品質を有していないものであるというのであるから，XY間の取引基本契約における保証の特約（同契約4条及び15条）の定めが無い場合であっても，黙示の保証契約等の不履行責任や瑕疵担保責任に基づく損害賠償責任が認められる余地はある。不特定物売買における瑕疵担保責任については学説上争いがあるところではあるが，本件における事実関係のもとでは，本件商品には隠れたる瑕疵が存在し，Xは無過失であるといえるから，Yに帰責事由（過失）がなくても，信頼利益の範囲であればYの賠償責任は認められて良いと思われる。

【氏原　隆弘】

# 第3 製造業者とみなされる者

## 1 表示製造業者

〔13〕東京地判平成19年7月9日（平成15年(ワ)第26235号）
LLI/DB 06232992

## ☞ 概　要

■ 問題点

**1**　販売業者の商号等が記載されているステッカーが製品に貼付され，販売業者の商品カタログに販売業者の製品として掲載されている場合に，販売業者は当該製品について製造物責任法3条の「製造業者等」（同法2条3項2号の表示製造業者）に当たるか

**2**　販売業者が，他社製造の製品を自社の商品カタログに掲載し，自らが製造する製品と併せて販売した場合に，販売業者は他社製造の製品について「製造業者等」（同法2条3項3号の実質的製造業者）に当たるか

## 判決の内容

■ 事案の概要

**1**　医療法人社団である原告Xは歯科治療等を診療内容とするXクリニックを経営し，C社が製造したオゾンを用いることによって除菌等を行う空気専用除菌装置（本件装置）及び除菌脱臭機器（本件機器）を他の機器と併せて購入し，Xクリニック内に設置した。そして，本件装置及び本件機器（以下「本件装置等」）の使用を継続していたところ，Xクリニック内の診療機器の故障が多発し，床や壁面に異常が生じた。

2　Xは，被告Yに対し，本件装置等が用いているオゾンが有する酸化力により金属，ゴム等が酸化により腐食し，診療機器の故障，床や壁面の異常が生じたと主張し，製造物責任及び債務不履行責任に基づく損害賠償を請求した。

　3　Xは，製造物責任に関し，①本件装置の正面にYの商号が記載されたステッカーが1枚，同装置の上面にYの商号，取扱品目，本社及び営業所を表示したステッカーが1枚貼付されており，本件機器にも同様のステッカーが貼付されていること，Y作成の商品カタログに本件装置等の製造業者がC社であることの記載なく，いずれもYの製品として掲載されていること，Yの担当者が本件装置等は自社製品であると説明していたことから，Yは表示製造業者に該当する，②本件装置等がY製造の歯科医療用の機器と併せて販売されたものであり，Yが本件装置等を自社製品と強調していたという販売形態から，Yは実質的製造業者に該当する，③本件装置等は通常予見される使用形態での使用で診療機器等を腐食劣化させるものであり，通常有すべき安全性を欠いている，と主張した。

■ 判決要旨

　本判決は，Xクリニックに搬入された本件装置等には，「機器そのものに被告の商号，商標等の表示その他の被告を製造業者と誤認させるような表示はなかった」「（被告を製造業者と誤認させるような）表示が記載されたステッカー類も貼付されていなかった」との事実を認定し，さらに「本件装置等の製造業者はC社であり，原告担当者もそのことを知っていた」「C社の製造物責任保険の保険金を原資として原告に対する賠償を行おうとしていたが，C社が倒産したためこの構想が破綻した後，被告の製造物責任保険の保険金により賠償を受けることを原告担当者が企て，被告に要求して交付を受けたステッカーを本件装置等に貼付したことが伺われる」旨を指摘し，Yは表示製造業者（法2条3項2号）には当たらないとした。

　また，「本件装置等を被告のカタログに掲載して販売を取り扱っていたことは認められる。しかしながら，被告はF製造に係る製品も同様に被告のカタログに掲載して販売を取り扱っていたこと，本件装置等のいずれについ

ても商品の企画立案や製造はCが独自に行い、被告が商品企画、製造上の指示、使用上の注意の作成、販売の一手引受などを行ってきたことはない」として、Yは実質的製造業者（法2条3項3号）には当たらないとした。

そして、本件装置等はYからB社に販売され、これをB社がXに転売したものであること、本件装置等のXクリニックへの搬入設置や初期設定等を行ったのがC社の担当者であることから、XY間の売買契約の存在を否定し、これを前提とした債務不履行責任を否定し、Xの請求を棄却した。

## 解　説

### 1　表示製造業者
#### (1)　表示製造業者が製造物責任を負う根拠

　表示製造業者，すなわち「自ら当該製造物の製造業者として当該製造物にその氏名，商号，商標その他の表示（以下「氏名等の表示」という。）をした者又は当該製造物にその製造業者と誤認させるような氏名等の表示をした者」（法2条3項2号）は，製造物責任の主体である「製造業者等」として製造物責任を負う。

　製造物責任として無過失責任を負うべき根拠は，危険責任，報償責任，信頼責任の観点から説明されるところ，表示製造業者については，信頼責任に重きが置かれたものと解される。表示製造業者は，自らが製造物を製造，加工した者ではないが，消費者に対してそのような外観を与え，製造物についての評価，信頼を高めているのであるから，その信頼に反して製品の欠陥によって他者に損害を与えた場合，それに対する責任を負うべき立場にあるといえるからである。また，表示製造業者は，製造業者との関係において，製造物の企画，製造，加工等について一定程度の影響力を持ち，また氏名等を表示することによって製造物の製造，販売過程を通じて利益を得ていると考えられる。したがって，危険責任や報償責任の考え方も補充的に当てはまる。

#### (2)　製造物責任法2条3項2号前段の表示製造業者

　製造物責任法2条3項2号前段の表示製造業者（以下「2号前段表示製造業者」という。）は，①自ら，②製造業者として，③当該製造物に，④氏名等（氏名，商号，商標その他の表示）を表示した者である。

　2号前段表示製造業者というためには，①氏名等の表示が直接，間接を問わず自ら表示し，あるいは表示を容認していることを要する。また，②氏名等の表示は，製造業者としての表示でなければならない。例えば，「製造者○○」「製造元○○」「製造販売○○」「輸入元○○」「輸入総代理店○○」などである。さらに，③氏名等の表示は，当該製造物になされている必要がある。ただし，信頼責任，報償責任の観点からすれば，製造物自体でなく

ても，製造物と一体をなしていると解される箱，包装，容器，パッケージ，使用説明書等への表示でも足りると解される。そして，④表示される氏名等は，自他を識別することができ，出所表示機能を有するものであれば，商法，商標法等の要件を満たしている必要はない。

(3) 製造物責任法2条3項2号後段の表示製造業者

製造物責任法2条3項2号後段の表示製造業者は，製造業者と誤認させるような氏名等を表示した者であり，上記(2)②以外は同号前段と同じである。

製造業者と誤認させるような氏名等に当たる場合とは，社会通念上，客観的にみて表示の主体が製造業者であると誤認させるような表示がなされている場合であり，例えば，製造元，輸入元等の肩書きを付さず，単に商号，商標のみが表示されている場合，業者のロゴマークだけが記されている場合などが挙げられる。

## 2　実質的製造業者

実質的製造業者，すわなち「当該製造物の製造，加工，輸入又は販売に係る形態その他の事情からみて，当該製造物にその実質的な製造業者と認めることができる氏名等の表示をした者」(法2条3項3号) も，製造物責任の主体である「製造業者等」として製造物責任を負う。

実質的製造業者が責任主体とされた根拠は，表示製造業者と同様に信頼責任に重きが置かれたものと解される。実質的製造業者については，表示製造業者とは異なり，製造者としての氏名等の表示や製造者と誤認させるような氏名等の表示がなされているわけではない。しかし，実質的に相当程度に製造販売に関与しており，その者の氏名等が製造物に表示されることによって製造物に対する消費者からの評価や信頼が高められている場合，欠陥のある製造物による被害の救済という観点からすれば，当該表示者は製造業者に準じた製造物責任の主体として扱われるべきである。

## 3　本判決における認定

(1) 本件では，Xが指摘するステッカーには，Yの商号等が記載されているものの，製造元や製造者などという肩書きは付されていなかったことから，製造物責任法2条3項2号後段の表示製造業者に当たるか否かが問題となっている。

この点，同ステッカーにはYの商号，取扱品目，本社及び営業所が記載され，それが本件装置等に貼付されていることからすれば，他に製造者を表わすような表示がなければ，同ステッカーによる表示は，客観的にみて表示の主体が製造業者であると誤認させるものであり，Yが表示製造業者に当たるとも考えられる。
　しかし，本判決では，本件装置等の搬入時には当該ステッカーは貼付されておらず，本件装置等が原因の一端であると疑われる被害が発生した後に貼付されたことを指摘し，Yの表示製造業者該当性を否定した。
　本件装置等やそれと一体をなす物にYの表示がなされていないのであれば，その間に本件装置等になされている表示によって消費者がYを製造業者と誤認するということは，社会通念上，客観的にみてあり得ない（被害発生時までの間，信頼の対象となるべき表示がなされていなかったのであるから信頼責任を負わせる理由を欠いている。）。したがって，被害発生後に貼付されたステッカーによる表示を理由として，Yを表示製造業者とすることができないとした結論は当然と言えよう（なお，本判決は，本件装置等の製造業者がC社であることX担当者が知っていたという主観的事情を挙げているが，当該表示が「誤認させるような氏名等の表示」に当たるか否かは，社会通念に従い客観的に判断されるべきである。）。
　(2)　実質的製造業者の該当性については，Yが本件装置等をYのカタログに掲載し販売していたこと，本件装置等がY製造の歯科医療用の機器と併せて販売されたことなどから問題となっている。
　しかし，本判決では，カタログにC社製造の本件装置等が掲載されているもののF社製造の製品も掲載されていること，商品の企画立案や製造，製造上の指示，使用上の注意の作成，販売の一手引受けなどをYが行ってきたことはないことから，Yは実質的製造業者には当たらないとされている。
　実質的製造業者は，製造業者等に準じるものとして製造物責任を負うものであるから，製造，加工，輸入，販売に係る形態等において，相当程度に関与していたことが必要であると解されるところ，本判決で認定された事実（カタログにC社製造の本件装置等のほかF社製造の製造物が掲載されていること），その他Xが指摘している事実（Y製品と併せて販売されたこと）のみでは，販売の一部を取り扱っていたに過ぎない者であり，製造業者等に準じる実質的製造

業者ということはできないと判断されたものである(なお,本判決では,本件装置等の製造業者がC社製造であることをX担当者は知っていたとされており,Xが主張する「被告が本件装置等を自社製品と強調していたという販売形態」は事実として認定されていない。)。

【氏原　隆弘】

## 第3　製造業者とみなされる者

### ② 実質的製造業者

〔14〕名古屋地判平成19年11月30日（平成16年（ワ）第3089号）
判例時報2001号69頁，判例タイムズ1281号237頁

☞ **概　　要**

■ 問題点

1　加工食品は「製造物」に当たるか
2　加工食品に「欠陥」があるといえるか
3　加工食品の発売者として表示が「実質的な製造業者と認めることができる氏名等の表示」に当たるか

## 判決の内容

■ 事案の概要

　1　被告A出版社は，その発行する雑誌上に，被告B製薬会社製造，被告C会社販売にかかる加工食品「久司道夫のあまめしば」（以下「本件加工食品」という。）の特集記事を掲載した。
　本件加工食品は，野菜あまめしばを加熱殺菌し粉末状に加工した加工あまめしばを被告C会社が購入して被告B製薬会社に支給し，同社が加工あまめしばを滅菌処理して袋に分包して被告C会社に送付し，被告C会社がこれを販売したものであった。本件加工食品には，製造者として被告B製薬会社が，発売者として被告C会社の旧商号が表示されていた。
　上記特集記事において，医学博士の肩書きを有する被告Dは，体験談に対

するコメントや野菜あまめしばの解説をするなかで、その危険性を示さずに効用のみを示していた。同特集記事を読んだ原告らは、本件加工食品を購入し摂取した後、呼吸困難を訴え、閉塞性細気管支炎との診断を受け、通院治療を継続している。

2 原告Xらは、本件加工食品を摂取したことによって閉塞性細気管支炎に罹患したとして、被告B製薬会社に対し製造物責任法3条、被告C会社に対し、同法3条又は不法行為、被告A出版社及び被告Dに対し不法行為により、それぞれ損害賠償を求めた。

3 Xらは、製造物責任に関し、①本件加工食品は野菜あまめしばを加工製造したものであり製造物に当たる、②本件加工食品は、食品として通常有すべき安全性を欠いており欠陥を有する、③被告C会社は、本件加工食品の包装の説明書に販売業者と表示されており、被告B製薬会社が被告C会社の指示により同社から供給した本件加工食品の乾燥粉末を袋詰めにしたという事実があるとすれば、同社は実質的な製造者に当たる、などと主張した。

■ 判決要旨

1 本判決は、「本件あまめしば（本件加工食品）は、野菜あまめしばを加熱して乾燥・粉末化した後に滅菌処理した製品であり、製造又は加工された動産（製造物責任法2条1項）である製造物である」とした。

2 そして、被告B製薬会社については、「被告C会社の提供した乾燥・粉末化された野菜あまめしば（加工あまめしば）を滅菌処理しているから、本件あまめしば（本件加工食品）を業として加工した者すなわち製造物責任法2条3項1号による製造業者等」であり、また、「本件加工食品の製造者として本件加工食品にその商号を表示しているから、同法2条3項2号による製造業者等」(表示製造業者)である旨判示した。

3 被告C会社の実質的製造業者（法2条3項3号）該当性については、被告C会社が本件加工食品に発売者として表示されていること、訴外会社から加工あまめしばを購入し、被告B製薬会社に滅菌・袋詰めを依頼していたこと、日本の伝統食を基本にした健康食養法・マクロビオティック長寿食の世界的権威で、平成10年にその功績により日本人で初めて米国スミソニアン歴

史博物館に殿堂入りを果たした久司道夫の名を利用した「久司道夫のあまめしば」との商品名で販売していたことから，本件加工食品にその実質的な製造業者と認めることができる氏名等の表示をした者（実質的製造業者）に当たる旨判示した。

4　製造物の欠陥については，本件加工食品に使用方法が記載され，その使用方法に従って原告が本件加工食品を摂取していたこと，本件加工食品を通常予見される使用方法に従って摂取していた場合にも閉塞性細気管支炎が生じ得ること，Xらが本件加工食品を購入するより前から各種の医学雑誌において台湾の症例が紹介され，野菜あまめしばの問題点が検討されていたことからすると，Xらに本件加工食品を引き渡した当時野菜あまめしばにより閉塞性細気管支炎を来した症例を知ることは可能であったことから，本件加工食品は欠陥を有する製造物である旨判示した。

そして被告B製薬会社，被告C会社に製造物責任を認めたものである。

5　被告Dについては，「医師等は，食品等の効用を解説する場合には，同食品が生命・健康を害する危険性の有無についても，その時点の最高の知識と技術をもって確認し，危険性が存する場合にはこれを指摘し，消費者に警告するなど適宜な措置を講ずべき義務」が課されており，この注意義務に反したとして不法行為に基づく賠償責任を認めた。

6　被告A出版社については，加工あまめしばの摂取による重篤な肺疾患発症の予見可能性は認められないとして，賠償責任を否定した。

# 解　説

## 1　実質的製造業者の責任

　実質的製造業者，すなわち「当該製造物の製造，加工，輸入又は販売に係る形態その他の事情からみて，当該製造物にその実質的な製造業者と認めることができる氏名等の表示をした者」(法2条3項3号)は，製造物責任の主体である「製造業者等」として製造物責任を負う。

　「販売社○○」「販売元○○」等として自己の氏名等の表示を行っている場合，その表示者が実質的製造業者に当たる否かが問題になり得る。

　この点，上記のような表示をしている者であっても，それが単なる販売業者であるときは，一般的には製造業者に比べ，設計や製造への関与の程度も小さく，安全性確保のための能力も劣ることから，製造業者と同様の無過失責任を負わせることは相当ではない(「第2章　第2　販売業者」参照)。

　他方，製造物に自己の氏名等を表示した者が実質的な製造業者と認めることができる程度に当該製造物の設計や製造，あるいは流通に深く関与し，その氏名等を表示することによって当該製造物の評価や安全性に対する信頼を高めているような場合には，特に信頼責任の観点及び欠陥のある製造物による被害の救済という観点から，当該表示者にも製造業者に準じた製造物責任を負わせるべきである。

　このような考え方は，製造物責任法施行以前の裁判例でも示されてきた。スモン訴訟事件においては，発売元であった武田薬品の責任について「被告武田はキノホルム剤についても単なる販売者に過ぎない者ではなく，自らキ剤の製造者であつた時期のあることが明らかであるが，本件原告中エンテロ・ヴイオフオルム剤の投与を受けた者については，その投薬の時期からして，その殆んどすべてが被告チバにおいて製造し，被告武田の販売した同剤を服用したものと認められる。よつて，本件原告らについては，被告武田の販売者としての責任が問われることとなる」として，販売業者としての責任であることを前提に，次のような判断を示している。すなわち，武田薬品が，過去に自らキ剤を製造し，その後は被告チバが製造するキ剤を自らの国内販売網に乗せて独占的販売を行なってきたことを指摘し，「被告武田は，

いわゆる街の薬局に見る如き単なる中間販売者に過ぎない者ではなく，本件キ剤の製造者たる被告チバと同様の注意義務を負い，したがつてまたその義務懈怠により原告らに生じた損害の賠償の責めに任ずべきものといわなければならない。」（東京地判昭和53年8月3日判時899号48頁，判タ365号99頁等）としているのである。このように，販売業者であっても，製造物の企画製造販売に関与し，自らの氏名等を表示することにより製造物の評価や安全性に対する信頼を高めているときは，製造業者に準じた責任を負わなければならない（その他にも，金沢地判昭和53年3月1日判時879号26頁，判タ359号143頁や広島地判昭和54年2月22日判時920号19頁などにおいても同様の責任が認められている。）。

## 2　本判決における認定

本件では，被告Ｃ会社が，本件加工食品の包装の説明書に販売業者と表示されていたものであり，それが「実質的な製造業者と認めることができる氏名等の表示」に当たるか否かが争点となっていたものである。

「実質的な製造業者と認めることができる氏名等の表示」か否かは，製造物責任の根拠が危険責任，報償責任，信頼責任にあることからすれば，製造物の製造から販売までの一連の過程における関与の実態に照らして，製造物の危険管理に一定の影響を有し，その氏名等の表示によって製造物の信頼を高めているという認識が社会一般からなされなければならない。

そして，「製造，加工……に係る形態」とは，同種の製造物の製造・加工を行っていること，当該製造物の製造・加工設備，検査設備等を保有していること，最終的な出荷検査の実施を行っていること等，「輸入……に係る形態」とは，同種製造物の輸入をしていること，輸入した製造物の分類や包装等に関与していること等，「販売に係る形態」とは，製造業者又は輸入業者から供給を受け国内の市場において一手販売業者となっていること，高い販売シェアを有していること等の事情であり，「その他の事情」としては，製造業者との資本的組織的な関係，製造物の企画立案，製造物の設計への関与，製造物の説明書や使用上の注意の作成への関与，製造業者に製造を委託するに当たっての指示等が考えられよう（通商産業省産業政策局消費経済課編『製造物責任法の解説』188頁以降（通商産業調査会，1994年）参照）。

本判決では，被告Ｃ会社が①本件加工食品の原材料（加工あまめしば）を製

造業者である被告B製薬会社に対して供給し，その滅菌・袋詰めを依頼していたこと，②本件加工食品を健康食養法の世界的権威の名を利用した商品名で販売していたことを指摘している。

　上記①は，被告C会社が，製造業者に製造を委託するに当たり指示を行っていたこと，製造された本件加工食品の原材料の供給と販売を一手に行っていたことを示す事情であり，上記②は，被告が商品名を付すなど本件加工食品の企画立案に被告B製薬会社と一体となって関与していたことを示す事情である。これらの事情からすれば，被告Cの表示は，製造物の危険管理に強い影響を有する者の表示であり，その表示によって製造物の信頼を高めているといえよう。被告Cを実質的な製造業者であるとした結論は妥当である。

【氏原　隆弘】

［関連裁判例］
・名古屋地判平成16年4月9日判時1869号61頁，判タ1168号280頁〔**判例53**〕
　医療用漢方薬について製造物責任法2条2項の欠陥があるとされた事例
・東京地判平成14年12月13日判時1805号14頁，判タ1109号285頁〔**判例3**〕
　調理した料理によって食中毒を起こした事案につき，魚を調理して提供する行為は製造物責任法にいう加工に当たるとされた事例

## 第3　製造業者とみなされる者

### ③　実質的製造業者

〔15〕札幌地判平成14年11月22日（平成13年(ワ)第2083号）
判例時報1824号90頁

☞ **概　　要**

■ **問題点**

　自動車の欠陥につき製造会社に製造物責任が認められる場合，当該自動車を販売した製造会社の地域販売会社は「実質的な製造業者」（法2条3項3号）に当たるか

## 判決の内容

■ **事案の概要**

　1　本件では，原告$X_1$が助手席にその妻である原告$X_2$を乗せて自動車を運転し，先行車両を追い越そうと走行していたところ，自動車のアクセルレバーが全開状態となる等の異常が発生し，安定性を失い走行し，車両の向きが逆向きになって後方へ進んだところで対向車両と衝突したという事故が発生した。この事故発生時に生じた異常は，当該自動車の噴射ポンプ（エンジンのシリンダー内の燃焼室に燃料を噴射するためのもの）のワックスレバー部分が追い越しの際に破断するなど，当該部品に欠陥によるものであった（製造物である自動車に欠陥があることについて争いはない。）。

　2　Xらは，本件事故によって被った損害につき，当該自動車を製造した被告C，及び被告Cの製造する自動車の北海道における販売会社である被告

Dに対し，製造物責任に基づき損害賠償を求めた。

**3** Xらは，製造物責任に関し，被告Dが被告Cの製造する自動車の北海道における販売を専属的に引き受けていること，被告Cの100％子会社であり，Eという名称において共通し，パンフレットにおいても被告Dの名称が大きく記載されていることを挙げて，被告Dは「実質的な製造者」（法2条3項3号）に当たると主張した。

また，Xらは，本件事故発生時に$X_1$の不適切な運転操作があったとする被告Cからの過失相殺の主張に対し，これを争った。

### ■ 判決要旨

本判決は，被告Dが実質的製造業者に当たるか否かについて，「原告らが主張する諸事情を勘案しても，本件において，被告Dが本件車両の実質的な製造業者に該当すると認めるに足りる証拠は，何ら存在しない」として，被告Dの製造物責任を否定した。

また，本件事故発生に関する過失相殺の主張については，$X_1$の運転操作がとりたてて不適切であったとは言えず，相当程度の割合で損害の発生に結びついていることを示す事情も特段窺われないとして，過失相殺を否定した。

## 解説

### 1 実質的製造業者の責任

販売業者であっても実質的製造業者，すなわち「当該製造物の製造，加工，輸入又は販売に係る形態その他の事情からみて，当該製造物にその実質的な製造業者と認めることができる氏名等の表示をした者」（法2条3項3号）に当たる場合，製造物責任の主体である「製造業者等」として製造物責任を負う。これは，自己の氏名等を表示している者が負う一種の表示責任である。

しかし，「販売社〇〇」「販売元〇〇」等の肩書きで自己の氏名等の表示を行い製造物を販売していても，それが単なる販売業者であれば，無過失責任である製造物責任を負わせることは適当ではない。一般的には製造業者に比べ，販売業者の設計製造への関与の程度は小さく，安全性確保のための能力も劣ることなどから，製造業者と同様の無過失責任を負わせることは相当ではないと考えられるからである（「第2章　第2　販売業者」参照）。

「実質的な製造業者」といえるためには，単に自己の氏名等の表示をしているだけではなく，製造物の製造，流通，販売の過程に深く関与することによって危険の管理に一定の影響を有するという製造業者に準じた実態があり，その氏名等を表示することによって当該製造物に対する信頼を高めていると社会一般から認識されることが必要である。

### 2 実質的製造業者の要件

上記1で述べた観点から，実質的な製造業者の要件は，次のように解するべきである（塩崎勤＝羽成守編『裁判実務大系30　製造物責任関係訴訟法』157頁以下（青林書院，1999年）参照）。

① 表示した自己の氏名等が製造者や製造者と誤認させるものでないこと
　表示した自己の氏名等が製造者や製造者と誤認させるようなものである場合，製造物責任法2条3項2号の表示製造業者としての責任を負う者であり，実質的製造業者（同3号）には当たらない。

② 「製造物の製造，加工，輸入又は販売に係る形態その他の事情」からみて，「実質的な製造業者と認めることができる」氏名等の表示がある

こと

「実質的な製造業者と認めることができる」か否かは，社会一般からの認識によって判断されることになる。製造物責任の根拠が危険責任，報償責任，信頼責任にあるとされていることからすれば，実質的製造業者といえるためには，製造物の危険管理に一定の影響力を有し，その氏名等を表示することによって製造物の信頼を高めていることが必要であろう。そして，それらは製造・流通過程の複雑化や経営の多角化等が進む現代社会においては，製造物が製造され流通し販売されるという一連の過程における関与の実態から判断されなければならない。

「製造，加工……に係る形態」とは，同種の製造物の製造・加工を行っているか，当該製造物の製造・加工設備，検査設備等を保有しているか，最終的な出荷検査の実施を行っているか等，「輸入……に係る形態」とは，同種製造物の輸入をしているか，輸入した製造物の分類や包装等に関与しているか等，「販売に係る形態」とは，製造業者又は輸入業者から供給を受け国内の市場において一手販売業者となっているか，高い販売シェアを有しているか等の事情であり，「その他の事情」としては，製造業者との資本的組織的な関係，製造物の企画立案，製造物の設計への関与，製造物の説明書や使用上の注意の作成への関与，製造業者に製造を委託するに当たっての指示等が考えられよう（通商産業省産業政策局消費経済課編『製造物責任法の解説』188頁以降（通商産業調査会，1994年）参照）。

③ 「当該製造物に」自己の氏名等の表示がなされていること

信頼責任，報償責任の観点からすれば，当該製造物自体に自己の氏名等の表示がなされている場合だけでなく，製造物と一体をなしていると解される箱，包装，容器，パッケージ，使用説明書等への表示でも足りると解される。

### 3 想定される具体的事例

次のような具体的な事例については，一般的には次のように考えられる（通商産業省産業政策局消費経済課編・前掲書118頁以降参照）。

① 大手メーカーのエアコン等の電気製品を大手チェーンストアが自社ブランド名のみを付し販売者として表示し販売している場合

当該製造物のどこにも製造業者としての表示をせずに大手チェーンストアが自社ブランドを付して販売している場合，当該製造物の企画設計，説明書や使用上の注意の作成，製造物の検査等に大手チェーンストアが関与していることがあり，消費者としてもそのような関与があると認識して，そのブランドを信頼して製造物を購入することになる。したがって，大手チェーンストアは，製造物の危険管理に一定の影響力を有し，その氏名等の表示によって製造物の信頼を高めている者であると言え，実質的製造業者と評価されるものと考えられる。

② 自動車販売店が，自社の氏名，マークのシールを自動車に貼付している場合

自動車の場合，販売店がシール等によって自己の氏名等を表示していても，自動車自体にエンブレムを付している自動車メーカーが製造業者であることが通常である（流通には関与していても，製造への関与は無いか，関与していても極めて限定的であると考えられる。）。消費者もそのような認識を有しているのが一般的であろう。販売店がシール等によって自己の氏名等の表示を追加的に行うことはディーラーとしての表示であると認識されるものであり，販売店の表示がなされていることからといって，消費者が「自動車の製造に関与した販売店」を信頼するということにはならない。したがって，一般的には販売店は製造物責任の主体にはならないと考えられる（なお，輸入されている自動車の場合，追加的に表示されている販売店が輸入し，あるいは輸入や検査に関与していることもあると考えられる。この場合には，実質的製造業者としての責任が問われることもあると考えられる。）。

③ 百貨店が他社ブランドの付された様々な製造物を詰め合わせて（例えば，贈答用食品の詰め合わせセット），外装箱にのみ「○○特選」という表示を付して販売した場合

外装箱に「○○特選」という表示がなされていても，詰め合わされた製造物の一つ一つには製造業者のブランド名が付されており，また，百貨店がこのような形で贈答用のギフトセットにして商品の販売を行うことは通常行われていることである。詰め合わされた各製造物は，当該詰め合わせ商品としてではなく，当該百貨店の氏名等の表示が無い状態で，他の販売店におい

ても販売されているものである。百貨店が各製造物の製造に関与していないことは明らかであり、消費者が「当該各製造物の製造や加工に関与した百貨店」を信頼するということにはならない。この場合、百貨店は製造物責任の責任主体にならないと考えられる。

④　飲料メーカーが他社製造の自動販売機に自己のブランドを付しており、当該自動販売機自体により傷害等の損害が発生した場合

飲料メーカーが自動販売機で販売する飲料のブランドを広告目的で販売機に付することは通常行われている。販売機に飲料メーカーの表示がなされていても、当該飲料メーカーが販売機の製造に関与しておらず、付されたブランドが販売機で販売する飲料のブランドを示していることは明らかである。したがって、通常、当該飲料メーカーは自動販売機自体によって生じた傷害等の損害に係る製造物責任の責任主体にはならないと考えられる（なお、販売機で販売する商品が特殊で商品メーカーが販売機の製造に関与している等の場合には、製造物責任が問われることもあると考えられる。）。

### 4　本判決における認定

本件において原告らが「実質的な製造業者」と認めるべき事情として挙げているのは、「販売に係る形態」として「被告Ｄが被告Ｃの製造する自動車の北海道における販売を専属的に引き受けている」「パンフレットにおいても被告Ｄの名称が大きく記載されている」という事情であり、「その他の事情」として「被告Ｄが被告Ｃの100％子会社であり、Ｅという名称において共通している」という事情である。

しかし、本判決では、原告らが指摘する事情からは、実質的な製造業者とは認められないとされている。

自動車の販売が自動車製造業者の系列販売業者によって行われることは一般的であり、社会通念上、自動車の製造は製造業者が行い、その子会社やグループ会社である系列販売業者は、自動車を販売するにすぎず、自動車を製造している者ではないとの認識が常識であろう。したがって、地域販売業者は、自動車の製造、加工、輸入、販売などにおいて特殊な関与をしていない限り、実質的な製造業者と認められることはないと思われる。

【氏原　隆弘】

# 第3章
# 欠　　陥

## 第1　設計，設計上の欠陥
##　　概　　説

### 1　欠陥概念

　製造物責任法は，従来の過失責任に代え，製造増業者の責任を認める要件として，「欠陥」を責任原因と定めている。すなわち，製造物により被害を受けた者は，製造業者の主観的事情である過失を主張・立証することなく，事故を引き起こした製造物に「欠陥」が存在したという客観的な事情を主張・立証することにより，製造業者の責任を問うことができるようになった。

　この「欠陥」の概念について，製造物責任法は，「当該製造物の特性，その通常予見される使用形態，その製造業者等が当該製造物を引き渡した時期その他の当該製造物に係る事情を考慮して，当該製造物が通常有すべき安全性を欠いていること」（法2条2項）と抽象的に定義するのみである。そのため，具体的な事実への適用において，「通常有すべき安全性を欠いている」こと，すなわち，「欠陥」をどのように評価していくかが問題となる。

　この点，米国の不法行為第3次リステイトメントでは，製造物の欠陥を「製造上の欠陥」，「設計上の欠陥」，及び「指示・警告上の欠陥」という3概念に分けて定義し，その分類ごとに評価基準を規定している。欧州や日本では法文上明確に分類されているわけではないが，考え方としてはこのような分類を前提に「欠陥」を検討するものが多いようである（これについては，「通常有すべき安全性」の項で再論する（←脚注）。）。

　なお，製造上の欠陥と設計上の欠陥はいずれも製造物の性状自体に関する欠陥であり，このような分類がなされるとしても，被害を受けた使用者が損害賠償請求をするに際しては被害の原因がいずれの欠陥であるかを主張，立証する必要はないと考えるべきである。製造物の仕様等を詳細に知り得ない被害者にとって，過大な立証負担を課すことになるからである。

## 2 製造上の欠陥

　製造上の欠陥とは，製造物が本来の設計，仕様どおりに製造されていないために安全性を欠くことをいう。規格を外れた不良品，欠陥商品がこれに当たり，事故製品に固有の問題であって，同規格の他製品に直接的に影響を与えるものではない。米国で製造物責任が論じられる端緒となった典型的，古典的な欠陥である。

　製造業者の側から見れば，製造上の欠陥は製造工程，管理・チェック工程における不良，見落としであって，限界はあるとしても工程管理を徹底することにより製造業者において制御可能な領域における問題であり，また，本来，企図した規格通りに製造されなかったものを提供したものであることから，これにつき責任を問われることには特に抵抗は見られない。このような事情も含め，評価基準としては，設計や仕様などの標準から逸脱したことのみをもって製造上の欠陥が認定されている（この基準は標準逸脱説と呼ばれている。）。

## 3 設計上の欠陥

　設計上の欠陥は，製造物の設計自体が通常有すべき安全性を欠いていることであり，この欠陥が認められると，その設計，企画に基づいて製造されたすべての製品に欠陥が認められ，市場における価値が否定されることになる。このため，製造上の欠陥が認められると企業に対するダメージは大きく，別項で述べる指示・警告上の欠陥ともども，その欠陥認定の基準について争いが生じている。

　製造業者の側から見れば，設計上の欠陥は製品の企画段階の問題で，この時点で製品の安全に対してどの程度の水準が求められるかという問題であり，損害の公平分担という不法行為法理に基づく以上，制御可能な水準，言い換えれば予見可能な危険に対する安全という水準に留まるべきとの主張が考えられる。これに対し，使用者，消費者からすれば，流通に置いた製造物によって利益を享受し，危険を作出している以上，その製造物から生じた損害は製造業者が負担すべきと考えられ，過失責任に代えて責任の客観化を図った法の趣旨からは，予見可能性を問題にすべきではないとの主張が考えられ，議論の争点となっている。　　　　　　　　　　　　【青木荘太郎】

[16] 東京高判平成23年11月15日（平成23年（ネ）第3630号）

# 第1　設計，製造上の欠陥

## 1　抗がん剤（イレッサ）の副作用

[16]　東京高判平成23年11月15日（平成23年（ネ）第3630号）
判例時報2131号35頁，判例タイムズ1361号142頁

☞　概　　要

■　問題点

1　副作用の強い抗がん剤（イレッサ）につき，設計上の欠陥があるといえるか

2　添付文書に，重大な副作用が発症する警告がなく，また，「観察を十分に行い，異常が認められた場合には，投与を中止し，適切な処置を行うこと」とした説明が，指示・警告上の欠陥といえるか

## 判決の内容

■　事案の概要

1　新種の抗がん剤であるイレッサの投与を受けた後に死亡した肺がん患者3人の遺族（$X_1$〜$X_3$）がY製薬会社に対し，欠陥のある製造物であるイレッサを輸入，販売し，患者3人を死亡させたとして製造物責任法上の損害賠償を求めた事案である。

2　原告$X_1$らは，イレッサには延命効果が証明されておらず，投与を受けた場合，高率で死亡に至る間質性肺炎発症の副作用があり，作用機序も不明であるとして，イレッサには有効性及び有用性がなく，設計上の欠陥のある医薬品であると主張した。

また，イレッサの添付文書の記載に指示・警告上の欠陥があるかどうかも争われた。

すなわち，$X_1$らは，イレッサの添付文書の第1版には，間質性肺炎が発症する旨の警告欄がなく，また，重大な副作用欄中の間質性肺炎の記載に致死的との記載がなかったことを指摘して，添付文書の記載に指示・警告上の欠陥があると主張した。

これに加え，添付文書第1版の「重大な副作用」欄には，①重度の下痢，脱水を伴う下痢，②中毒性表皮壊死融解症・多形紅斑，③肝機能障害，に続けて④間質性肺炎があげられており，$X_1$らは致死性の高い間質性肺炎を副作用の4番目に記載したことは，指示・警告上の欠陥に当たると主張した。

3 イレッサについては，厚生労働大臣が輸入を承認し，販売後平成14年10月15日までの3か月の間に，被告Y社又は医療機関から，厚生労働省に対し，少なくとも26例（うち死亡13例）の間質性肺炎を含む報告があった。厚生労働省は平成14年10月15日に，Y社に添付文書の「使用上の注意」の改訂（第3版。「警告」欄の新設を含む）を命じた。第3版では「重大な副作用」欄の記載順序が変更され，「急性肺障害，間質性肺炎」が最初に記載され，その中に「本剤の投与により急性肺障害，間質性肺炎があらわれることがあるので，胸部X線検査等を行うなど観察を十分に行い，異常が認められた場合には投与を中止し，適切な処置を行うこと」との記載がされた。

このように，承認時において，添付文書の記載内容に製造物責任法上の指示・警告上の欠陥があったか否かが争われることとなった。

■ **判決要旨**

**1** 判決は，まず肺がんの特徴について述べている。

「癌は，細胞の増殖制御機能が破綻することによって生じる悪性腫瘍であり，生育により周囲の臓器を破壊する，転移する，再発しやすい等の性質を有し，癌による死亡は我が国の死亡原因の第1位を占めている。癌の中でも，肺癌は，症状が出にくい上，骨や心臓に隠れていて早期発見が難しく，発見時には症状が進んでいて手術が不能であることが多く，また，進行が速く転移性も高いことから，死亡率が極めて高い。肺癌の年間死亡者数は，死

亡原因第1位である癌の中で最も多く，平成10年に5万人を超え，平成17年には6万人を超え，その後も増加し続けている。

　肺癌のうち，イレッサの適応疾患である非小細胞癌（腺癌，扁平上皮癌，大細胞癌）は，肺癌の約80％を占め，発見された段階で既に手術不能であることが多い上，化学療法及び放射線療法の感受性が低いため抗癌剤や放射線治療が効かない場合が多く，化学療法適応の第ⅢB期の患者の5年生存率は3～18％であり，第Ⅳ期になると，5年生存率は1％程度（長期生存例はほとんど見ない），1年生存率も30～50％となる。」

　**2**　その上で，肺がん患者の死亡とイレッサの投与との間の因果関係の有無につき，以下のように述べている。

　「肺癌は，呼吸器官である肺を侵襲して生命維持のための基本機能である呼吸機能に重大な障害を与えるとともに，転移し，かつ，咳・食欲不振・疼痛・呼吸障害等による全身状態の悪化や免疫力の低下により他の致死的な疾病又は症状の誘因となるものであり，また，難治性で再発性が高く，投与される薬剤の種類も多いため，肺癌患者の死亡が肺癌の有害作用によるものか，その他の原因によるものかの判定には困難を伴うことが多い。」

　そして，$X_1$ らがイレッサの副作用による死亡症例とする症例につき，個々に判断し，「イレッサの副作用報告における死亡症例の中には，肺癌患者の死亡原因特定の困難性及び副作用報告の特質から，イレッサの副作用により死亡したとはいえないものが相当な割合に上る可能性がある。したがって，イレッサの副作用報告における死亡症例の全部がイレッサの副作用による死亡者であると認めることはできず，その中の相当な割合についてイレッサ起因性が否定されることがあり得ることを考慮に入れて，イレッサの投与と肺癌患者の死亡との間の因果関係を認定するに際しては，証拠に基づいた慎重な検討が必要である。」とした。

　このように，本件では，そもそもイレッサと死亡との間の因果関係につき，裁判所が疑問を呈していることが特長である。

　そして，一部の原告（控訴人）につき，病理検査の結果と，症状の経過からみて，間質性肺炎で死亡したとは認められないとして，イレッサの投与と死亡との間の因果関係を否定した。

**3** イレッサの有効性と設計上の欠陥につき，まず，イレッサの特長を述べる。「癌性腫瘍に対する抗腫瘍効果（腫瘍縮小効果）を発揮する分子標的薬であり，従来の細胞傷害性（殺細胞性）の抗癌剤とは異なる作用機序（作用上のメカニズム）を有するものであるため，従来の抗癌剤にほぼ必ず生じる血液毒性，消化器毒性，脱毛等の副作用がほとんど見られないという特徴があり，手術不能又は再発非小細胞肺癌の治療につき有効性があるものと認められる。」

その上で，副作用と医薬品の有用性及び設計上の欠陥につき，次のように否定した。

「特定の疾病又は症状に著効のある医薬品には副作用が生じるのが通例であるが，副作用の存在にもかかわらずその医薬品に有用性を認めるかどうかは，当該疾病又は症状の生命・身体に対する有害性の程度及びこれに対する医薬品の有効性の程度と副作用の内容及び程度の相関関係で決まるものである。肺癌は，生命維持のための基本機能である呼吸機能に重大な障害を与えるもので，年間死亡者数が6万人を超える治療困難な疾病であり，中でも非小細胞肺癌は抗癌剤や放射線治療が効きにくく治療が特に困難であること，イレッサは，その中でも重篤度の高い手術不能又は再発非小細胞肺癌を適応とするものであり，日本人の非小細胞肺癌患者に対する腫瘍縮小効果が高く，血液毒性，消化器毒性，脱毛等の副作用がほとんど見られないものであること，間質性肺炎は，発症率にバラつきはあるが，従来の抗癌剤や抗リウマチ薬の投与でも発症する一般的な副作用であり，イレッサによる間質性肺炎の発症については危険因子特定のための研究が進んでいることの諸事実を総合すると，イレッサの投与による間質性肺炎の発症頻度が日本人に高いという副作用の存在のゆえに，イレッサの有用性が否定されることはなく，したがって，その副作用の存在のゆえにイレッサに設計上の欠陥があるということはできないものというべきである。」

**4** 添付文書第1版に警告欄がないこと及び間質性肺炎の副作用により致死的な事態が生じうることの記載がないことが指示・警告上の欠陥といえるかについても判決は否定した。

「①イレッサは要指示薬であり，手術不能又は再発非小細胞肺癌を対象疾

患とするものであって、イレッサの投与の判断をする医師は癌専門医又は肺癌に係る抗癌剤治療医であり、本件添付文書の説明の対象者も癌専門医又は肺癌に係る抗癌剤治療医であると認められる。②そして、薬剤性間質性肺炎は従来の抗癌剤や抗リウマチ薬等の投与で生じる一般的な副作用であり、癌専門医又は肺癌に係る抗癌剤治療医は薬剤性間質性肺炎の副作用により死亡することがあり得ることを承知していたと考えられる。③このような状況の中で、本件添付文書第1版には、適応を『手術不能又は再発非小細胞肺癌』に限定する記載がされ、『関連する使用上の注意』として『本剤の化学療法未治療例及び術後補助療法における有効性及び安全性は確立していない』との付記がなされ、『重大な副作用』として『4）間質性肺炎』と記載されている。」

そして、イレッサの国内臨床試験の結果、間質性肺炎の発症例は3例で、死亡者が出ていないこと、死亡例も、イレッサと死亡との因果関係があるとまでは認められないとした上で、副作用の記載内容として「因果関係がある可能性ないし疑いがある」との記載は、不当ではないとした。

その結果、「『重大な副作用』欄に『間質性肺炎』の記載をするに際し、『観察を十分に行い、異常が認められた場合には投与を中止し、適切な処置を行うこと』との説明を加えながら、致死的事態が生じ得る旨を記載しなかった本件添付文書第1版について、それが合理性を欠くものと認めることはできないものというべきであり、したがって、その記載に指示・警告上の欠陥があったものということはできない」として、欠陥を否定した。

# 解　説

## 1　設計上の欠陥について

　製造物の欠陥は，3種類に分類される。①設計上の欠陥，②製造上の欠陥，③指示・警告上の欠陥である。

　本件では，①と③が争点となった。

　設計上の欠陥とは，一般的には，製造物を設計する段階において，構造的に安全性を欠くことをいうと定義づけられている。構造的に安全性を欠くか否かが争点となるから，近時，医薬の進化に伴う，いわゆる薬害に関し，設計によって求める薬剤の有用性，有効性と，それに伴って生ずる副作用との関連で，問題となることが多い。本来的には，設計上の欠陥については，設計を是正し，欠陥が解消されることが期待されるが，薬剤，特に新薬の場合，従来の薬剤にない強い効用が期待される反面，その効用に伴う副作用が避けられないから，結局のところ，その薬剤のもつ有用性，有効性と副作用による害のどちらが大きいかという比較の問題となることが多い。

　本判決は，その点に関し，重要な判断を示した。すなわち，「当該疾患により直ちに死亡することが通常は予想されない疾患の治療のために医薬品が投与され，その副作用により患者が死亡する場合，すなわち，例えば，帯状疱疹治療のための医薬品ソリブジンを特定の方法で投与することにより副作用が増強し，帯状疱疹患者が死に至ることがあるような場合には，治療効果に対して過大な副作用が生じており，副作用の内容及び程度が有効性を明らかに凌駕するから，相応の規制措置がない限り，当該医薬品の有用性は肯定されない」とし，通常は死亡することが予想されない疾病についての治療薬が投与され，その結果死亡したような場合は，原則として，有効性があっても有用性が否定されるとした。

　本判決は，このように相応の規制措置がない限り，有用性自体が否定される，すなわち設計上の欠陥を認めることがあるという厳格な考え方を示した。

　しかしながら，本判決は，肺がんについて詳細な説明を施し，その上で，肺がん患者の死亡原因が，①がん自体の有害作用による障害で死亡，②がん

による免疫力低下等の過程で真菌，ウィルス等の活動による死亡，③抗がん剤，放射線治療等の副作用としての間質性肺炎による死亡，④転移先の臓器の機能不全で死亡，⑤肺塞栓症又は原因不特定の急性肺障害による死亡等，多岐にわたることを示した上で，イレッサが，がん細胞増殖に関連する受容体のシグナル伝達経路を遮断することによって抗腫瘍効果を発揮する分子標的薬であり，従来の抗がん剤とは異なる作用機序を有し，従来の抗がん剤にほぼ生じる血液毒性，消化器毒性，脱毛等の副作用がほとんど見られないという特徴を指摘し，イレッサの有用性を認めた。

　この判決の全体像からは，肺がんが我が国の死亡原因の第1位を占め，死亡率が高く，しかもイレッサの適応疾患である非小細胞がんが肺がんの約80％を占めているという事情の下，副作用を重視するあまり，新薬，特に抗がん剤の開発にブレーキをかけてはならないという意識が働いていることがうかがえよう。

　本判決はこの意味で，設計上の欠陥判断に際し，イレッサが作られた背景，必要性等をより重視したものといえよう。そして，その考え方が，次に述べる指示・警告上の欠陥の判断にも大きく影響を与えることとなった。

## 2　指示・警告上の欠陥

　本件では，添付文書の第1版には，間質性肺炎が発症する旨の表示がなく，また，重大な副作用欄中の間質性肺炎の記載に「致死的」との記載がないことが争われた。

　本判決は，①イレッサの投与を判断するのは，がん専門医又は肺がんに係る抗がん剤治療医であること，②薬剤性間質性肺炎は従来の抗がん剤でも生ずる一般的副作用であること，③添付文書第1版には「有効性及び安全性は確立していない」との記載があること，④臨床試験の結果，イレッサの副作用による死亡症例がないこと，⑤死亡症例の因果関係があるとはいえないが，可能性も否定できない症例があり，引き続きイレッサの有効性及び安全性を確認することとされていたこと等を理由に，指示，警告上の欠陥を否定した。

　また，重大な副作用欄における間質性肺炎の記載が4番目であることにつき，本判決は，1番目から3番目に記載された副作用も死亡又は重篤な機能

不全に陥るおそれのあるものであり，また，添付文書の対象者ががん専門医であることから，4番目に掲げたことをもって指示・警告上の欠陥とはいえない，とした。

なお，原告らは，このほかに，イレッサの販売においてイレッサの投与を入院中に行うべき旨を記載しておらず，販売指示上の欠陥に当たり，また，イレッサが画期的な分子標的薬として効果と安全性を強調する広告宣伝を行ったことを広告宣伝上の欠陥に当たると指摘した。

しかし，本判決は，内服薬であるイレッサの投与に際しての入院の要否等は，当該副作用のみで決定することはできないこと，広告宣伝上の欠陥は，イレッサの有効性がないことを前提としたものであるが，イレッサには有効性が認められるとして，いずれも否定した。

### 3 まとめ

結局，本判決は，薬剤の設計上の欠陥につき，その薬剤が対象とする疾病の状況（罹患率，重篤性，治療の困難性等）をもとに，その投与者が医師の中でも専門医とされる者であり，その上で，必要と判断された以上，副作用と有効性を比較し，特に前者が後者を優に凌駕しない限り，有用性を認める立場に立つように思われる。ただ，対象物が薬剤でなく，日常生活に使用される場合や，使用者に能力が特に必要とされない製品の場合，わずかな危険性があっても設計上の欠陥が認められ，有用性が否定されることとなろう。

また，危険性を有しながらも有効性がある製品，例えば，電気製品，刃物などの場合，その使用者がどの範囲か（成人か子どもか，注意書きが読解できるか否か等）によっても有用性の判断は異なってくることに留意しなければならない。

【羽成　守】

# 第1　設計，製造上の欠陥

## 2　ロースターの脱臭オプション

〔17〕東京地判平成18年7月10日（平成16年(ワ)第20037号）
LLI/DB 06132708

☞ **概　　要**

■ 問題点

脱臭装置が付されていない焼肉用ロースターについて，設計上の瑕疵が認められるか

## 判決の内容

■ 事案の概要

1　原告Xは，焼肉店を開店するため，被告$Y_2$製造の無煙ロースターNPR8台（以下「本件ロースター」という。）をBから買い受ける契約を締結し，Bは，本件ロースターをAの店舗（以下「本件店舗」という。）に設置した。なお，本件ロースターは，Bが被告$Y_1$から仕入れた製品であるが，$Y_1$がXに本件ロースターの説明をしており，$Y_1$が実質的な売主である。

2　Xは，本件ロースターがダクトのないノンダクト型であるところ，電気集塵機の容量が不足し，脱臭装置が欠如していたため，肉を焼くと発生するアミンが除去されず，眼の粘膜を刺激して眼痛，流涙，鼻粘膜の痛みを生じさせるもので，通常有すべき安全性を欠く欠陥であり，瑕疵に当たると主張した。そのうえで，本件ロースターの欠陥により，本件店舗の客が眼痛となり，これが本件店舗の不評判として地域に広がり，客足が遠のいた結果と

して約2655万円の損害が生じたと主張した。

XはY$_1$に対しては売買の瑕疵担保責任に基づき，Y$_2$に対しては製造物責任法に基づき，連帯して上記損害額の支払を求めた。

　3　これに対し，Y$_1$及びY$_2$は，本件ロースターがノンダクト型であり脱臭装置がなかったことを前提として，肉を焼けばタンパク質分解の過程で必然的にアミン類が発生するものであり，ロースターからのアミン類の排出は規制されておらず，家庭用，業務用の加熱調理器具はアミン類を除去する手段が設置されることなく販売されているのであって，本件ロースターにアミン類を除去する手段が設置されていないことは，欠陥に当たらない等の理由により，損害賠償責任を負わない旨を主張した。

### ■ 判決要旨

　1　本判決は，Xが本件ロースターを設置するに至る経緯として，①Xが本件店舗開店前に，厨房設備業者からダクト式無煙ロースターの説明を受けていたが，Xがノンダクト式のロースターを希望したこと，②Y$_2$が製造販売しているノンダクト式のロースターには，煙除去のために電気集塵機が付されただけのものと，電気集塵機に加えて活性炭を使用する脱臭装置の付されたタイプのものがあり，前者は後者より低額であったところ，Xが発注したのは前者のタイプであったこと，③Y$_1$担当者があらかじめXに対して，本件ロースターを使用する際に，換気が悪いと眼が痛くなることを告げていたことを認定し，次のとおり判示した。

　2　「本件ロースターに脱臭装置がなかったことは当事者間に争いのないところ，原告は，そのことが通常有すべき安全性を欠く欠陥であり，瑕疵であると主張する。しかし，肉を焼くとガス化したアミンが発生し，これが高濃度となると眼が痛くなるなどの症状が生ずるが，通常は，屋内であっても適切な吸排気を確保すればそうした事態を防止することができるのであり，また，火力を用いる焼肉用器具であってダクトにより屋外に排気する仕組みとなっていないものを使用する際は，屋内の吸排気を適切に確保すべきことは当然のことであるから，こうした焼肉用器具にアミンを除去する装置が付されていないことをもって直ちに通常有すべき安全性を欠いており，又は瑕

疵があるということはできない。」「本件ロースターは，もともとガス化したアミンを除去する機能を有しておらず，換気が悪いと眼が痛くなることは原告にあらかじめ告げられていたことであり，本件ロースターの使用は適切な換気がされる環境下でされるべきものである。」

**3**　本判決では，上記の理由等から，本件ロースターに脱臭装置がなかったことにつき，欠陥又は瑕疵と認めることはできないとして，Xの主張を棄却した。

# 解　説

## 1　設計上の欠陥

　一般的に，「設計上の欠陥」とは，「製品の設計や仕様自体に問題があるために，その製品が安全性を欠いているもの」を指すとされる（加藤幸雄「製造物の欠陥の立証と判断過程」升田純編『現代裁判法大系（8）製造物責任』127頁（新日本法規出版，1998年））。

　ここで，設計上の欠陥，すなわち製品が通常有すべき安全性に関する判断に当たっては，一律的な判断基準により判断するのではなく，問題となった具体的な製品に応じて，個別具体的に検討されることになる。これは，製品によって期待される安全性，技術水準，予見し得る損害の具体的内容又は判断の基底となる社会通念が異なるためである。

　例えば，自動車のフロント・サイドマスクを装着する際の事故に関して，「本件製品の設計に当たり，フックが使用者の身体に当たって傷害を生じさせる事態を防止するために，フックの材質，形状を工夫したり，ゴムひもの張力が過大にならないようにするなどの配慮」が必要であったとして，設計上の欠陥が肯定されている（仙台地判平成13年4月26日判時1754号138頁〔**判例20**〕）。

　このように，同裁判例では，「通常有すべき安全性の判断」に当たって，フロント・サイドマスクの材質や形状，フックの装着位置や通常使用される状況を前提にして，フックが使用者の身体に当たる危険性を想定することができたか否かを判断要素としている。

　他方，設計上の欠陥について，「製造物の中には危険性を有するものの，それを上回る社会的有用性を併せ有するものも多いところ，製造物にその設計上欠陥があるといえるか否かは，単に危険性を有するかどうかではなく，製造物自体の有用性，製造物が有する危険性の性質，その危険の回避可能性及び難易度，その製造物につき安全対策をとることが有用性に与える影響，利用者が危険を予見し回避することが可能であったか等をも総合的に考慮して判断すべきである」との判断基準に照らして否定した裁判例もある（奈良地判平成15年10月8日判時1840号49頁〔**判例24**〕）。同裁判例では，単に当該製造物

が危険性を有するかだけではなく，製造物の有用性その他の事情も判断要素としており，「通常有すべき安全性」の判断に当たって，上記自動車のフロント・サイドマスクに関する裁判例と比較して，より多角的な要素により検討されていると評価できる。

　このように，設計上の欠陥の判断に当たっては，問題となった製造物に応じて個別具体的な判断がなされることになる。

## 2　本件の検討

　本件では，ノンダクト式無煙ロースターに脱臭装置がなかったことが，「通常有すべき安全性」を欠く欠陥であるかが争点となった。ノンダクト式無煙ロースターには脱臭装置がオプションとして付されているタイプの製品と付されていないタイプの製品があったが，原告は後者を選択し購入・設置した。

　Xの主張するとおり，肉を焼くことで不可避的に発生するアミンにより，客の眼に痛みが生じることからすると，本件ロースターに脱臭装置を付けないことによる一定の危険性は認められるとも思われる。

　しかし，本判決では，そもそも焼肉店においては，適切な吸排気を確保することは店舗側（X）に求められていることであり，「ダクトにより屋外へ排気する仕組みではない製品を使用する際には，屋内の吸排気を適切に確保すべきことは当然」であると判断されている。つまり，本件ロースターの脱臭装置の有無にかかわらず，焼肉店として必要な措置を講じなかったXの責任も考慮されているのである。

　なお，本判決では正面から取り上げられていないものの，事故の発生に当たって，本件ロースターの使用に当たり脱臭装置を付けないという「誤使用」が介在したとの主張も考えられるところである。本判決の判断内容からすると，ロースターに脱臭装置のオプションが付されていないにもかかわらず，屋内の吸排気を適切に確保するために必要な措置を講じなかった点について，店舗側の誤使用を認めることになるものと思われる。

　また，上記奈良地判平成15年10月8日〔**判例24**〕の判断基準に照らした場合，安価な無煙ロースターの有用性と適切な吸排気の確保による危険回避可能性が十分に認められ，かつ容易であることからすれば，設計上の欠陥は否

定されることになろう。

　なお，本件では，あらかじめYらからXに対して本件ロースターの仕様による弊害について注意が喚起されていたという特色がある。具体的には，$Y_1$の担当者がロースターのテーブルの寸法や配置を決定する際に，脱臭装置のない本件ロースターを使用する場合，換気が悪いと眼が痛くなることを伝えていたというものである。

　もちろん，危険性を告知したからといって，製造者の責任が全て免責されるものではないことは当然であるが，事前に製造物の適切な使用環境に関する助言を受けていたことについて，使用者の予見可能性を資するものと評価すれば，設計上の欠陥を否定する事情として考慮することは可能であると思われる。

　このように，本件では，脱臭装置のオプションが付されていないとしても，結果回避の容易性や製品の使用方法等を考慮して，通常有すべき安全性の欠如について否定したものである。

### 3　関連判例

　焼肉店に設置されたロースターについては，上記事件の他に，ロースターからの出火事故による製造物責任法に基づく損害賠償請求について，ダクトが断熱材で被覆されていないことが，同法上の「通常有すべき安全性」を具備しているか問題となった（大阪地判平成18年10月20日判時1982号125頁）。

　上記事案について，裁判所は，ダクト内の通常の温度や行政の規制から排気ダクトを常に断熱材で被覆する必要があるとはいえないこと及びダクト設置時に，ダクト周囲10cm未満に可燃物が存在したとは認められず，可燃物が右範囲内に設置されることが当然に予定されていたとも認められないとして，ダクトを設置した段階において，これに断熱材を巻かなかったことでロースターが通常有すべき安全性を欠いているとはいえないと判断した。

　上記裁判例は，ロースターによる火災事故について，当該ロースターに製造物責任法上の欠陥が認められなかった事案であるが，火災の原因そのものがロースターではなく，焼肉店業者の日常のメンテナンス不良によりダクト内に付着した油脂に引火したものと事実認定されたことから，火災事故との因果関係そのものが否定されたものである。

〔17〕東京地判平成18年7月10日（平成16年(ワ)第20037号）

　このように，上記裁判例では，ロースターと火災事故の因果関係が否定されたため原告側の請求が退けられているが，あわせて製造物責任法上の「通常有すべき安全性」についても判断されている。この判断に当たっては，上記のとおり，通常の使用方法とその危険性，危険の発生に関する予見可能性とその程度等が考慮要素として検討されている。上記裁判例は，必ずしも「設計上の欠陥」の有無について正面から問題とした事案ではないものの，同種の製品に関する裁判例として参考になるものと思われる。

【大内　倫彦】

## 第1　設計，製造上の欠陥

### 3　カーオーディオのスイッチのショート

〔18〕東京地判平成15年7月31日（平成13年（ワ）第13266号）
判例時報1842号84頁，判例タイムズ1153号106頁

☞　概　　要

■　問題点

1　カーオーディオのスイッチの製品保証の範囲について
2　誤使用・用途外使用の判断基準について
3　因果関係及び損害について

## 判決の内容

■　事案の概要

　1　音響機器の製造販売等を行う会社・原告Xは，電化製品の製造販売等を行う会社・被告Yより，Yの製造するFTスイッチ（ボディの厚さが1.4ミリメートルの超薄型スイッチ）を購入，使用してカーオーディオを製作販売したところ，本件FTスイッチが常時短絡（「オン」の状態になったままになること）して通電するようになり，いったん他のスイッチにより「オフ」の状態になっても，「オン」の状態と「オフ」の状態が繰り返されることにより，オーディオ製品を設置した自動車のバッテリーが上がるなどの事故が多発した。
　2　Xは，本件FTスイッチは仕様書に記載のある保証範囲（「使用周囲温度：温度−30度から80度まで，使用周囲湿度：湿度85パーセントRH以下」，以下「本件保証範囲」という。）内で使用しているにもかかわらず，常時短絡してしまう

ので，通常有すべき安全性を有しておらず，これにより，既に出荷されたX社製品（約2万5000台）のうち，約2700台を回収して修理し，他に約3600台を予防的に修理するなどの対応をせざるを得なくなったとして，製造物責任法3条に基づき本件FTスイッチの交換等に要した費用等の損害合計約5729万円余の支払を求めた。

　3　これに対し，Yは，本件短絡事故は，Xが本件FTスイッチについて仕様書の保証範囲を超えて使用したために生じたものであるから製造物責任法3条に基づく責任を負わない等を主張した。

■　判決要旨

　1　本判決は，Xが本件FTスイッチを採用した経緯，本件仕様書の作成経緯，本件カーオーディオ製品で用いられた回路，本件FTスイッチの基板への取付け，本件カーオーディオ製品についての事前の耐久試験，バッテリー上がり事故の発生状況，バッテリー上がり事故発生後の経緯，車内の温度環境，他社の仕様書の記載方法等について，それぞれ詳細な検討を加えた上で事実認定し，次のとおり判断した。

　2　①本件スイッチの用途，仕様書の通常の読み方からすると，本件FTスイッチについては，本件保証範囲で保証されていること，②本件FTスイッチの使用環境は，外部機関及び原告による車内温度・湿度の測定実験結果や本件短絡事故の発生場所が日本全国に及び季節による偏りがないことから，本件保証範囲内であると推認されること，③本件短絡事故の発生原因は銀マイグレーション現象（銀がイオン化して陽極から陰極に移動する現象）であるところ，本件短絡事故発生を防止するための改善は容易であったこと等の理由から，「本件FTスイッチは本件保証範囲の範囲内で本件短絡事故を発生し，その原因は銀マイグレーション現象によるものであって，銀マイグレーション現象自体は，よく知られた現象であり，接点の銀メッキを金メッキにするなどすれば，本件短絡事故は発生しなかったのであるから，本件FTスイッチは設計上の欠陥のために，通常有すべき安全性を有していなかったものと認められる」として，Yの製造物責任法3条に基づく損害賠償責任を認め，Yに本件短絡事故の修理回収費用等の損害金約5705万円余の支払を命じた。

# 解　説

## 1　カーオーディオのスイッチの製品保証の範囲について

(1)　製造物責任法は，欠陥を「製造物が通常有すべき安全性を欠いていること」と定義している（法2条2項）。一般に，製造物の欠陥は，①製造上の欠陥，②設計上の欠陥，③指示・警告上の欠陥に分類される（なお，「欠陥」の3分類については，積極的に支持する見解も主張されているところではあるが（例えば，小林秀之「欠陥の種類と判断基準」塩崎勤＝羽成守編『裁判実務大系（30）製造物責任関係訴訟法』55頁（青林書院，1999年）），各類型の区分の明確性に疑問も指摘されており（例えば，鎌田薫＝山口斉昭「製造上の欠陥，設計上の欠陥，警告上の欠陥」升田純編『現代裁判法大系（8）製造物責任』125頁（新日本法規出版，1998年）），条文の文言から離れて，上記3分類が必ずしも当然の前提とされているわけではない点には注意を要する。）。

　本件では，②設計上の欠陥について争点となったところ，とりわけ，本件FTスイッチの仕様書で保証した範囲（温度・湿度・長時間の継続使用の有無等）を超えてXが使用したか否かが問題となった。Yは，本件FTスイッチに関するXの使用状況は保証範囲外であり，いわゆる「誤使用」であると主張した。「誤使用」に当たるかは保証範囲の問題と関連するため，まず本件FTスイッチの保証範囲について検討する。

　この点，Xの使用が保証範囲「外」である場合には，いわゆる「誤使用」の問題となる。「誤使用」の判断において保証範囲を判断基準として用いるのは，製造者側において保証範囲「内」であれば「誤使用」に該当しないものとして当該製品を製造しているためである。したがって，本件FTスイッチのように，具体的な使用内容について確定的な社会通念が形成されているとは言い難い製品については，製造者が示した保証範囲を逸脱しているか否かにより「誤使用」の有無が判断されることになる。もっとも，製造者が示す保証範囲の内容についても一義的に決せられるものではない。その場合には，製品の性質や用途，取扱説明書や仕様書等の記載，製造者の認識等を合理的に解釈することにより，保証範囲の内容を判断することになる。

　本件では，本件FTスイッチの用途，本件仕様書の記載，X側の認識及び

他社仕様書の記載等を検討し，保証範囲「内」であると判断した。本件で問題となった保証範囲のうち，温度及び湿度に関しては客観的な計測が可能であるため，仕様書の記載の合理的解釈により，保証範囲内か否かを判断したものと思われる。

このように，本件では，本件 FT スイッチについて保証範囲「内」の使用であり，「誤使用」の問題には当たらないと判断された。

## 2 設計上の欠陥と「誤使用」について

(1) 上記のとおり，本件では，直接「誤使用」の内容が問題となったわけではないが（被告は，上記保証範囲の問題に加え，製品のハンダ付けの際にフラックスを使用したことが本件事故の原因となった旨主張したが，この点も認められなかった。），実務上，製品の欠陥の判断の有無については，製造者から，使用者の「誤使用」が主張され争点となることは少なくない。ただ，「誤使用」の概念は多義的であり，その内容や程度もさまざまなものが含まれる。製造物責任法の適用対象となる「製品」の種類は膨大であることから，「誤使用」の判断基準を一律に設けることは不可能である。また，「誤使用」の判断に当たっては，通常想定される使用方法を考慮することもあり得るところ，製品の種類や性質によって異なることになる。そこで，「誤使用」については，各製品個別の用途や用法を逸脱して使用されたか否かを実質的に評価して判断されることになろう。

なお，「誤使用」の主張が認められた場合，製品の欠陥そのものが否定されるか，事故との間の因果関係が否定されることになるが，「誤使用」の程度によっては過失相殺の根拠として考慮されることになる。実務上は，「誤使用」を理由とする過失相殺により結論のバランスを取っていると思われる裁判例も散見されるところである。

(2) 裁判例において，使用者の「誤使用」を理由として請求を棄却する判断をしている事案又は過失相殺の根拠としている事案は珍しくない。

例えば，製造物責任法の適用されない事案ではあるが，歩行型耕耘機の使用中における挟まれ事故について，製品の「誤使用」があったとして，原告側の請求が棄却された（名古屋地判平成11年9月10日判時1718号108頁）。同事案では，使用者の運転経験，運転能力，事故発生状況等を考慮して，耕耘機の緊

急停止装置が設置されていないためにより発生した事故ではなく，使用者が運転を誤ったことにより生じた事故であるとして，耕耘機の欠陥が否定されたものである。

　また，工場の作業員が，工場の効率的な稼働を図るため，工場内のリフトを操作する際に，本来の操作と異なる操作をした結果，事故が発生したという事案で，裁判所は，リフトの設計上の欠陥を肯定したものの，事故態様等を考慮して作業員側の過失割合を 5 割と判断した（東京高判平成13年 4 月12日判時1773号45頁）。

　他方，自動車のフロント・サイドマスクの装着時にゴムひもが使用者の左眼にささるという事故において，裁判所は同製品の設計上の欠陥を肯定した上で，使用者の落ち度を認定せず，過失相殺の主張を退けた（仙台地判平成13年 4 月26日判時1754号138頁〔**判例20**〕）。

　このように，製造物責任が問題となるケースの多くで「誤使用」の有無が問題となるが，それぞれの製品により結論は区々である。「誤使用」の判断に当たっては，当該事故における製品及び事故態様について個別具体的な考慮が必要とされるところであろう。

　上記のとおり，「誤使用」が問題となるケースにおいて，過失相殺に関する一律的な判断基準を定立することは困難である。ただ，製造者側において，「誤使用」の具体的内容（使用態様，程度等）及び「誤使用」から生じ得る危険についての予見可能性が容易に認められる場合には，過失相殺は否定的に考えられることになろう。上記の裁判例においても，それぞれの製品について，「誤使用」の使用態様や生じた危険に関する予見可能性を考慮要素として判断しているものと思われる。

　なお，「誤使用」は製造者側から主張されることになるところ，具体的な使用状況や使用環境について最もよく把握しているのは使用者側であるため，肝心の使用状況等が必ずしも明らかとならないという立証上の問題が存在することになる。製造者側としては，使用者側に対して，具体的な使用状況等の説明を求めるとともに，明らかになっている使用状況からだけで「誤使用」と評価できるかを検討することになろう。

## 3　因果関係及び損害について

本件における因果関係の問題として，本件FTスイッチが使用されたカーオーディオ製品を搭載した車両全てについてバッテリー上がりに伴う修理費用が必要か問題となる。裁判所は，X側において，バッテリー修理をした車の1台1台について本件短絡事故に起因するものであるか確認していないものの，本件FTスイッチに欠陥がある以上，Xとして修理対応せざるを得ず，修理に要した費用全額を損害とした。

　また，損害額の大半を占める「サービス対応費」（認容された損害額約5705万円のうち約4312万円）については，カーオーディオ製品が搭載された市場に流通済みの車両について，従業員を出張させ製品を回収し，又は，所有者に対してディーラーへ持ち込ませて修理する等の対応を取ったため高額になったものと推察される。

【大内　倫彦】

## 第1　設計，製造上の欠陥

### 4　介護用ベッドによる傷害

〔19〕京都地判平成19年2月13日（平成16年(ワ)第1837号）
LLI/DB 06250036

☞ **概　　要**

■ 問題点

介護用ベッドの設計上及び指示・警告上の欠陥が認められるか

## 判決の内容

■ 事案の概要

　1　本件は，被告Y$_1$株式会社が製作したギャッチベッド（在宅ケアベッドの一種で背上げと膝上げの角度を調整することができるベッドのこと，以下「本件ベッド」という。）を使用していた亡A（享年90）が死亡したことについて，亡Aの子である原告Xらが，Y$_1$に対して，本件ベッドに設計上及び指示・警告上の欠陥があり，そのために亡Aが呼吸不全に陥り死亡したと主張した事案である。

　2　なお，本件では，Xらは，亡Aとの間に居宅介護支援契約を締結していた被告Y$_2$に対して製造物責任及び不法行為責任（安全配慮義務違反，ギャッチベッドの選択義務違反，説明義務違反），被告Y$_3$に対して債務不履行責任及び不法行為責任（安全配慮義務違反・説明義務違反）に基づく請求をしているが，本件における実質的な争点は，本件ベッドに設計上及び指示・警告上の欠陥の有無についてである。

## ■ 判決要旨

### 1　本件ベッドの設計上の欠陥の有無について

「原告らは，本件ベッドの設計上の欠陥につき縷々主張するが，製造物責任法にいう『欠陥』とは，通常有すべき安全性を欠いていることを意味」するところ，「ギャッチベッドで背上げを行えば，多かれ少なかれ利用者の胸部及び腹部に対する圧迫が生じることは避けられないから，本件ベッドに欠陥があるというためには，単に，本件ベッドで背上げをした場合に利用者の胸部及び腹部に対する圧迫が生じることを主張立証するだけではなく，同時期に製造・販売されていた同種のギャッチベッドと比較して，看過しがたい程度に，胸部及び腹部に対する圧迫が生じることを主張立証することを要するものというべきであるところ，そのような主張立証はなされていないものというほかない。」として，本件ベッドの設計上の欠陥を否定した。

### 2　本件ベッドに指示・警告上の欠陥があったか

「原告らは，〔1〕およそギャッチベッドは，背上げと同時に膝から先の下腿を下に垂らし，ごく短時間の治療用具として使用することが予定された製造物である，〔2〕身体の柔軟性を失った高齢者及び重度の障害者で自らは自由に体位を変えられない者は，ギャッチベッドの利用に適さないと主張するが，これを認めるに足りる証拠はない。」とし，ギャッチベッドで背上げを行った場合に利用者が胸部や腹部に受ける圧迫の程度，循環器及び呼吸器に受ける負担ないし具体的な影響の程度については明らかではないとした上で「わが国において，ギャッチベッドが自宅介護用として広く使用され，介護にあたる家族等が介護により負わなければならない負担をギャッチベッドを使用することにより軽減することができているという現実をふまえると，自分で自由に体位を変えることのできない者を自宅で介護するにあたりギャッチベッドを使用することが適切でないとまでいうことは相当ではない。」し，加えて介護者が利用者の姿勢，位置を容態に応じて調整することなど「適宜工夫することにより，上記圧迫ないし負担を軽減することができる。」として本件ベッドの指示・警告上の欠陥を否定した。

## 解　説

### 1　介護用ベッドに関する事故の概観について

　本件は，介護用ベッドであるギャッチベッドに関して，設計上の欠陥及び指示・警告上の欠陥について争われた事件である。

　介護用ベッドに関しては，以前より柵や手すりの間に使用者の頭部が挟まる事故の発生が多く報じられているところである（例えば，東京都発行「東京くらしねっと」平成14年１月号では，介護用ベッドのサイドレールの隙間に首を挟まれ窒息死した事故が取り上げられ，注意が喚起されている。）。また，消費者庁の集計では，介護ベッド用手すりによる重大製品事故として，平成19年度から24年10月まで63件（死亡事故32件，重傷事故31件）の発生が報告されている（消費者庁平成24年11月２日付 News Release）。さらに，介護用ベッドの事故で死亡した者の遺族が，ベッドメーカーに対して，製造物責任法に基づく損害賠償請求訴訟を提起した事例も公表されているところである（国民生活センター　ホームページ）。

　このように，介護用ベッドについては，比較的以前より多くの事故が発生していたところ，現在でも依然として生命身体にかかわる重大な事故が多く発生している。

　ただ，本件では，介護用ベッドの事故の多くに見られる「柵や手すりの間に頭部が挟まる」態様ではなく，ギャッチベッドで背上げの際に胸部及び腹部に圧迫が生じたことが事故の原因であると主張されている点で典型的なケースとは異なっている。

### 2　設計上の欠陥について

　設計上の欠陥の判断基準については，消費者期待基準説，危険効用基準説あるいは両説の併用説又は折衷説が提示されているが（鎌田薫＝山口斉昭「製造上の欠陥，設計上の欠陥，警告上の欠陥」升田純編『現代裁判法大系（８）製造物責任』127頁（新日本法規出版，1998年）），一律の基準は存在せず，問題となっている各製品の特徴や性質に応じて個別具体的に判断されることになる。

　本件では，設計上の欠陥の有無について，上記判決要旨の他に，①亡Ａの入通院状況，②本件ベッドの使用状況，③背上げによる身体への圧迫の原

理，④本件ベッドの構造，⑤理学療法士作成の意見書及び⑥医師作成の意見書に関する事実関係を基に，背上げの支点位置，膝上げの支点位置及び背上げが完了して制止している際における利用者の姿勢について詳細に検討した上で，「本件ベッドが，従来型ベッドより，利用者の腹部及び胸部を圧迫する構造になっていて，設計上，通常有すべき安全性を欠くものとは認められない」と判示している。

このように，本件においては，一般的にギャッチベッドで背上げを行えば多かれ少なかれ利用者の胸部及び腹部に対する圧迫が生じることは避けられないことを前提として，「欠陥」があるというためには，単なる圧迫の有無だけではなく，同種のギャッチベッドと比較して看過しがたい程度に圧迫が生じることの主張立証まで必要であるとしている。つまり，同種のギャッチベッドとの比較において，著しく強い圧迫が生じると判断される場合には，「通常有すべき安全性」の欠如について肯定的な要素として判断されることになる。

本件では，同種の製品が存在する場合に，一定の危険性が存在することを前提に，相互に比較検討して相対的に導かれる「通常有すべき安全性」の水準を考慮して判断しており，欠陥の有無に関する裁判所の実際の判断手法として参考になる。

ところで，設計上の欠陥の判断に当たっては，単に危険性の有無だけではなく，当該製品の社会的有用性について，個別具体的に検討されることになる（奈良地判平成15年10月8日判時1840号49頁〔判例24〕）。本件判決では，介護者が自らギャッチベッドを試用してみることで，利用者の容体に応じた調整工夫が可能であることも理由のひとつとされている。この点に対しては，「本件では，1人の当事者についての比較のように見えながら，実は利用者本人と，その介護に携わっていた家族（すなわち厳密には他者）を一体として見たうえで，判断がなされていることになる。つまり，家族にとっての効用と，利用者本人に対する危険性とが比較されているのである。」との指摘がされている（長沼建一郎「介護用ベッドの設計上および指示・警告上の欠陥」廣瀬久和＝河上正二編『消費者法判例百選』210頁（有斐閣，2010年））。この指摘のとおり，「効用」と「危険性」の比較において，「効用」を享受する者が誰であるかと

いう視点は，よりきめ細かい判断のために有益であると思われる。

### 3 指示・警告上の欠陥について

本件においては，Xらは，指示・警告上の欠陥の有無について，自ら自由に体位を変えることができない者はギャッチベッドの利用に適さないにもかかわらず，その旨の指示・警告等の表示をしなかった旨主張している。これに対して，本件判決では，ギャッチベッドが介護用品として広く使用されていることを前提として，ギャッチベッドの使用状況の現実をふまえると，「自分で自由に体位を変えることのできない者を自宅で介護するにあたりギャッチベッドを使用することが適切でないとまでいうことは相当でない」と判示した。

なお，本件においては，利用者は死亡時90歳であったこと，本件ベッド利用以前から入通院を繰り返していたこと，胸部及び腹部への圧迫から死亡に至る機序が明らかではないこと等の事情から，ベッドの構造と利用者の死亡との因果関係が希薄であったことは，当初から明らかであったものと思われる（長沼・前掲211頁）。その意味で，Xらの心情を察することは難くないが，本件ベッドに「欠陥」が存在したとの主張はやや厳しいものであったと思われる。

### 4 介護用品について

本件のように介護用品について製造物責任法が正面から問題となった事案は珍しい。ただ，高齢化社会の進行により，今後介護用品についても製造物責任法の適用が問題となる場面はより多く生じてくるものと思われる。

特に，介護用品の多くは高齢者が使用することが予定されているところ，高齢者対応製品自体の欠陥の有無が問題となるだけではなく，高齢者対応が行われていない製品についても欠陥の有無が問題となる可能性は高まるとの指摘がされているところである（升田純『最新PL関係判例と実務〔第2版〕』69頁（民事法研究会，2010年））。

介護用品のように，身体能力・認知能力等が減退している高齢者が使用することを予定している製品に関しては，当該製品の性能，用途，用法及び指示説明等において高齢者に十分な配慮がなされていないと製品の欠陥が比較的容易に認められることになると思われる。

本件では，他の同種製品との比較による相対的な「通常有すべき安全性」の基準について一律的な判断基準を定立することが困難であり，他の同種製品との比較は，「安全性」の判断に当たって重要な要素であるものと思われる。

【大内　倫彦】

## 第1　設計，製造上の欠陥

### 5　自動車カバーによる怪我

〔20〕仙台地判平成13年4月26日（平成11年（ワ）第1774号）
判例時報1754号138頁

☞ **概　要**

■ 問題点

1　フロント・サイドマスクの設計上の欠陥の判断基準について
2　過失相殺の可否

## 判決の内容

■ 事案の概要

1　本件自動車（軽自動車）を保有する原告Xが，自動車用品販売店Aで被告Yの製造にかかるフロント・サイドマスク（本件製品）を購入した。本件製品は，自動車のフロントガラス，サイドガラス，サイドミラーを覆うものであり，冬は凍結防止カバーとして，夏は日除けとして使用される製品である。そのため，冬期においては，低温で暗い条件下で使用されることが予想される。

2　本件製品の使用方法は，本件製品を自動車のフロントガラス一面に広げ，左右のドアミラーに袋をかぶせ，最初の使用時に購入者が付属の固定ゴムひもに調節して接続させた金属製のフック4個をドア下のエッジ（サイドシルとフロアパネルの合わせ面）に掛けて固定するという比較的単純なものである。本件製品のフックは直径約1.5ミリメートルの針金状の金属を左右約1

センチメートルの長さのU字形に成形したものである。

3 Xが本件自動車に本件製品を取り付けようとして，3箇所にフックを掛け，最後にしゃがんで何度か手探りをして左前部分のエッジにフックを掛けた。そして，Xは，フックがきちんと装着されているかどうかを確認するために，しゃがんだままゴムひものフックの上10センチメートルくらいの箇所を触ったところ，フックの掛かり具合が不十分であったことに加え，Xのゴムひもへの触れ方がたまたまゴムひもを上から下に押す形になったためフックが外れ，ゴムひもの張力で勢いよく跳ね上がったフックがXの左眼に突き刺さり，左目角膜裂傷等の傷害を負った。

4 Xは，本件事故により左目角膜裂傷等損害を負い，左目を事実上失明する等後遺障害等級第8級に該当する後遺障害を負った。Xは，製造業者であるYに対して，本件製品に「設計上の欠陥」が存在しているとして，製造物責任法に基づき損害賠償を請求した事案である。

■ 判決要旨

1 設計上の欠陥について

「本件製品は，自動車のフロントガラス等の凍結防止カバーであり，フックを自動車のドア下のエッジに掛けて固定する構造のものであるから，装着者がかがみ込んでフックを掛けようとすることは当然であり，しかも，本件製品が使用されるのは，自動車のフロントガラス等の凍結が予測される寒い時期の夜であることが多いところ，そのような状況下で本件製品の装着作業が行われると，フックを1回で装着することができず，フックを放してしまう事態が生じることは当然に予想されるところである。しかも，フックを放した場合，ゴムひもの張力によりフックが跳ね上がり，使用者の身体に当たる事態も当然予想されるところである。ところで，本件製品の設計に当たり，フックが使用者の身体に当たって傷害を生じさせる事態を防止するために，フックの材質，形状を工夫したり，ゴムひもの張力が過大にならないようにするなどの配慮はほとんどされていないものであり，本件製品は，設計上の問題として，通常有すべき安全性を欠き，製造物責任法3条にいう『欠陥』を有しているといわなければならない」として設計上の欠陥を肯定した

(下線筆者)。

## 2　過失相殺について

(「本件製品を一旦装着した後にゴムひもを上下に動かせばフックが外れることは明らかであるから，大幅な過失相殺がされるべきである」とのYの主張に対して)「原告は，フックがきちんと装着されたかどうかを確認するために，かじかんだ手でゴムひもを触ったところ，たまたまゴムひもを上から下に押す形になったものである。そうすると，原告が通常の予測の範囲を超えた行為に出たものと認めることはできない。」として過失相殺の主張を退けた。

# 解　説

## 1　総　論

　本判決は，製造物責任法施行後，比較的初期の段階で同法の適用が問題となった事案である。本判決で問題とされた製造物は，いわゆる車両カバーであり，構造及び装着方法は単純なものであるが，事故により使用者は，後遺障害等級第8級相当という重篤な結果を負った。

　本件では，主に本件製品における「欠陥」の有無及び過失相殺の可否が問題となった。

## 2　設計上の欠陥の判断基準

　製造物責任法における「欠陥」とは，「当該製造物の特性，その通常予見される使用形態，その製造業者等が当該製造物を引き渡した時期その他当該製造物に係る事情を考慮して，当該製造物が通常有すべき安全性を欠いていること」と定義されている（法2条2項）。

　安全性の欠如の有無は，個々の事案に応じて，必要な範囲で，その製造物の種類，構造，用途，使用形態，不具合の内容，製造物の危険性の内容・程度，有用性，科学的・技術的水準等諸般の事情を総合して判断されることになる（升田純『詳解製造物責任法』329頁（商事法務研究会，1997年））。

　それでは，本件においては，「設計上の欠陥」についてどのような基準により判断されたのであろうか。この点について，裁判所は，フックの大きさ・扱いやすさ，フックの装着位置，通常使用される状況について踏まえた上で，フックが使用者の身体に当たる事態も当然に想定できたことを理由として，「欠陥」を肯定している。特に，本判決では，製品の設計において，危険防止のためにフックの材質や形状の工夫や，ゴムひもの張力が過大にならないようにする配慮がほとんどなされていない点について，「設計上の欠陥」の根拠としている。

　ところで，本判決の特色は，本件製品が通常使用される状況を認定した上で，本件とは機序が異なる事故を想定し，抽象的にそのような事故が生じる可能性がある以上，本件製品に関する「設計上の欠陥」を肯定する材料として用いている点である（上記判決要旨下線部参照）。本件は，判決が例示してい

る「フックを一回で装着することができず,フックを放してしま」い,その結果「フックが跳ね上が」り生じた事故ではない(上記「事案の概要　3」参照)。

　製品は,単なる危険性を有していても,直ちに安全性が欠如することにはならない。危険に関する予見可能性や回避可能性,製品の社会的有用性等を総合考慮して個別具体的に安全性の欠如が判断されることになる。そして,安全性の判断に当たっては,使用形態や使用方法も問題になるところ,実際に生じた事故と異なる機序の事故を想定しても,安全性判断にとって意義が乏しいものと言える。本件においては,実際に発生した事故の態様・機序に即して判断すべきあったものと思われる。

　また,本判決は,「設計上の欠陥」を認めながら,本件製品の設計に関する具体的な内容について言及していない。例えば,フックの大きさやゴムひもの張力について具体的な判断はなされていない。「設計上の欠陥」が問題となった他の多くの裁判例では,安全性を確保するための具体的な設計内容について指摘されていることに鑑みると,本判決の理由については疑問が残るところである(例えば,カプセル玩具の形状が問題となった鹿児島地判平成20年5月20日判時2015号116頁〔**判例32**〕参照)。

　なお,本判決では,Yが本件製品について安全性のテストとしてフックが外れた場合にどの程度跳ね上がるか,冬季に本件製品を使用した場合にフックが外れやすいか等の点についての試験を全く行わなかったこと(商品テストの不実施)及びYが本件事故後フックの材料を金属製からプラスチック製へ変更し,また,フックの先端を約2×3ミリメートルのものに変更したこと(事故後の製品改良)についても,「欠陥」を肯定する事情としてあげている。

　一般的に,商品テストを行わないことや事故後に製品改良をしたとしても,当該製品が直ちに「安全性」の欠如が認められることにはならない。

　しかし,商品テストについては,製品の特質上フックが外れることは容易に想定できるため,本件では商品テストを未実施について安全性を確認しておらず安全性欠如を肯定する要素と考えることができる。

　また,フックの材質及び形状を変更したことについても,いずれも比較

的容易な製品改良であり，本件事故発生まで実施しなかったことをもって，安全性欠如を肯定する要素として考えることができる。このように，本判決では，本件製品の安全性そのものだけではなく，Ｙの事前ないし事後の対応についても考慮対象としているのである。これは，単に「通常有すべき安全性」が具備されているかという製品自体の問題だけではなく，作為不作為を含めた製造者の行為についても「欠陥」判断の対象としているものといえる。

　上記のとおり，「設計上の欠陥」については，明確な判断規範は存在せず，個々の事例における裁判所による総合的な判断に委ねられているところ，本判決では，単に製品自体の安全性だけではなく，製造者の行為についても判断対象とされている点で特色を有するといえる。

### 3　過失相殺について

　本件では，Ｙの過失相殺の主張について，（Ｘがゴムひもを上から下に押すことについて）「通常の予測の範囲を超えた行為に出たものと認めることはできない」として退けている。

　製造物責任法が問題となる事案において，請求者側に帰責性が認められる場合には，その割合に応じた過失相殺がなされることになる。「欠陥」を上記3類型に分類した場合，比較的「指示・警告上の欠陥」で過失相殺が問題とされるケースが多いが，「設計上の欠陥」が問題となった事案でも，請求者側に帰責性が認められる場合には過失相殺による減額がなされている。例えば，貨物積卸しのためのワイヤーロープが破断した事例では，ワイヤーロープの中央滑車のベアリングへの給油が事実上困難となっていた「製造物の欠陥」は認めたものの，滑車に対するグリース給油を日常的に怠っていたとして3割の過失割合を認めた（東京地判平成22年2月10日（平成19年（ワ）第10470号））。

　本判決では，上記のとおり，Ｘの行為について「通常の予測を超えた行為」ではないことを理由として過失相殺の主張を退けている。これは，ゴムを引っ張ってフックをかけ装着するため，フックが外れた場合ゴムが跳ね上がり張力により相当の衝撃を与えることは構造上明らかであると判断したためと思われる。しかし，本件では，一旦フックが装着された後に，Ｘが確認

のために触ったことによって事故が発生しているところ，たとえ意図的ではないにしても，一旦装着された後にゴムひもを上下に動かせば，フックが外れることは容易に想定することができる。本判決はXの行為について，意図的ではないことを重視しているようであるが，フックが外れる危険性がある行為をするに際しては，安全性について十分に注意する義務が認められるものであり，Y側に一定の過失相殺が認められるべき事案ではなかったかと思われる。

【大内　倫彦】

# 第1　設計，製造上の欠陥

## 6　乗車中の自転車破損

〔21〕東京地判平成25年3月25日（平成22年(ワ)第12475号，平成22年(ワ)第17038号）
判例時報2197号56頁

## ☞ 概　要

### ■ 問題点

1　事故の製品起因性について
2　スポーツ仕様の自転車に製造物責任法上の欠陥の判断基準
3　製造物の長期間使用と過失相殺の可否について

## 判決の内容

### ■ 事案の概要

1　原告Xは，クロスバイク（ロードバイクとマウンテンバイクの中間的な類型のスポーツ仕様の自転車，以下「本件自転車」という。）を運転して走行中に転倒した（以下「本件事故」という。）。

Xは，本件事故により，右側頭骨骨折，頸椎骨折，頸髄損傷等の重篤な傷害を負い，重度の四肢麻痺を伴う神経系統の後遺障害（後遺障害等級第1級1号相当）を負った。

2　本件は，Xが，本件事故の原因は，本件自転車のサスペンション部分が上下に分離したことにあり，本件事故は本件自転車の欠陥により生じたものである等と主張して，本件自転車を輸入した業者である被告Yに対して，

製造物責任法3条に基づく損害賠償請求をした事案である。なお，本件では，損害保険会社が，Xとの間で締結していた自動車保険の人身傷害補償条項に関する特約に基づき保険金を支払ったため，代位取得したXのYに対する損害賠償債権の範囲も問題とされた。

3　本件の主たる争点は，①本件事故の原因がサスペンションの分離により発生したものであるか，②本件自転車に製造物責任法3条所定の「欠陥」があるか，③本件において，Xの過失を考慮して過失相殺することができるかであった。

■　判決要旨

### 1　本件事故の原因について

（Xの転倒態様，受傷状況，インナーチューブ等の状況及び走行中にサスペンションが分離する機序について検討を加えた上で）「本件事故におけるXの転倒態様等から，本件事故が本件自転車の走行中にサスペンションが分離したことによって発生したことを合理的に推認することができる」とした。

### 2　本件自転車に製造物責任法所定の欠陥があるか

本件自転車の特性，通常予想される使用形態及び使用期間を検討した上で「Xは，本件自転車を，その特性に従い，通常予想される使用形態で使用していたのであって，購入後の経過期間，保管やメンテナンスの状況を考慮しても，本件自転車は，走行中にサスペンションが分離したという点において，通常有すべき安全性を欠いていたといわざるを得ない」とした。

なお，サスペンションの分離に至る機序及びその主張立証責任について，「本件自転車のサスペンション内のスプリングが破断し，Xの走行中にサスペンションが分離するに至った具体的，科学的機序の詳細については，証拠上，いまだ十分には解明されていないところであるが」，「本件事故における転倒等の原因が本件自転車の部品であるサスペンションの分離であることが主張立証されれば，製造物責任法に定める欠陥についての主張立証としては必要十分であ」る，とした。

### 3　本件自転車の欠陥と損害との間の因果関係について

「Xが本件自転車の購入から約6年4か月間に一度も点検やサスペンショ

〔21〕東京地判平成25年3月25日（平成22年（ワ）第12475号，平成22年（ワ）第17038号）

ンのメンテナンスを受けたことがなかったことは，一定程度の落ち度として評価するのが相当である」とした上で，「本件自転車のようなクロスバイクの使用者が定期点検を受けることが常識となっているとはいえず，また，自転車の点検の際にサスペンションの内部の点検まで行うことが点検の依頼を受けた業者の通例であるともいえないこと」として，結局X側の過失割合を1割と評価した。

*148* 第3章 欠　　陥　　第1 設計，製造上の欠陥

# 解　　説

## 1 事故の製品起因性について

　本判決では，本件事故が本件自転車のサスペンションが分離したことによるか否か，すなわち事故の製品起因性について，詳細な検討を加え判断している。具体的には，Xの転倒態様，受傷状況，本件自転車のインナーチューブ等の損傷状況について検討した上で，本件自転車の走行中にサスペンションが分離する機序及び他の転倒原因の有無について検討し，上記のとおり事故の製品起因性を肯定した。

　特に，事故目撃者による転倒状況に関する供述や再現実験結果及びこれに関する専門家の意見書を踏まえ，サスペンション分離の物理的なメカニズムに関して緻密な検討を加えている点は事実認定の手法として参考になる。

　ところで，製造物責任法が問題となる事案においては，欠陥の有無を判断する前提として，「事故」が製造物に起因するかが争われることがある。

　この問題に関しては，熱傷の原因がズボンのポケットに収納していた携帯電話の異常発熱によるものかが争われた事案において，事故の製品起因性について，熱傷発生の推定時期，熱傷の程度，事故発生の機序及び他の原因による事故発生の可能性について検討した上で，「本件熱傷は，本件時間帯において，本件携帯電話が低温熱傷をもたらす程度に異常発熱したために生じたもの（本件熱傷が本件携帯電話に起因すること）と推認することができる」と判示された（仙台高判平成22年4月22日判時2086号42頁〔**判例39**〕）。

　また，小型トランス（電気変圧器）の製造工場における火災の原因が工場内の乾燥装置から発火したことが原因かが争われた事案において，火災発生の機序について検討した上で「本件火災の出火場所が本件乾燥機内部と思われること，本件証拠上，他に，放火等の本件火災の原因となった事実を窺うべき証拠がないことからすれば，本件火災は，本件乾燥装置内部が設定温度を超えて高温となり，本件乾燥装置内部のワニス，ノーメックスペーパーに引火する等したため発生したと見るのが自然かつ合理的である」と判示された（東京地判平成21年8月7日判タ1346号225頁）。

　このように，事故の製造物起因性は，事実認定の問題ではあるが，当該事

故の発生機序，事故態様，他の原因による事故発生の可能性等の事情を詳細に検討した上で判断されているといえる。

## 2　スポーツ仕様の自転車の製造物責任法上の欠陥の判断基準

本件では上記判決の要旨のとおり，本件自転車の特性，通常予想される使用形態及び使用期間を検討した上でサスペンションが分離したことについて「通常有すべき安全性」を欠いているものと判断された。前記1で検討した事故の製品起因性が肯定された場合，事故の原因が「サスペンションの分離」にあることを前提として欠陥の有無が検討されることになるが，自転車の走行中にサスペンションが分離することはおよそ想定できない以上，事故起因性に関する結論を前提とする以上，「欠陥」が肯定される結論には異論はないものと思われる。

ところで，本件ではX側においてサスペンションが分離に至った詳細について立証されていないことから，「欠陥」についてどの程度の主張立証責任を負担するべきかを検討する必要がある。

主張立証責任については，前述の携帯電話による熱傷が問題となった事案において，「（製造物責任法に基づく損害賠償請求をする者としては）通常の用法に従って使用していたにもかかわらず，身体・財産に被害を及ぼす異常が発生したことを主張・立証することで，欠陥の主張・立証としては足りるというべきであり，それ以上に具体的欠陥等を特定した上で，欠陥を生じた原因，欠陥の科学的機序まで主張立証責任を負うものではない」と判示されている（前掲仙台高判平成22年4月22日）。

また，「一般的には，事故発生，損害発生の原因となり得る程度に，常識的に製品の欠陥を特定することが必要であり，かつ，足りるものであり，製造物責任に基づき損害賠償を請求する者がこのような主張・立証をすれば，製造業者等がこのような製品の欠陥が認められても，その特定にかかる反論・反証をすることが必要になるものである。」との指摘も上記裁判例と同様の趣旨であると思われる（升田純『最新PL関係判例と実務〔第2版〕』60頁（民事法研究会，2010年））。

製造物責任法の趣旨の一つとして，使用者側が「欠陥」判断の基礎となる証拠資料等を収集・保持し，適切な形で法廷に証拠方法として提出すること

の困難性を救済することがあげられる。このような，被害者救済の観点から，原告側が負担する「欠陥」に関する主張立証責任についても，上記のとおり一定の軽減がなされている。

本件判決においても，転倒の原因がサスペンションの分離であることが主張立証されていれば十分である旨が判示されており，上記の裁判例等の考え方に沿うものである。実際に，分離に至る科学的機序の詳細やサスペンションの構造上の不具合までX側に主張立証責任を負担させることは，事故の詳細が完全に判明していない場合，全ての請求を退けることになり，結論の妥当性を欠くことは明らかであろう。

## 3 製造物の長期間使用と過失相殺の可否について

製造物責任法において過失相殺に関する規定は定められていないものの，損害の公平な分担という過失相殺の法理は同法においても妥当するため，製造物責任においても過失相殺の規定は適用されることになる。

過失相殺の対象となる典型例としては利用者の「誤使用」であるが，製品によっては，保守・点検することなく漫然と長期間使用していたことも広義の「誤使用」に含まれることになる。長期間使用による「誤使用」の対象となる製品，長期間使用として過失相殺の対象となる具体的な期間，あるいは当該期間と具体的な過失割合の相関関係については，最終的には問題となった製品ごとに個別具体的に判断されることになる。

具体的には，製品の特徴，使用期間，劣化の程度，検査・メンテナンスの実態等の事情を総合的に検討することになろう。例えば，自動車のように法定点検が義務付けられている製品は，長期間使用による「誤使用」が肯定されやすいが，構造が単純な製品で特に保守・点検の必要が小さいと考えられている製品については，長期間使用による「誤使用」は否定的に考えられることになろう。

本件では，購入から事故までの期間が6年4か月と比較的長期間であったが，メンテナンスの実態としてサスペンション内部まで点検しない扱いであったことも考慮され，X側の過失割合は1割にとどまった。

なお，本判決では，内部点検を実施すればスプリングの腐食を発見することができた可能性を指摘し過失相殺の判断要素としている。しかし，仮に内

部点検を実施してもスプリングの腐食を発見することができない場合には，内部点検を実施した以上，Ｘには落ち度はなく，過失相殺は否定されることになろう。

## 4　その他

本件では，損害保険会社が，Ｘに対して保険金を支払ったため，代位取得する損害賠償債権の範囲も問題とされた。この点について，損害保険契約の趣旨がＸ側の実損をてん補することにある以上，保険会社が支払った保険金の額とＸのＹに対する過失相殺後の損害賠償請求権の額との合計額との合計額が過失相殺前の損害額に相当する額（裁判基準損害額）を上回る場合に限り，その上回る部分に相当する額について，保険会社が代位取得すると判断した（いわゆる裁判基準差額説）。

【大内　倫彦】

## 第1　設計，製造上の欠陥

### 7　フレキシリードによる犬の怪我

〔22〕岐阜地判平成22年9月14日（平成21年(ワ)第783号）
　　　判例時報2138号61頁
　　　名古屋高判平成23年10月13日（平成22年(ネ)第1198号）
　　　判例時報2138号57頁，判例タイムズ1364号248頁

☞ **概　　要**

■ **問題点**

ペット用フレキシリードのブレーキ装置として備えるべき安全性の基準とは

## 判決の内容

■ **事案の概要**

　原告Xは被告Yが輸入販売する「フレキシリード」（犬を散歩させる際に使用する伸縮機能を有するリード）を使用して飼い犬を散歩させていた際，飼い犬が突然走り始めたので，リードのブレーキボタンを押して飼い犬を止めようとしたが，リール（回転盤）が空回りするだけでブレーキがかからず，リードが伸び続け，飼い犬を止めることができなかった。リードが伸びきったところで，飼い犬が足元にある側溝を飛び越えようとジャンプしたところ，飼い犬の首輪が引っ張られ，上体が持ち上がり，後ろ足二本で立った状態で体がねじれたように反り返り，仰向けに倒れて傷害を負った。
　Xは，Yに対し，フレキシリードに設計上の欠陥，製造上の欠陥，指示・

警告上の欠陥があったとして，製造物責任法3条に基づいて飼い犬の治療費，フレキシリードの代金，慰謝料の損害賠償請求を行った。

### ■ 判決要旨

#### 1 第一審

(1) 第一審はＸの主張した①リードの伸び方の欠陥（設計上の欠陥），②ブレーキボタン機能の欠陥（製造上の欠陥），③ブレーキの作用の欠陥（設計上の欠陥），④指示・警告上の欠陥のいずれも認められないとした。

(2) ①リードの伸び方の欠陥については，リードが滑らかに伸び続けることによって，事故の危険性が生じるとは考えがたく，また，本件事故時にリードにはある程度の負荷がかかっていたものと考えられ，リードの伸び方は本件事故とは関連性がないとした。

(3) ②ブレーキボタン機能の欠陥については，ブレーキボタンを押すことに特段強い力を要しないこと，リールとリード本体はそれぞれ凹凸部分がかみ合うように設計されており，高速回転時において多少のぶれが生じても大きな影響はなく，ブレーキボタンの内部の先端がリールの歯の真上に乗ることがあったとしても，ブレーキボタンを押し直せばブレーキが作用するとして，ブレーキボタン機能に欠陥はないとした。

(4) ③ブレーキ作用の欠陥については，緩やかに減速して停止できるような機能を備えることは技術的に困難であるし，飼い主が犬を適切にコントロールすれば，大きな衝撃が作用するような速度で走り出すことを回避することができるとして，当該機能がないことが欠陥に当たるとはいえないとした。

(5) ④指示・警告の欠陥については，取扱説明書の使用上の注意として，「危険な場合はすぐに手を離してください。」「他の犬や人が近づいてきたときにはリードを短くし，十分注意して犬をコントロールして下さい。」「飼い主の責任において使用して下さい。」と記載されており，また，購入店においても，リードが長いので伸びた状態での使用には注意が必要であること等の注意文書が設置されており，ブレーキをかけずに本件フレキシリードを使用していると，犬が突然走り出した場合には，犬自身が怪我をしたり，他の

犬や人に危害を加えてしまう危険性があることを容易に理解できるなどとして，認めなかった。

## 2 控訴審

(1) 控訴審は，本件フレキシリードのリールが高速で回転した場合，リールがぶれて，ブレーキボタンを押しても，ブレーキボタンの内部の先端がリールの側面を滑るだけで，それ以上押し込むことができず，その結果，リールの歯とかみ合わなくなったものと推認した。

(2) その上で，「本件フレキシリードのような製品は，散歩の最中等に飼い犬の行動を制御したり，誘導したりするとともに，飼い犬が突然人や動物等に向かい，人や動物等に危害を加えることを防止するため，素早くブレーキを掛けて，リードが伸びるのを阻止し，これにより飼い犬を制止させようとするものである」とし，「飼い犬が突然走り出したような場合，ブレーキボタンを押すことにより，リードの伸びを素早くかつ確実に阻止し，走り出した飼い犬を制止できるようなものでなければならない」とした。

(3) 結論として，「本件フレキシリードは，ブレーキボタンを押しても，ブレーキボタンの内部の先端とリール（回転盤）の歯とがかみあわず，カタカタという音がするだけで，ブレーキが掛からなかったのであるから，ブレーキボタンがブレーキ装置として本来備えるべき機能を有せず，安全性に欠けるところがあったといわざるを得ない」として，製造物責任法3条にいう「欠陥」があることを認めた。

# 解説

## 1 伸縮リードについて

本件で欠陥の有無を争われた「フレキシリード」は，犬などを散歩させるときに使用するリードで，長さを伸縮させることのできる機能を有しているものである。

犬の動きに応じてリードを伸縮することができ，また広い場所ではリードのロックを解除して犬の運動量を増やすことができるという利点がある一方，夜道で見えにくい，リードが急速に伸縮するので摩擦で怪我をする，急に走り出した場合に対応できない，リードが犬や人の足に絡まるなどの危険性も指摘されている。

## 2 第一審と控訴審との判断の相違

### (1) 第一審の判断について

第一審では，Xの主張する全ての欠陥が認められず，請求は棄却されたが，控訴審では，ブレーキボタンにブレーキ装置として本来備えるべき機能を有せず，安全性に欠けるところがあったとして，その点に欠陥が認められている。第一審でXの主張したその他の欠陥については，控訴審では判断されていない。

ブレーキボタン機能の欠陥について，Xが，「ブレーキボタンの内部の先端が，リールの歯の真上に乗ったと同時に犬がおよそ時速15キロメートルを越すような高速で走ると，リールが高速回転し，ブレーキボタンを押せなくなる」と主張したことに対し，第一審判決は，「ブレーキボタンの内部の先端がリールの歯の真上に乗ることが頻繁に起こるとは考え難いし，仮に乗った場合でも，一旦指を離してブレーキボタンを押し直せばブレーキが作用するものと思われる」としている。

またXは，本件事故の際，飼い犬が時速30キロメートルで走っていたとし，時速30キロメートルでリードが引き出されたときには，ブレーキが機能しないと主張していたが，第一審判決は，飼い犬が時速30キロメートルで走っていたという的確な証拠はないとし，Xが証拠として提出した実験結果についても，リードを時速30キロメートルで引き出した場合のものとは認めな

かった。

　以上の理由で，第一審判決は，本件フレキシリードのブレーキボタン機能に欠陥がないと判断したが，控訴審判決はこれと逆の判断をすることとなった。

### (2) 控訴審の判断について

　控訴審判決は，認定事実と証拠から，本件フレキシリードのリールが高速で回転した場合，リールがぶれてブレーキボタンを押しても，ブレーキボタンの内部の先端がリールの側面を滑るだけで，それ以上押し込むことができず，その結果，リールの歯とかみあわなくなったものと推認した。まずこの点が第一審判決との大きな違いである。

　また，本件フレキシリードの内部のリール（回転盤）は高速回転によってもぶれることはないという被控訴人の主張に対しては，時速10～15キロメートルでの走行時のブレーキ機能については良好との実験結果が証拠から認められるが，本件事故時には飼い犬は時速30キロメートル前後の速度で走行していたと認められるとし，実験結果はその前提を異にしているとした。

　さらに，本件フレキシリードのブレーキボタンを押すため，大きな力を要するわけではないとする被控訴人の主張に対しては，飼い犬が通常の速度で歩いている場合を前提としていると考えられ，本件事故のように，高速でリールが回転している場合についても，このようにいえるのかは明らかでないとした。

### 3　第一審と控訴審の比較

　第一審と控訴審で結論が異なったのは，控訴審が本件事故時にはリールが高速で回転していたという事実を認定した上，リールが高速で回転している場合には，ブレーキが効かない状態になることを認めたからであった。

　その事実を前提とすれば，突然走り出した飼い犬を制止するためのブレーキ機能が全く作動しなかったことになり，ブレーキ機能に欠陥があるとされたのである。

　第一審と控訴審で上記のとおり前提となる事実認定に大きな違いが出た理由については，証拠の評価の違いによるものと考えられるが，判決内容からは窺い知ることができない。

## 4　控訴審の考える伸縮リードのブレーキ機能の特性について

　控訴審判決は，本件フレキシリードの欠陥の有無を判断するに際し，「本件フレキシリードのような製品は，散歩の最中等に飼い犬の行動を制御したり，誘導したりするとともに，飼い犬が突然人や動物等に向かい，人や動物等に危害を加えることを防止するため，素早くブレーキを掛けて，リードが伸びるのを阻止し，これにより飼い犬を制止させようとするものである」とし，「飼い犬が突然走り出したような場合，ブレーキボタンを押すことにより，リードの伸びを素早くかつ確実に阻止し，走り出した飼い犬を制止できるようなものでなければならない」として，伸縮リードのブレーキ機能の特性を定義している。

　確かに，上記控訴審判決の考える伸縮リードのブレーキ機能の特性を前提とすれば，突然飼い犬が走り出したことによりリールが高速で回転しているときに，ブレーキ機能が全く作動しなかったというのであるから，本件フレキシリードのブレーキボタン機能は，本来備えるべき機能を有せず安全性に欠けるとした判断には合理性があるといえる。

　しかし，伸縮リードのブレーキ機能が，そもそも「飼い犬が突然走り出したような場合に，リードの伸びを素早くかつ確実に阻止し，走り出した飼い犬を制止させる」ための役割を担っていたといえるのかは疑問である。

　小型犬であれば，ある程度そのような機能を果たせると考えることもできるが，本件のような大型犬の場合，突然走り出した犬を通常の伸縮しないリードで飼い主が力任せに制止させるのも極めて難しいと考えられるが，伸縮リードのような細いリードのコンパクトな器具で，ブレーキボタンを押すだけで，リードの伸びを素早くかつ確実に阻止し，走り出した飼い犬を制止させることなど不可能なのではないかと考えられるからである。

　また，そのような場合，たとえブレーキ自体は掛かったとしても，時速30キロメートル前後の速度で走る大型犬によって当該伸縮リードが持って行かれてしまい，飼い主の手から離れてしまうのではないかと考えられる。

　このように考えると，伸縮リードは，本来，常にブレーキを効かせた状態を維持させておき，散歩させる場所等によって，長さを調節することが可能なリードとしての役割を担っているものと考えることもできる。

もっとも，伸縮リードの本来のブレーキ機能が上記のようなものであるとすれば，それを取扱説明書等で明記し，十分注意を促しておく必要があったといえるが，本件においては，そこまで明確にブレーキ機能に関する注意等がなされていたとはされていないため，結論としては，欠陥があるとした判断は妥当といえるであろう。

**5　過失相殺について**

　本件においては，第一審においても，控訴審においても，過失相殺について検討されていない。しかし，伸縮リードについては，一般的にもその危険性が指摘されているところであり，また，犬はしつけ次第でその行動が異なってくるとも考えられる。

　取扱説明書において，他の犬や人が近づいてきたときにはリードを短くし，十分注意して犬をコントロールするよう注意事項が記載されていたことから，そのような危険がある場合は予めブレーキをかけておくべきことが警告されていたとも考えられ，さらに，本件では，リールが伸びきったあとの飼い犬の行動により傷害事故が発生しているという事情もある。また，しつけのしっかりできていない犬は様々な原因から突然走り出すなどの思いも寄らぬ行動に出ることは容易に予見できるといえる。

　したがって，本件においては，飼い主の過失が検討される余地があったと考えられる。

【新美　裕司】

## 第2　指示・警告上の欠陥
## 概　　説

### 1　欠陥概念

　設計，製造上の欠陥の概説に述べたとおり，米国の不法行為法第3次リステイトメントでは，製造物の欠陥を「製造上の欠陥」，「設計上の欠陥」，及び「指示・警告上の欠陥」という3概念に分類しており，法文上このような分類を採用していない欧州や日本においてもこれらを前提に欠陥が検討されることが多い。

### 2　指示・警告上の欠陥

　このうち指示・警告上の欠陥とは，製造物の特性や使用又は消費等に際しての危険性に関する説明，指示，警告が十分でなく，安全性を欠くことをいう。製造物自体ではなく，製造物を使用者等に提供する際に製造業者が為すべき安全に関わる情報開示，安全性への配慮を問題とするものである。
　今日の分化された社会においては，製造業者と使用者，消費者との距離が遠く，製造物は，製造業者の一方的な意図，企画に基づいて製造され，使用者等はその意図，規格の内容を知る機会も知識もない場合が一般と考えられ，特に精密機器等においてはその傾向が顕著である。使用者等は，製造業者の取扱説明書や警告表示等によってしか製造物に関する情報を取得する術がない。このため，製造物の性状，特性をもっともよく知る製造業者において，使用者が当該製造物を安全に使用できるよう，当該製造物の使用方法や使用環境を説明し，使用に際する危険性を十分に警告して，使用者等の身体，生命，財産の安全を担保することが求められている。
　すなわち，製造業者としては，製造物を提供する際にこれと合わせて製造物を安全に使用するための製品情報を提供しなければならず，製造物に欠陥がなくとも，製品情報の提供が十分でないときは，それ自体をもって製造物責任を問われることになる。

## 3　指示，警告すべき内容，範囲

　製造業者において指示，警告すべき内容は，使用者等の安全を確保するために必要かつ十分な情報である。
　世の中には様々な製造物があり，使用方法等如何によって多かれ少なかれ危険性を有するもので，安全確保のための指示，警告の内容，範囲は，製造物の特性等を踏まえ，その危険を製造業者と使用者間においてどのように公平に分担していくかという社会的な考慮により決せられる。
　例えば，製造物の中には包丁の如く明らかに危険なものも存在するが，一般にこのような社会的に認知された明白な危険については，指示，警告がなくとも欠陥ではないと考えられている。使用者等において容易に知り，容易に回避できる明白な危険は，あくまでその製造物を使用することによって利便を受ける使用者等が負担すべきリスクと考えられるからである。
　ただし，例えば刃物に幼児が使用するための補助具等の安全施策を講じた場合，使用者に安全に対する信頼を抱かせることから，当該安全施策の限界等その信頼に応えられる範囲等の説明，警告は必要になると考えられる。
　また，製造物は一定の目的に供するために製造されるもので，その目的以外に使用されるときは危険性を伴うことがある。この目的外使用，誤使用は本来の使用方法ではないが，一般に，合理的に予見可能な誤使用に対しては警告を行うべきと考えられている。製造業者の設定した使用目的はある意味一方的なもので，使用者がその工夫により使用目的を拡張して利用する場合があることは想定可能であり，その際，製造物の特性に詳しくない使用者が誤りを犯す余地があることも容易に想定できることから，製造物の特性等の情報提供の一環として，目的外使用に対する警告を求めるものである。
　更に，製造物の中には，医薬品のように特性として身体等に対する内在的な危険（副作用）を有しながら，それに勝る効用が認められるために商品化されるものもある。このような場合には，その内在的な危険に対する警告を行って初めて当該製造物自体を世に出すことが可能となると考えられ，十分な指示，警告によって安全を確保することが重要となる。

【青木荘太郎】

## 第2　指示・警告上の欠陥

### 1　サウナ器具による皮膚障害

〔23〕大阪地判平成22年11月17日（平成19年（ワ）第16679号）
判例時報2146号80頁

☞　**概　　　要**

■　**問題点**

1　フィットネスサロンに設置された痩身用サウナ器具の販売業者が製造物責任法上の「製造業者等」に当たるか

2　フィットネスサロンに設置された痩身用サウナ器具の使用方法に関し，指示・警告上の欠陥があるとして，当該器具の製造元，販売業者に製造物責任が認められるか

## 判決の内容

■　**事案の概要**

　フィットネスサロンZに設置された痩身用サウナ器具を長期間，反復継続して使用したことによりXの両下肢に網状皮斑が生じたのは，当該器具に設計上及び指示・警告上の欠陥があったからであるとして，Xが，製造業者$Y_1$及び販売業者$Y_2$に対し，製造物責任法等に基づき損害賠償請求を行った。

　当該器具を設置していたフィットネスサロンZに対しては，当該器具の使用方法等に関する説明義務違反及び安全配慮義務違反に基づき損害賠償請求を行った。

## ■ 判決要旨

### 1 販売業者が「製造業者等」に当たるか

　本件器具のコントローラー，ボックス及び取扱説明書の表紙には，販売業者の商標が表示されていることを前提に，電化製品には販売業者ではなく製造業者の商標が記載されることが圧倒的に多いことからすれば，販売業者の商標は，当該販売業者が本件器具の製造業者であると誤認されるような表示（法2条3項2号）であると認められるとした。

### 2 本件器具の使用とXの両下肢に生じた網状皮斑との因果関係

　Xは，本件器具を使用するまでは両下肢に異常はなく，本件器具をフィットネスサロンZにおいてほぼ毎日，多いときで1日3回60分程度下半身を中心に使用するようになってからわずか2か月後に両下肢に赤い大理石様の模様が出るようになったのであるから，Xの網状皮斑の発生時期及び発生箇所と本件器具の利用開始時期及び利用箇所はほぼ一致するとし，それ以外に網状皮斑の原因となるような症状は認められないとして，本件器具の使用とXの両下肢の網状皮斑との間に因果関係を認めた。

### 3 本件器具に製造物責任法上の「欠陥」があるか

#### (1) 設計上の欠陥

　Xの使用方法は，通常の使用方法と異なり，負荷の高い過剰な態様であり，そのような使用方法をしなかった場合に，網状皮斑や低温やけど等の身体に異常が生じる危険性があることを認めるに足りる的確な証拠はないとし，また，使用者の過剰使用を防止する方法としては，警告を表示する方法もあり，設計上において通常有すべき安全性を欠くということはできないとした。

#### (2) 指示・警告上の欠陥

　「痩身器具や美容器具の場合，使用者が長時間かつ負荷を大きくして使用すればその分効果があると誤解して，長時間かつ負荷を大きくして使用を継続することが容易に予見できるから，製造業者等は，長時間，過剰に使用することにより発生することが想定される危険を具体的に摘示した上で，1日の使用限度時間や回数，連続使用の禁止，過剰に負荷のかかる使用方法の禁

止及び異常が生じた場合の対処方法等の警告を使用者が明確に理解できる形で表示する義務があり，かかる警告を欠く場合には，通常有すべき安全性を欠くものとして製造物責任法上の欠陥がある」とした。

　その上で，本件器具の取扱説明書には，1回当たりの使用時間や連続使用を警告する記載はあるが，1日の使用限度時間や使用限度回数の記載はなく，連続でなければ1日何度使用しても差し支えないと考え，過剰な使用をする危険性を排除できないとし，また，長時間，過剰に使用することにより，Xに生じたような不可逆的な網状皮斑が生じる危険性があるとの警告もなく，皮膚に異常が生じた場合の対処方法に関する記載もないとし，結局，それらの警告が，使用者が明確に理解できる形で表示されているとはいえないとした。

　そして，本件器具本体やコントローラーなど容易に使用者の目につくような場所にも警告等を表示しなければ，十分な指示・警告があったと評価することはできないとし，本件器具は，指示・警告において通常有すべき安全性を欠くものとして製造物責任上の欠陥があるとした。

### 4　説明義務違反と安全配慮義務違反

　フィットネスサロンZのスタッフがXに対し，本件器具の連続した使用及び高温での使用により健康上の被害が生じる危険があるとの説明を行っていないことから，説明義務違反は認められたが，それとは別に安全配慮義務違反は認められないとした。

### 5　過失相殺

　Xが通常の使用方法ではない操作方法を用いて本件器具を使用していたこと，網状皮斑の症状を最初に自覚した後も，病院を受診することなく本件器具の長時間連続使用を継続し，医師に相談するのが遅くなったことに照らせば，Xの両下肢に現れた網状皮斑の発生及び悪化についてXの過失が認められ，一切の諸事情を考慮し，その割合を4割が相当とした。

# 解　　説

## 1　販売業者が製造物責任法上の「製造業者等」に当たるか

　製造物責任法2条3項は,「製造業者等」を,次のいずれかに該当する者と定めており,

　①　当該製造物を業として製造,加工又は輸入した者（以下単に「製造業者」という。）

　②　自ら当該製造物の製造業者として当該製造物にその氏名,商号,商標その他の表示（以下「氏名等の表示」という。）をした者又は当該製造物にその製造業者と誤認させるような氏名等の表示をした者

　③　前号に掲げる者のほか,当該製造物の製造,加工,輸入又は販売に係る形態その他の事情からみて,当該製造物にその実質的な製造業者と認めることができる氏名等の表示をした者

被害者保護の観点から,製造業者と誤認されるような表示をした場合や実質的に製造業者と認めることができる者も「製造業者等」に含めている。

　本件においては,販売業者 $Y_2$ の「商標」が本件器具のコントローラー,ボックス及び取扱説明書の表紙に表示されており,逆に製造業者 $Y_1$ の「商標」は,取扱説明書の裏面に製造元として会社名（商号）の記載がなされているに過ぎなかったことから,販売業者 $Y_2$ が,上記②の「製造業者と誤認させるような氏名等の表示をした」か否かが問題となる。

　「商標」とは,業として商品の生産等又は役務の提供等をする者がその商品又は役務について使用するもの（商標2条1項参照）をいい,具体的な例としては企業のロゴマークがある。商標は,商品・役務を識別する機能や出所を標示する機能,品質を保証する機能,宣伝広告する機能などを有している。消費者は,当該商標を頼りに必要とする商品を選択して購入する場合も多い。

　製造物責任法は,そのような消費者の信頼を保護し,誤認されるような表示をした者に責任を負わせている。

　本判決は,電化製品には販売業者ではなく製造業者の商標が記載されることが圧倒的に多いとして,取扱説明書の裏面に製造元の会社名の記載があっ

たとしても，製造業者として誤認させるような表示に当たると判断した。上記のような「商標」の機能を重視した判断であろう。

確かに，一般消費者というよりはフィットネスサロン等の業者向けの商品であったこともあり，取扱説明書の裏面に製造業者 $Y_1$ の記載があっても，当該フィットネスサロン等の利用者からすれば，本件器具等に表示されている商標が製造業者のものであると誤認する可能性は考えられる。

しかし，商標と製造業者名が異なることは特別なことではなく，当該商標が一般的に知られているものではなかった場合，すなわち商標の機能を重視すべき事情があまりないとすれば，取扱説明書の裏面には製造元として製造業者の会社名が明記されていたことから，逆の結果になっていてもおかしくはないといえる。

ふとん乾燥機から出火した火災により生じた死亡事故で，販売者であった被告以外の主体が製造業者であることを窺わせる記載が一切見当たらなかったとされ，被告を「製造業者等」に当たるとした大阪地判平成25年3月21日（平成22年（ワ）第6727号）とは事情が異なるように思われる。

## 2　器具の設計上の欠陥について

Xは，本件器具のような痩身器具は，使用者が設定時間を超えて使用するなどの過剰な使用をすることが容易に想定できるから，過剰な使用ができないような設計にする必要があるが，本件器具は内部の温度及び温度を保つ時間が人体に異常を生じさせるような設計になっており，設計上の欠陥があると主張した。

製造物責任法における「欠陥」とは「通常有すべき安全性を欠いていること」をいう。したがって，ある器具に設計上の欠陥がある場合とは，設計段階から通常有すべき安全面で問題があったということである。

そして，当該欠陥の有無は，「当該製造物の特性，その通常予見される使用形態，その製造業者等が当該製造物を引き渡した時期その他の当該製造物に係る事情を考慮して」判断されることから（同法2条2項），基本的には当該器具を通常の使用方法で使用した場合を想定していると考えられる。通常の使用方法ではないが，予想される範囲内の誤使用に関して除去できない危険性が残る場合は，設計上の欠陥ではなく，指示・警告上の欠陥の有無の問

題となる。
　本判決も，通常の使用方法で操作し，過剰な使用をしなければ，身体に異常が生じる危険性があることを認めるに足りる的確な証拠はないとし，Xの主張する過剰使用の防止は，取扱説明書等に警告を表示することによって実現できることからも，設計上の欠陥はないとしている。

## 3　指示・警告上の欠陥について
### (1)　器具の指示・警告上の欠陥
　上記のとおり，通常の使用方法ではないが，予想される範囲内の誤使用に関して除去できない危険性が残る場合は，設計上の欠陥ではなく，当該危険性に関して必要な情報を消費者に告知しないという指示・警告上の欠陥の有無の問題となる。
　それぞれの製造物ごとにまた対象が一般人なのか特定の人なのか等によっても，危険を事前に防止するための具体的な指示・警告の内容は異なるし，また，当初想定していなかった事故が発生した場合には，事故後は当該危険性を容易に想定できることになるため，欠陥がないと認められる具体的な指示・警告の内容は時とともに変更されていくことになる。
　もっとも，危険性を有することが明らかな特性を持つ製造物（例えば包丁など）については，使用者は社会生活上の常識的な経験則等から容易にその危険を回避し，損害の発生を防止することができるはずであるから，たとえ想定される誤使用や異常使用方法に関する指示・警告がなされていなかったとしても，その場合に使用者等の誤った使用方法，異常な使用方法により事故が発生したときは，使用者等が自ら危険を招き，現実化させたということができ，当該製品の欠陥を否定する方向に働くというべきである。

### (2)　本件器具の場合
　本件器具の特徴としては，痩身用のサウナ器具であり，エステティックサロン等で減量効果や美容効果があるとして紹介されている商品ということである。
　そして，赤外線を発し，内部の温度を上げて身体の一部を暖める機能を有するものであるから，長時間，過剰に使用することで低温やけど等の身体に悪影響を及ぼす危険性を有していることが想定される。

これらの前提を踏まえて，本判決は，製造業者等は，長時間，過剰に使用することにより発生することが想定される危険を具体的に摘示した上で，禁止される使用方法及び異常が生じた場合の対処方法等の警告を使用者が明確に理解できる形で表示する義務があり，かかる警告を欠く場合には，通常有すべき安全性を欠くものとして製造物責任上の欠陥があるとした。

　本件器具の取扱説明書には，「ご使用中の警告・注意」の「注意」として，「設定された時間以上の使用は避けて下さい。連続使用は低温ヤケドや健康を損なう原因になることがあります。」との記載があり，また，「ご使用方法」として「約30分で，選択されたコースのプログラムが終了します。」との記載があるが，これだけでは十分ではなく，連続でなければ1日何度も使用して差し支えないものと考え，過剰な使用をする危険性を排除できないとして，1日の使用限度時間や使用限度回数の記載まで必要としている。

　さらに，本判決は，通常の使用方法以外の操作に対する警告，長時間，過剰に使用することにより不可逆的な網状皮斑が生じる危険性がある旨の警告も必要とし，本件器具が主にフィットネスサロン等に設置され，その会員が使用することが予定されていることから，使用者の身体に重大な被害を及ぼすような事項については，取扱説明書だけではなく，本件器具本体やコントローラーなど容易に使用者の目につくような場所にも警告等を表示しなければ，十分な指示・警告があったと評価することはできないとしている。

　確かに，本判決の指摘する警告等がなされていれば，十分な指示・警告があったと評価できるが，通常人の判断基準に照らして，本件器具の取扱説明書に記載されている上記程度の内容であっても，Xの使用方法が危険であることは理解可能であるとも考えられ，製造業者側にとっては，負担の重い判示となっている。

　本判決は，本件器具が，使用者がその効果の増大を求めて長時間過剰に使用する危険性の高い痩身用のサウナ器具であった点を重く見て，製造業者側に，使用者の異常な使用方法をより踏み込んで想定し，それに応じた警告をすることを求めたものと考えられる。

### 4　過失相殺について

　もっとも，本件においては，Xの通常とは異なる使用方法や症状が現れて

からも長時間の連続使用を継続するなどの治療に至るまでの経緯に照らし，Xに4割の過失割合を認めており，指示・警告に関する製造業者の責任を重く見た一方，使用者の過失も相当程度考慮し，そこでバランスを取っている。

【新美　裕司】

## 第2　指示・警告上の欠陥

### 2　ガラス食器の破片による怪我

〔24〕奈良地判平成15年10月8日（平成12年（ワ）第513号）
判例時報1840号49頁

☞ **概　　要**

■ 問題点

1　学校給食用食器の設計上の安全に関する基準とは
2　特殊な割れ方をする食器に必要な警告・告知の内容

## 判決の内容

■ 事案の概要

　国立の小学校3年生に在学していた原告Xが，学校給食用食器として使用されていた強化耐熱ガラス製の食器（商品名「コレール」）を片付ける際に誤って床に落下させたところ，その際に飛び散った微細かつ鋭利な破片により右眼を受傷したとして，Xは，①本件食器ないしコレールには欠陥があるとして，コレールを加工・販売している被告製造業者$Y_1$らに対し，製造物責任法3条に基づき，②小学校及びその教諭の過失及び食器の設置又は管理の瑕疵があるとして，小学校を設置する被告国$Y_2$に対し，国家賠償法1条1項，2条1項に基づき，それぞれ損害賠償を請求した。

■ 判決要旨

1　本件食器の欠陥の有無

### (1) 設計上の欠陥について

本判決は，設計上の欠陥を「製造物の設計段階から安全面で構造的な問題があるといった，設計そのものの欠陥をいう」とし，製造物にその設計上欠陥があるといえるか否かは，単に危険性を有するかどうかではなく，製造物自体の有用性，製造物が有する危険性の性質，その危険の回避可能性及び難易度，その製造物につき安全対策をとることが有用性に与える影響，利用者が危険を予見し回避することが可能であったか等をも総合的に考慮して判断すべきであるとした。

給食用食器という特殊性については，幼児や小学校低学年の児童等も使用することが想定されているのであるから，それに見合った高い安全性を有しているか，危険性があってもそれについての十分な対策がなされることが期待されているが，学校給食が学校における教育の一環として行われていることから，教育的見地からの有用性も無視できないとした。

上記を前提に，コレールは，「学校用給食の食器としての大きな有用性がある反面，割れた場合には細かく鋭利な破片が広範囲に飛散するという危険性を有するものであるが，それは，衝撃を内部にとどめる構造ゆえのものであって，割れにくさという有用性と表裏一体をなすものであり，これをもって直ちに，その設計上に欠陥があったと評価することはできない」と判示した。

### (2) 表示上の欠陥について

本判決は，証拠に基づいてコレールの特性を詳細に分析した上で，コレールの取扱説明書，商品カタログ及び使用要項において，コレールがガラス食器でありながら，一見陶磁器のような外観を有し，しかも，他の食器に比べて，落下や衝撃に強く，丈夫で割れにくいものであることを特長として強調しているものの，一旦割れた場合には，通常の陶磁器等に比べて危険性の高い割れ方をすることについては特段の記載がないが，コレールが割れた場合の危険性を考慮すれば，消費者がコレールの購入を検討するに当たっては，一旦割れた場合の危険性について注意を喚起し，その危険性を認識した上でその使用方法につき，十分な警告をする必要があるとした。

その上で，コレールの取扱説明書や使用要項等の危険性についての注意

事項の記載内容は，一般的な注意事項にとどまっているとし，$Y_1$らが，陶磁器等と比較した場合の割れにくさを強調して記載していることや，コレールが割れた場合の破片の形状や飛散状況から生じる危険性が他の食器に比して大きいことからすると，そのような記載がなされた程度では，消費者に対し，コレールが割れた場合の危険性について，十分な情報を提供するに足りる程度の記載がなされたとはいえないとし，また，商品カタログ及び使用要項には，コレールが割れた場合にそのような態様で割れるかについての記載は一切ないとした。

結論として，コレールには，破壊した場合の態様等について，取扱説明書等に十分な表示をしなかったことにより，その表示において通常有すべき安全性を欠き，製造物責任法3条にいう欠陥があると判示した。

### 2 国家賠償法上の責任の有無

(1) 安全な給食用食器を選定し，採用・導入すべき義務違反について

通常行うと期待できる事前調査として十分であり，本件小学校及びその教職員に安全な給食用食器を選定し，採用・導入すべき義務違反はないとし，また，日常的にコレールの危険性について指導し，注意を喚起すべき義務まではあったとはいえないとして，この点についても義務違反を否定した。

公の営造物の設置・管理の瑕疵の有無については，事故発生の予見可能性及び回避可能性を欠いているとして，国の責任を否定した。

### 4 過失相殺

学校給食用の食器は，危険状態に対する判断力や適応能力が十分でない小学校低学年の児童も使用することが予定されており，それを前提にした安全性を備える必要があるとし，コレールが割れた場合の危険性の大きさに鑑みれば，それを使用者に認識させるだけの警告を欠いた表示上の瑕疵は重大であること，本件事故が給食用食器として異常な用法によって生じたとはいえないこと等，本件事故態様及びXの年齢等，その他の本件に現れた一切の事情に照らすと，Xの行為について，コレールの表示上の欠陥の内容と対比した場合に，過失相殺しなければ公平を失するといえるまでの事情は認められないとして，過失相殺を否定した。

## 解　　説

### 1　本件食器について

　本件で問題となった製造物は，給食用食器という特殊性を有するものではあったが，食器自体は日用品である。日用品の場合，その構造が比較的単純なものが多く，専門知識を有しない消費者にも当該製造物に伴う危険性が明白な場合が多いと考えられるが，本件食器の場合は，給食用という特殊性だけではなく，割れた場合の危険性という，本件食器の外観からはうかがい知れない危険性が問題となっている。

　本件で欠陥の有無を争われた「コレール」は，熱膨張係数の異なる二種類のガラスを溶融して接着させた積層強化ガラス製の食器である。三層構造になっており，中央部の乳白色ガラスは膨張率が大きく，両表面の透明ガラスは膨張率が小さくなっていて，この膨張率の違いにより，破壊強度を高め，割れにくいものとなっている。しかし，一旦割れた場合には，内部にため込まれた引張応力が解放されることによって，大きな破裂音をたてたり，破片が激しく飛散するという性質を持っている。

　本件事故は平成11年2月19日に発生したが，それに先立つ平成8年7月に東京都足立区の小学校で，小学校2年生の児童が給食用食器のコレールを落とし，破損した際飛散した破片で左眼角膜に傷害を負う事故が発生していた。

　上記足立区の事故と本件事故が報道された後，経済産業省は積層強化ガラス製食器の品質・安全性等に関する商品テストを行い，また，独立行政法人製品評価技術基盤機構（NITE：ナイト）は，上記テスト結果を公表し，強化ガラス製食器の使用に当たって，固い床に落ちた場合には破損することがあり，その際には破片が激しく飛散し，ケガをするおそれがあるという，潜在的な危険性を有していることに十分留意する必要がある旨の注意情報を出している。

### 2　設計上の欠陥について

　設計上の欠陥について，Xは，①糸底がなく，子どもには持ちにくくすべりやすいし，熱いものを入れたら持てなくなるので，給食用食器としては不

向きな形状である，②他のガラス製品よりも割れにくい特性を持つ反面，ごく微細なキズでもその強度は格段に弱まり，割れた場合には細かく鋭利な破片が無数に生じ，しかもこれらの破片が勢いよく広範囲に飛散するから，容易にキズがつき得る給食用食器としては不適当である，③危険な割れ方をするのにそれによる被害を防止することに全く考慮が払われていない，④外観上陶磁器と見間違いやすく，学校関係者や児童に陶磁器製の食器と同様のものであるという意識を与えると主張した。

　Xの主張する設計上の欠陥の中で，問題となり得るのは②だけと考えられるが，これについて本判決は，「製造物にその設計上欠陥があるといえるか否かは，単に危険性を有するかどうかではなく，製造物自体の有用性，製造物が有する危険性の性質，その危険の回避可能性及び難易度，その製造物につき安全対策をとることが有用性に与える影響，利用者が危険を予見し回避することが可能であったか等をも総合的に考慮して判断すべきである」として，その判断基準を示し，具体的な当てはめとして，「コレールが強化磁器製や一般的な磁器製等の食器に比べて，衝撃に強く割れにくいという学校用給食の食器としての大きな有用性がある反面，割れた場合には細かく鋭利な破片が広範囲に飛散するという危険性を有するものであるが，それは，衝撃を内部にとどめる構造ゆえのものであって，割れにくさという有用性と表裏一体をなすものであり，これをもって直ちに，その設計上に欠陥があったと評価することはできない。」とした。

## 3　表示上の欠陥について

　本判決は，コレールの業務用商品カタログの説明部分，コレールの使用要項，コレールに一般に添付されている取扱説明書の記載及び経済産業省の本件事故後の雑貨工業品品質表示規定の一部改正を踏まえて，「コレールは，強化磁器製や一般的な磁器製等の食器に比べて，割れにくさという観点からはより安全性が高い食器であるという一面を有するが，破損した場合の破損状況という観点からは，極めて危険性の高い食器であるともいえる。」とした。

　そして，そうであれば，コレールの製造業者等である被告らは，商品カタログや取扱説明書等において，コレールが陶磁器等よりも「丈夫で割れにく

い」といった点を特長として強調するのであれば，併せて，それと表裏一体をなす，割れた場合の具体的な態様や危険性の大きさをも記載するなどして，消費者に対し，商品購入の是非についての的確な選択をなし，また，コレールの破損による危険を防止するために必要な情報を積極的に提供すべきであるとしている。

　本判決は，それに加え，商品カタログは，商品を宣伝し，消費者に購入させることを目的として作成されるものであるが，消費者は商品の製造・販売業者による情報提供がなければ，製品の特性に関して十分な情報を知り得ないのが通常であるから，当該商品の取扱説明書において，短所や危険性について注意喚起が要求されるとしている。

　消費者が商品を購入する際の検討材料として，当該商品に特別な危険性があるという事実は極めて重要な情報と考えられ，本判決の判断は合理的なものと考えられる。PL法は，製造業者等に無過失責任を負わせて事後的に被害者を救済することを目的とするものではあるが，当該法律があることにより，製造業者等の意識を高め，未然に事故を防止する役割も担っていると考えられる。その観点からも，危険性に関する情報提供は重要であろう。

　製造業者Y側から，経済産業省の規程の一部改正の告示は，本件事故の発生後になされたものであり，行政庁の判断及び関連表示規程の改正過程からしても，本件事故当時の警告表示及び告知内容に欠陥はないとの主張がなされたことに対して，本判決は，「製造業者等としては，当該規程が指摘するような危険性を十分認識していたはずであり，また認識していなかったとしても，商品テストをすれば，その危険性につき十分認識できた」とし，また，本件事故の発生確率が非常に低く希有の事例である上，本件事故はX自身が相当な注意を怠ったことにより発生したとの主張に対しては，「原告には過失相殺すべきほどの過失は認められない」とし，また，「コレールの破損により負傷するという事例は極めて少ないものの，現に足立区の事故が発生しており，ひとたび破損事故があれば，その破壊力により，足立区の事故や本件のように，場合によっては失明に至る重篤な傷害を発生させる危険性を内在させているのであり，現実の重篤な傷害事故の希少性をもって，コレールが破損した場合の上記認定の危険性の表示は不要とすることはできな」

いとして退けている。

　現実に重篤な傷害事故が発生しており，また，予めそのような危険性を知る機会があったことが前提とされている以上，そのような事態に至る危険性の告知は，製造業者らに課せられている義務とされてもやむを得ないといえるであろう。医薬品の副作用についても，その発生が極めて希であったとしても，予めその発生の可能性を認識すべき状況であれば，副作用として記載しなければ，指示・警告上の欠陥とされることと同じように考えられる。

### 4　過失相殺

　Xが本件食器を落として破損させたこと自体については，過失があったといえるであろうが，製造物責任法における欠陥とそれを原因として発生した損害との関係では，通常予想される使用形態に含まれるとも考えられ，重大な表示上の欠陥の内容との対比で過失相殺を認めなかった本判決の判断は妥当といえる。

### 5　他の日用品の事例

　日用品に関して欠陥が認められた他の事例としては，カプセル入り玩具の欠陥が認められた事例（鹿児島地判平成20年5月20日判時2015号116頁〔判例32〕），シュレッダーの欠陥が認められた事例（東京地判平成24年11月26日（平成22年（ワ）第37858号）），フレキシリード（伸縮リード）の欠陥が認められた事例（名古屋高判平成23年10月13日判時2138号57頁，判タ1364号248頁〔判例22〕）などがある。

　本件と同じように，設計上の欠陥を否定し，指示・警告上の欠陥を認めた事例としては，ジャクソンリース回路と気管切開チューブの接続不良により乳児が換気不全に陥り死亡した事故（東京地判平成15年3月20日判時1846号62頁，判タ1133号97頁），自転車の「ばり」により幼児が傷害を負った事故（広島地判平成16年7月6日判時1868号101頁，判タ1175号301頁〔判例28〕），焼却炉の燃焼中に灰出し口の扉を開けたことにより火災が発生した事故（富山地判平成17年12月20日（平成16年（ワ）第289号）裁判所ウェブサイト，名古屋高金沢支判平成19年7月18日判タ1251号333頁〔判例49〕）などがある。

【新美　裕司】

## 第2　指示・警告上の欠陥

### ③　RV車の横転

〔25〕高松地判平成22年8月18日（平成21年（ワ）第113号）
　　　判例タイムズ1363号197頁

☞ **概　　要**

■ **問題点**

車両の事故防止のために必要な取扱書の記載内容

## 判決の内容

■ **事案の概要**

　原告Xが，被告Yが製造した本件車両を運転中，単独で横転事故を起こしたことについて，本件車両の取扱書には，エンジンブレーキをかけるとオーバーステアになることがあり，スリップしやすくなるから注意しなければならない旨，エンジンブレーキではABS（アンチロックブレーキシステム）が作動しない旨などの記載がなく，指示・警告上の欠陥があるほか，本件車両には，アクティブTRC（トラクションコントロール）やVSC（ビークルスタビリティコントロール）が装備されておらず，設計上の欠陥があり，これらの欠陥により本件事故が発生したとして，Yに対し，製造物責任法3条に基づく損害賠償請求をした事件である。

■ **判決要旨**

**1　本件事故の原因について**

本判決は，本件事故の原因は，事故現場が急勾配の下り坂，急カーブ，雨で濡れて普段よりも滑りやすいといった悪条件が重なり，極めて危険な道路状態にあったのであるから，Xが本件カーブを通過する際は，速度調節やブレーキ操作等の点において特に慎重な運転が求められていたが，本件カーブ進入前に減速こそしたものの，そのような道路状況に見合った十分な減速を行わず，本件カーブ進入後，ハンドルが完全に戻りきらない状態で，更に減速するため，ギアを落とし，急激なエンジンブレーキをかけたことから，本件車両が左方に横滑りしてガードレールに接触し，これに慌てたXが右に大きくハンドルを切ったため，本件車両がUターンするような形で右側の対向車線に飛び出し，その前輪が対向車線の右方に存在した歩道の縁石を乗り越えた後，後輪が同縁石に引っかかり，横転するに至ったと推認した。

## 2　欠陥の有無について
### (1)　本件取扱書に指示・警告上の欠陥があるか
　(a)　エンジンブレーキをかけた際のスリップの危険性に関する記載がないこと

　本判決は，急ブレーキなどの急な操作が危険であることは普通自動車運転免許取得者にとっては自明であるとし，本件取扱書には特に濡れた路面など滑りやすい路面を走行する際には，スピードを控えめに運転し，急ブレーキや急激なエンジンブレーキを避ける旨が記載されているのであるから，一般的な普通自動車運転免許取得者であれば，本件取扱書の記載を読めば，注意すべき内容を十分理解し，危険な操作を避けることができ，また，本件取扱書の記載の文脈から，車両の横滑りを防ぐために急激なエンジンブレーキを避けるべきことを指示・警告しているものと読み取ることが可能であるとし，指示・警告上の欠陥はないとした。

　(b)　エンジンブレーキではABSが作動しない旨の記載がないこと

　本判決は，本件取扱書には，ABSの説明とともに，ABSが効果を発揮するよう，急ブレーキ時には，ブレーキペダルをできるだけ強く踏み続けることが必要で有り，ポンピングブレーキ（ブレーキペダルを数回に分けて小刻みに踏むブレーキのかけ方）をしないように記載されていることから，一般的な普通自動車運転免許取得者であれば，本件取扱書の上記記載を読めば，ABSは

フットブレーキにより作動するものと容易に理解でき，エンジンブレーキでもABSが作動するものと誤解するおそれはまずないとして，指示・警告上の欠陥はないとした。

　(c)　RV車はバランスを崩しやすい危険性がある旨の記載がないこと

　本判決は，車両に関する耐転覆性能についての一般的な傾向，本件車両とほぼ仕様が同じモデルの車両の耐転覆性能に関する評価試験結果において同性能に問題がないことが確認されていること，耐転覆性能が車両そのものの特性のほかに，路面やドライバーの操作等にも影響されるが，それについては本件取扱書において注意喚起がなされていたことを踏まえ，指示・警告上の欠陥があるとはいえないとした。

　(d)　後輪駆動車は強いタックイン特性を示す旨の記載がないこと

　本判決は，タックイン特性（旋回限界に近い領域でアクセルペダルを急激に戻したときに生じる車両の過度の回頭現象）はあくまで車両の旋回限界に近い領域において発現するものであり，通常走行時には前輪駆動車との特性差から生じる危険性はないとし，本件取扱書には，走行時の注意事項が記載され，そもそも，旋回限界に近い領域での運転をしないよう注意喚起がなされていたといえるため，指示・警告上の欠陥があるとはいえないとした。

　(e)　アクティブTRCやVSCが装備されていない旨の記載がないこと

　本判決は，アクティブTRCやVSCが装備されていないモデルの車両に関する性能試験において，いずれも問題がないことが確認されていることに加えて，本件取扱書には，走行時の注意事項が記載され，アクティブTRCやVSCが作動するような車輪の空転や車両の横滑りを引き起こす急発進や急ブレーキなどの危険な操作をしないよう注意喚起がなされていたことから，設計上の欠陥や指示・警告上の欠陥があるとはいえないとした。

# 解　説

## 1 本件事故の原因について

　Xは，本件車両には指示・警告上の欠陥及び設計上の欠陥があり，それらの欠陥により本件事故が発生したと主張したが，本判決は，運転者の危険な走行方法が事故原因であるとして，まず事故原因を事故状況から推認した上で，さらに製造物責任法上の欠陥があるかを判断している。事故原因を確定した上で，製造物責任法上の欠陥の有無を判断する手法は，他の裁判例でも多く見られるものである。

　本判決は，本件事故の原因は，事故現場が急勾配の下り坂，急カーブ，雨で濡れて普段よりも滑りやすいといった悪条件が重なり，極めて危険な道路状態であったにもかかわらず，Xが当該道路状況に見合った慎重な運転をしなかったことによるものと推認している。

　すなわち，本判決は，事故原因について，Xの運転ミスである旨認定しており，製造物責任法上の欠陥の有無についての判断は，Xの主張を否定するための説明という形になっている。

## 2 本件取扱書の指示・警告上の欠陥について

　上記のとおり事故原因を推認した本判決は，それを踏まえて，当該事故原因との関係で，Xの主張する製造物責任法上の欠陥が認められるかについて，項目ごとに検討を加えている。

　製造物責任法における「欠陥」とは，「当該製造物の特性，その通常予見される使用形態，その製造業者等が当該製造物を引き渡した時期その他の当該製造物に係る事情を考慮して，当該製造物が通常有すべき安全性を欠いていること」をいう（法2条2項）。

　製造物に指示・警告上の欠陥があるか否かを判断するに当たっては，製造物の特性，通常予見される使用形態等に関連して，当該製造物の有する危険性に関して必要な告知がなされているかが問題とされる。

　製造物の特性として想定されている消費者に対して告知すべき内容・程度には当該製造物ごとに一定の水準があり，当該水準を超えていれば指示・警告上の「欠陥」には当たらないということになるものと考えられる。本判決

の場合には、自動車という製造物について、自動車の運転免許取得者という資格を有する者に対して告知すべき内容・程度をそれぞれの項目ごとに検討した上で、「欠陥」とはいえないと判断しており、特定の資格取得者にどの程度の告知が必要とされているのかについて参考となろう。以下項目ごとに見ていく。

(1) エンジンブレーキをかけた際のスリップの危険性に関する記載がないこと

普通自動車運転免許取得者にとって、急ブレーキなどの急な操作が危険であることは自明とし、本件取扱書にも、走行時の注意事項として、急ブレーキなどの急な操作を避ける旨記載があり、特に濡れた路面など滑りやすい路面を走行する際には、スピードを控えめに運転し、急ブレーキや急激なエンジンブレーキを避ける旨の記載があることから、急激なエンジンブレーキが車両の横滑りやスピンの原因となることまでの記載がなくとも指示・警告上の欠陥があるとはいえないとする。

普通自動車運転免許取得者にとって、危険な操作等に関する記載があれば、その結果については予想可能であり、いわゆる消費者一般に対する指示・警告ほど詳細ではなくとも、「欠陥」とはいえないと判断したものと考えられる。

(2) エンジンブレーキではABSが作動しない旨の記載がないこと

一般的な普通自動車運転免許取得者であれば、本件取扱書の記載だけでも、ABSがフットブレーキでなければ作動しないことを容易に理解でき、エンジンブレーキでもABSが作動するものと誤解するおそれはまずないとして、エンジンブレーキではABSが作動しないことまで明記しなくとも指示・警告上の欠陥があるとはいえないとした。

ただ、ABS機能は全ての自動車に備わっている基本性能というわけではなく、一般的な普通自動車運転免許取得者がその仕組みを理解しているともいえない現状があるのではないかと考えられる。そうであれば、誤解するおそれはまずないとまで言えるかについては若干疑問が残る。

本件事故時において、Xが、ABS機能がエンジンブレーキでも作動すると誤解しており、まさにそれを原因として本件事故が発生したといえる状況

が存在したとすれば，因果関係が肯定される可能性はあり得るが，本判決の認定した本件事故の原因からすれば，それは難しいであろう。

(3) RV車はバランスを崩しやすい危険性がある旨の記載がないこと

　本件車両が操縦安定性評価試験や耐転覆性能評価試験で問題がないとされていることを認めたうえで，車両の耐転覆性能が重心の高さのみで決まるものではないとし，本取扱書においては，路面状態やドライバーの操作等といった車両そのものの特性以外の耐転覆性能に影響を与える要素について，注意喚起がなされていることから，セダン車よりも重心が高いためバランスを崩しやすくなる危険性がある旨記載されていなくとも，指示・警告上の欠陥があるとはいえないとした。

　もっとも，本判決は，本件事故の原因が，濡れた滑りやすい路面において急激なエンジンブレーキをかけたために本件車両が横滑りし，さらにＸがハンドルを大きく切ったことに起因するとし，本件車両が最終的に横転したのは，その後の因果の流れによるものであるとしている。そして，本件車両に重心が高く横転しやすい特性があったとしても，当該特性により本件事故が引き起こされたとまではいえないとして，事故原因と当該特性との間に因果関係を認めていない。

(4) 後輪駆動車は強いタックイン特性を示す旨の記載がないこと

　(1)のエンジンブレーキに関する告知内容と同様に，普通免許取得者にとって急旋回等の危険な運転を避けるべきことは自明のことであるとし，本件取扱書には走行時の注意事項が記載され，そのような危険な運転をしないよう注意喚起がなされていれば問題ないとしている。

(5) アクティブTRCやVSCが装備されていない旨の記載がないこと

　Ｘは，本件車両とほぼ仕様が同じ対米モデルについては，2001年モデルからアクティブTRC及びVSCを搭載しているが，本件車両には装備されていないとして，本件車両には設計上の欠陥があるとし，これらの装置が装備されていない本件車両には，他のRV車に比して，エンジンブレーキによる横滑りやスピンの危険性，急ハンドルによる横転の危険性が増しているのであるから，当該装置を装備していない旨の記載がないことは，指示・警告上の欠陥に当たると主張していた。

これに対し本判決は，対米モデルとの差について，米国では日本よりも高速で運転し，ガードレールも設置されていないため，路外に飛び出して横転する事故が多く，死亡事故など大事故に至ることが多いという特殊性を考慮した結果であり，このことから直ちに本件車両に搭載されていないことが欠陥であるとはいえないとしたが，日本の他車メーカーや，Yの他のRV車にもアクティブTRC及びVSCを装備しているRV車両が普通に存在していることからすれば，この点については十分な理由付けにはなっていないように思われる。

　アクティブTRC及びVSCは通常有すべき安全性能を維持するための装備ではなく，あくまでプラスアルファの装備であり，これを搭載していないことが「欠陥」とされるわけではないということであろう。また，同じ理由から，装備していないことの記載がないことも，指示・警告上の欠陥には当たらないということになる。

### 3　本件事案の特徴について

　本件は，自動車製品事故に関する製造物責任が問題となった事案であるが，自動車製品事故の場合，製造上，設計上の欠陥について問題となることが多い中で，主に指示・警告上の欠陥の有無について争われた珍しい事案といえる。その中で，本判決は，自動車の取扱書は，一般消費者向けではなく，あくまで普通免許取得者向けであることを強調している。

　この点は，医薬品の副作用が争われる事案等において，添付文書が誰に向けられたものであるかによって，副作用の内容等の記載の程度が問題となっている場面と同じように考えられる。医者向けなのか，一般の患者向けなのかにより，どの程度の記載があれば，指示・警告上の欠陥がないといえるのか事情は異なってくるからである。

【新美　裕司】

## 第2 指示・警告上の欠陥

### 4 コレステロール低下剤の副作用

〔26〕東京地判平成22年5月26日（平成18年（ワ）第24957号）
判例時報2098号69頁，判例タイムズ1333号199頁

## 概要

### ■ 問題点

1 医薬品において，副作用が発生する場合に，設計上の欠陥があるとされるのはどのような基準によるのか
2 医薬品の副作用が知られていた場合における，指示・警告上の欠陥とは

## 判決の内容

### ■ 事案の概要

Xは，製薬会社であるYらの製造，販売する医薬品（コレステロール低下剤）を服用したところ，その副作用により，神経原性（末梢神経障害）又は筋原性を理由とする筋障害（筋力低下，筋萎縮），末梢神経障害を理由とする感覚障害（四肢のしびれ），排尿障害（閉尿），嚥下障害を発症したと主張し，後遺障害等級3級3号に該当する健康被害が生じたとして，Yらに対し，製造物責任法3条・6条，民法719条（共同不法行為）に基づいて損害賠償請求した。

Xは，本件訴訟に先立ち，医薬品副作用被害救済・研究振興調査機構に対し，Xに生じた各症状は，本件医薬品によって生じた副作用であるとして，

医療費及び医療手当の給付請求をしたが，不支給決定となり，これを不服として厚生労働大臣に審査を申し立てたが，これも棄却された。そこでXは，上記不支給決定の取消しを求め，取消訴訟を提起し，当該取消訴訟の第1審は，Xに生じた症状は，本件医薬品によって生じた副作用であることを認め，不支給決定の取消しが認められていた。

■ **判決要旨**

**1 Xの請求について**

本判決は，Xに生じた症状が神経原性又は筋原性を理由とする筋障害や末梢神経障害を理由とする感覚障害等に当たると認めることはできないとし，本件医薬品の服用との因果関係について判断することなく，Xの請求を全て棄却した。

**2 本件医薬品は「欠陥」を有するかについて**

(1) 医薬品の設計上の欠陥について

本判決は，Xの請求は，その余の点を検討するまでもなく，理由がないとしながら，念のため，本件医薬品が「欠陥」を有するか否かについても判断を示した。

(a) 設計上の欠陥の判断基準

本判決は，医薬品の特性について，「適正な使用目的に従い適正に使用された場合にも，人体に有害な副作用をもたらす場合のあることを避けられず，それにもかかわらず医薬品が使用されるのは，副作用があることを考慮しても，なおそれを上回る有用性が認められているからと解される。」ことを前提に，「当該医薬品に副作用があることをもって直ちに欠陥があるとはいえず，副作用による有害性の程度が，その医薬品の有用性を考慮してもなお許容されない場合に，当該医薬品について設計上の欠陥が認められるというべきである。」として，副作用が発生する場合に設計上の「欠陥」があるとされる基準を示した。

また，有用性の評価については，「当該医薬品に代替品があるのであれば，危険性を犯して当該医薬品を使用続けなくとも，代替品の使用に切り替えることにより危険を回避することが可能であるから，その場合，当該医薬

品の有用性を小さく評価すべき」とした。
　(b)　本件医薬品の設計上の欠陥の有無
　本判決は，本件医薬品について，争いのない前提事実，証拠及び弁論の全趣旨から，コレステロール低下剤として有用性があることを認め，副作用については，その報告例がわずかであるとし，また，代替性については，他の主要なコレステロール低下剤においても，本件医薬品により発現し得るのと同様の副作用の危険性があることが認められるとし，代替品があるとはいえないとした。
　以上から，上記判断基準に基づいて，「本件医薬品に有用性が認められることは明らかである反面，本件医薬品により神経障害が生じるとしても，その報告例はわずかであること，本件医薬品に代替性があるともいえないことからすれば，本件医薬品に設計上の欠陥を認めることはできない」とした。
　(3)　**医薬品の指示・警告上の欠陥について**
　　(a)　指示・警告上の欠陥の判断基準
　本判決は，「当該医薬品に設計上の欠陥が認められない場合でも，当該医薬品が流通に置かれた時点で既に知られていた医薬品の副作用については，医師等に対する指示・警告が適切になされていなければ，当該医薬品について，指示・警告上の欠陥が認められる」とした。
　　(b)　本医薬品の指示・警告上の欠陥の有無
　本判決は，医薬品メバロチンについて，Xが本件医薬品を服用していた当時，添付文書には，副作用に関する記載がなされていたことを認め，また，その当時，Xに生じたとされる症状が一般的に既に知られていたとは認められないとして，指示・警告上の欠陥を認めることはできないとした。
　もう一つの医薬品ベザトールについても，Xが本件医薬品を服用していた当時，添付文書には，副作用に関する記載がなされていたことを認めた上，その当時，X主張の末梢神経症状が生じたことの報告例があったことを認めるに足りる証拠はないとして，指示・警告上の欠陥を認めることはできないとした。

## 解　説

### 1　医薬品における欠陥について

　製造物責任法における「欠陥」とは，「当該製造物の特性，その通常予見される使用形態，その製造業者等が当該製造物を引き渡した時期その他の当該製造物に係る事情を考慮して，当該製造物が通常有すべき安全性を欠いていること」をいう（法2条2項）。

　上記「欠陥」は，一般に3類型に分類されており，第1は，製造物が設計・仕様どおりに作られなかったために安全性を欠く製造上の欠陥，第2は，設計自体に安全性の問題のある設計上の欠陥，第3は，製品が除去できない危険性を有する場合に，当該危険性に関する必要な情報を消費者に告知しない指示・警告上の欠陥である。

　医薬品に関しては，適正な使用目的に従い適正に使用された場合にも，人体に有害な副作用をもたらすことがあることを避けられないとされていることから，副作用があるというだけで，設計上「通常有すべき安全性を欠いている」と評価することはできない。

　そして，副作用という除去できない危険を有することが前提とされている以上，当該危険の告知の内容，程度が指示・警告上の欠陥との関係で問題となる。

### 2　医薬品における設計上の欠陥の判断基準

　本判決は，設計上の欠陥といえるか否かの基準について，「副作用による有害性の程度が，その医薬品の有用性を考慮してもなお許容されない場合に，当該医薬品について設計上の欠陥が認められるというべきである」としている。

　そして，有用性を判断する材料の一つとして，代替品が存在するのであれば，代替品に使用を切り替えることで危険性を回避できるのであるから，有用性は小さくなることを示した。

　具体的にどの程度の有用性があった場合に，それとの兼ね合いでどの程度の副作用であれば設計上の欠陥がないとされるのかについては，事案ごとの個別の事情を考慮して判断するほかないものと考えられるが，人体に重篤な

影響を与える副作用がある場合には，その発現率は極めて低率でなければ許容されないであろう。

### 3 本件医薬品の有用性

本件訴訟で問題となった医薬品について本判決は，実績のある医薬品であり，専門学会でも推奨され，無作為大規模臨床試験でもその有効性が認められているなどとして，有用性については問題なく認めている。

医薬品の有用性については，当該医薬品が開発された国を含め，日本でも一般的に処方されているものであれば，通常は流通におかれる前に各国の承認手続を経ているはずであるから，その手続や製薬会社の作成したデータ等に問題があるなどの特段の事情がなければ，その有用性自体が否定されることはあまり想定できない。

問題となってくるのは，世界各国でまだ一般的に承認されていないような先端的な医薬品等の場合ということになるが，本件医薬品はその点が問題となるようなものではなく，本件判決も何ら問題としていない。

### 4 本件医薬品の副作用

本判決によれば，有用性自体が認められるとしても，その程度と発現する副作用の程度との兼ね合いによっては，設計上の「欠陥」があるとされる。

本判決は，本件医薬品の副作用については，報告症例等からその発生率がわずかであるとして，有用性との関係で何ら問題としなかった。

### 5 代替性について

本判決は，当該医薬品に代替性があれば，有用性は小さくなるとしたが，明確により安全な代替品が存在するのであれば，当該医薬品を処方する必要性はなくなるのであり，有用性が小さくなるのは当然であろう。ただ，現実的にはそのような明確な代替品がある場合はあまり想定できない。

本件においては，他の主要なコレステロール低下剤においても，同様の副作用の危険性があることが認められており，本件医薬品より危険性の少ないコレステロール低下剤があるとはいえないとされている。

### 6 本件医薬品の設計上の「欠陥」の有無

本判決は，本件医薬品に有用性が認められることは明らかである反面，本件医薬品により神経障害が生じるとしても，その報告例はわずかであり，代

替性があるともいえないことからすれば，本件医薬品に設計上の欠陥を認めることはできないとした。

本判決では，本件医薬品により神経障害が生じる可能性があることを認めた上で，その報告例がわずかであるという理由で，設計上の欠陥はないと判断している。

副作用の全く無い医薬品を開発することは極めて難しいと考えられることから，医薬品に設計上の欠陥があるか否かの判断は，常に有用性と副作用との兼ね合いになると言わざるを得ず，当該事案ごとに判断するほかないものと考えられる。

### 7　本件医薬品の指示・警告上の欠陥

製造物に除去できない危険性が残っている場合に，当該危険性に関する必要な情報を告知しなければ，指示・警告上の欠陥があるとされる。医薬品の場合には，上記のとおり，基本的には副作用という除去できない危険を有することが前提とされている以上，当該危険の告知の内容，程度が指示・警告上の欠陥との関係で問題となる。

本件判決は，当該医薬品に設計上の欠陥が認められない場合でも，当該医薬品が流通に置かれた時点で既に知られていた医薬品の副作用については，医師等に対する指示・警告が適切になされていなければ，当該医薬品について，指示・警告上の欠陥が認められるとしている。

すなわち，本判決は，本件医薬品の添付文書は専門知識を有する医者が読むことが想定されており，医者が判断できる程度の副作用の記載があれば，指示・警告が適切になされているといえ，欠陥はないとしている。

この判断については，当該医薬品の種類等によっては異なってくる可能性がある。例えば，ドラッグストア等で消費者が普通に購入できる医薬品の場合，添付文書は当該消費者が読むことが想定されていると考えられるからである。欠陥の有無の判断は，製造物の特性，通常予想される使用形態，その製造業者等が当該製造物を引き渡した時期その他の当該製造物に係る事情を考慮して判断されるのである（法2条2項）。

なお，下記の「イレッサ」に関する大阪訴訟事案において，最判平成25年4月12日（民集67巻4号899頁，判時2189号53頁，判タ1390号146頁〔**判例35**〕）は，医

療用医薬品添付文書の記載が適切か否かについて,「副作用の内容ないし程度（その発現頻度も含む。），当該医療用医薬品の効能又は効果から通常想定される処方者ないし使用者の知識及び能力，当該添付文書における副作用に係る記載の形式ないし体裁等の諸般の事情を総合考慮して」，予見し得る副作用の危険性が処方者等に十分明らかにされているといえるか否かという観点から判断すべきとしているが，本判決のいう医師等に対する適切な指示・警告の内容の判断基準が示されたものといえる。

　もっとも，ある医薬品の副作用に関する記載が，専門知識を有する医者が分かる程度の記載でよいということになれば，医者から説明をされない限り，実際に処方される患者にとっては，当該医薬品を服用後，ある症状があらわれた場合に，当該医薬品の副作用であると判断することができず，対応に遅れが生じる可能性もある。また，そうした副作用が出るリスクを明確に説明されていれば処方を拒否することも可能であったなどとして，処方した医師と患者との関係では，製造物責任法とは関係ないが，副作用に関する説明義務違反を問われる可能性も考えられる。

## 8　他の医薬品の欠陥に関する事例

　間質性肺炎などの副作用が争われた抗がん剤「イレッサ」に関する大阪訴訟事案（大阪地判平成23年2月25日訟月58巻3号1132頁〔指示・警告上の欠陥認める〕，大阪高判平成24年5月25日訟月59巻3号740頁〔指示・警告上の欠陥否定〕，前掲最判平成25年4月12日〔指示・警告上の欠陥否定〕），同じく「イレッサ」に関する東京訴訟事案（東京地判平成23年3月23日判時2124号202頁〔**判例21**〕〔指示・警告上の欠陥認める〕，東京高判平成23年11月15日判時2131号35頁，判タ1361号142頁〔**判例21**〕〔指示・警告上の欠陥否定〕）がある。

【新美　裕司】

## 第2　指示・警告上の欠陥

### 5　化粧品による皮膚障害

〔27〕東京地判平成12年5月22日（平成10年（ワ）第23176号）
判例時報1718号3頁

☞ **概　　要**

■ **問題点**

1　本件皮膚障害は，本件化粧品の使用によって生じたものか
2　本件化粧品の指示・警告上の欠陥の有無

## 判決の内容

■ **事案の概要**

　原告Xは，化粧品製造業者が製造し発売元を通じてデパートで販売していた本件化粧品を購入し使用したところ，使用を開始した頃から顔面にかゆみと痛みがあり，赤くただれが生じたとして皮膚科で受診し，本件化粧品を含む化粧品類の使用を中止したところ症状が軽快した。皮膚科医がXに本件化粧品についてパッチテスト（かぶれの原因を調べるために行う検査であり，皮膚にかぶれの原因と考えられる物質を貼付して，皮膚の反応を調べる。）を行ったところ陽性反応が出た一方，シャンプー，石鹸など他に原告が使用する化粧品に含まれる成分30品目を用いてパッチテストを行ったところいずれも陰性反応であった。そこで，医師は，本件皮膚障害が接触性皮膚炎であり，本件化粧品が顔面の皮膚障害の増悪因子の一つであると診断した。

　Xは，①顔面等に生じた皮膚障害は本件化粧品によるものであり，製造業

者，発売元及びデパート（被告Ｙら）は一般的に皮膚障害を発症させる危険性をもつ商品の製造・販売に当たり，被害の発生を最大限回避し得るような明確な表示をすべき義務があったのにそれを怠った，②Ｘが本件商品を購入した際，紹介パンフレットに「敏感なお肌の方でも安心です」との文言が記載され，対面でもその旨説明を受けたことで，化粧品の安全性を過大に信頼させられたのであり，本件化粧品に指示・警告上の欠陥が存在した，と主張した。

これに対し，Ｙらは，①製造物責任法における指示・警告とは，製造物が構造上有する潜在的な危険を回避するために必要な説明のことであり，その欠陥とは，危険回避のために必要な情報に誤りがあったり，伝えるべき情報を伝えていないことであるところ，本件敏感肌文言，本件ノンオイル文言，本件安全表示，本件安心説明及び本件医師開発説明は，いずれも危険回避のための必要な情報に当たらないから，製造物責任法上の指示・警告の欠陥に当たらない，②化粧品について製造者が予想する危険は，まず，ある程度頻度の高い拒絶反応であるが，これについては厚生省が省令でアレルギー因子となり得る物質（アレルゲン）を約百個指定し，これに該当する成分（以下「指定成分」という。）は表示を義務付けられており（アレルギーを自覚している者は，医師等の指示により，自分が避けるべきアレルゲンを認識していることを前提に，消費者の商品選択を助けるために表示する。），本件化粧品でもその表示を行っており，本件化粧品ではパラベン（パラオキシン安息香酸エステル）が該当するのでこれが外箱に表示してある。これに対し，指定成分ではない何かに反応する使用者の未知の危険に対しては予想ができないので，具体的に警告することは不可能であるが，「何か」があり得るという可能性があるので，薬事法上，化粧品には外箱か本体に「ご使用になってお肌に合わないときは使用を中止して下さい」との表示をすることが義務付けられており，本件化粧品では外箱と容器に本件注意文言が記載されている，として争ったものである。

■ 判決要旨

1　Ｘの皮膚障害が本件化粧品によって生じたものであるかについては「本件皮膚障害（顔面の皮膚障害）の原因の全てが本件化粧品の使用による

ものとはいえないとしても，少なくとも，本件化粧品の使用は，顔面の皮疹の症状を発生させ，憎悪させる因子の一つとして働いたものと認められる。」として因果関係を肯定した。

**2** その上で，化粧品は「その成分上，アレルギー反応による皮膚障害等の被害を発生させる危険性を内在したものであって，その使用による被害を防止するためには，適切な指示・警告が必要となる製造物であると認められる」とした上で，本件化粧品の外箱及び容器に記載された「お肌に合わないときはご使用をおやめ下さい」との文言については，「本件注意文言を素直に読めば，本件化粧品は，何人にとっても皮膚障害等のトラブルを全く起こさないような，絶対安全なものではなく，何らかの皮膚障害を引き起こすなど，肌に合わないこともあり得ることを伝えるとともに，そのようなときには本件化粧品の使用を中止するよう，使用方法についても指示しているものと解することができ」る。また，「本件化粧品の成分のどれかに対して原告のようにアレルギー反応を引き起こす消費者がいたとしても，そのアレルギー反応の出現は，本件化粧品を使用して初めて判明することであるから，本件注意文言のように，本件化粧品が『肌に合わない』場合，すなわち，皮膚に何らかの障害を発生させる場合があり得ることを警告するとともに，その場合は，使用を中止するように指示することは，まれに消費者にアレルギー反応を引き起こす可能性のある本件化粧品の指示・警告としては，適切なものであったというべきである」として，指示・警告上の欠陥の存在を否定した。

# 解　説

## 1　化粧品の特性とその欠陥にかかる一般論

　化粧品は，薬事法上「人の身体を清潔にし，美化し，魅力を増し，容貌を変え，又は皮膚若しくは毛髪を健やかに保つために，身体に塗擦，散布その他これらに類似する方法で使用されることが目的とされている物で，人体に対する作用が緩和なもの」と定義されている（2条3項）。

　化粧品は，様々な化学物質を含み，日常的に長期間にわたり使用され，人の皮膚に直接触れるという特徴を持つが，一方で，製造販売承認が必要で医師・薬剤師が関与することが多い医薬品と異なり，その使用に当たっては消費者の判断に委ねられているという特徴がある。

　欠陥の有無については，医薬品の有効性と副作用の有害性とを比較衡量する「危険効用基準」の考え方が（山内雅夫「薬品・化粧品の副作用と欠陥」塩崎勤＝羽成守編『裁判実務大系30　製造物責任関係訴訟法』（青林書院，1999年））が参考となるとするもの，化粧品についても「被害の程度や適切な警告表示の有無などから総合的に判断し，通常人が正当に期待できる安全性を有しているか否かで欠陥の有無を判断すべきである」（平成5年10月中央薬事審議会・製造物責任制度等特別部会報告書）とするものがある。

　本判決では，化粧品が「少なくとも現時点においては，本来的にアレルギー反応を引き起こす危険性を内在しているものである以上，化粧品を使用した消費者の中にアレルギー反応による皮膚障害を発生する者がいたとしても，それだけでその化粧品が通常有すべき安全性を欠いているということはできないものというべきであり，本件化粧品についても，原告に皮膚障害が発生したというだけで本件化粧品が通常有すべき安全性を欠いているということはできない。」として化粧品自体の欠陥を否定した。

## 2　本件皮膚障害と本件化粧品の使用との間の因果関係

　本件では，Xがもともとアトピー性皮膚炎などのアレルギー症状を持っていたことから，本件皮膚障害が化粧品の使用によって生じたものであるか，もともとのアレルギー体質によって生じたものであるかが問題となった。

　この点，本件がXにおいて本人訴訟との形を取ったものの，これを意識し

てか裁判所は慎重に訴訟を進め，以下の事実を認定している。
　①　Xは，平成7年7月初めに本件化粧品を使用し，同月5日に皮膚障害が発生したとして違方の皮膚科を受診していること。
　②　皮膚障害発生後，2か月近く仕事を欠勤していること。
　③　本件化粧品を使用している間は皮膚障害が持続していたが，本件化粧品の使用を止めると症状が軽快したこと。
　④　皮膚科医によるパッチテストにおいて本件化粧品だけが陽性を示し，皮膚科医が本件化粧品が顔面の皮疹の増悪因子の一つであると判定していること。
　その上で，判決は，少なくとも本件化粧品の使用により顔面の皮疹の症状を発生させ，悪化させる因子の一つとして働いたものと認められるとし，因果関係を認定したが，妥当な判断と言える。

**3　化粧品に関する指示・警告上の欠陥**
　本判決では，化粧品の特徴に鑑み，一般論として「医薬品のように，製造業者等がこれを設計・製造するに当たり，その安全性につき，いかに配慮しても，当該製造物に本質的に期待される有用性ないし効用との関係で，完全には危険性を除去して当該製造物を製造することが不可能又は著しく困難なものが存在する。そのような製造物については，設計ないし製造における観点からみると，製造物自体において通常有すべき安全性を欠いているとはただちにはいえないものの，そのまま販売して消費者の使用に供するのはふさわしくなく，製造業者等としては，消費者が右製造物を使用する際にその危険性が現実化するのを防止するために必要と考えられる適正な使用方法等に関して，適切な指示ないし警告をする義務を負っているものと解され」るとした。
　その上で，本件化粧品の外箱及び容器に「お肌に合わないときはご使用をおやめ下さい」と囲い書きで記載がなされていたことにつき，本件化粧品が絶対安全なものではなく，何らかの皮膚障害を起こす可能性があることを伝え，その場合には使用を中止するよう対処方法について，消費者に目につきやすい態様で注意喚起をしていたと評価した。また，本件化粧品は「敏感なお肌の方でも安心です」として敏感肌用として販売されており，この敏感肌

とはアトピー肌やアレルギー肌に限らない幅広い肌体質を示す多義的な用語を用いている。このことについて「本件化粧品の安全性を強調するものではあるが，皮膚疾患がある場合についてまで安全であることを表現したものとは解されない」として，指示・警告が不十分であったと認めることはできないとした。

この点，本件化粧品は，敏感肌用として他の化粧品に比して高度な安全性があるかの如く表示した上で販売されていることからすれば，（当該表示の文字の大きさや目立ち度合いによっては）よもや本件化粧品の使用によって肌に異常が生じるとは考えず，使用を継続することがあり得るため，説明義務のハードルが上がり得る場合があるといえる。その意味では，より正確で丁寧な指示・警告があって然るべきものともいえるが判決ではそのような考慮はなされていない。

## 4 その他の判例

化粧品の欠陥に関する裁判例としては，化粧品の一部に真菌，細菌等が混入していたとして，製造元，製造販売業者，流通業者及び販売業者に対し製造物責任等を根拠に損害賠償を求めた事件において，化粧品に欠陥は認められないとして責任が否定された判例（東京地判平成17年9月28日（平成16年（ワ）第15070号，第24890号）公刊物未登載）がある程度であるが，昨今，消費者の意識が高まると共に，化粧品の使用による被害が消費生活センターに寄せられる件数が例年多数あることから，今後は裁判所において法的判断が示される事件が増える可能性がある。

【兼松　浩一】

## 第2　指示・警告上の欠陥

### 6　幼児用自転車のばりによる怪我

〔28〕広島地判平成16年7月6日（平成14年（ワ）第954号）
　　　判例時報1868号101頁，判例タイムズ1175号301頁

## ☞ 概　　要

■ 問題点

　1　ペダル軸を締め付ける際にばりが発生するのは，設計上の欠陥といえるか

　2　ペダル軸の締め付け過ぎによるばり発生の危険性を製造者は指示・警告する義務があるか

## 判決の内容

■ 事案の概要

　事故当時5歳の幼児であった原告Xが被告Y製造の幼児用自転車に乗って遊んでいたところ，同自転車のペダル軸の根元から飛び出ていた，ばりと呼ばれる針状の金属片により右膝部裂挫症の傷害を負い，膝の後部に傷跡が残ったとして，製造者であるYに対し，製造物責任法3条に基づき，損害賠償を求めた事案であるのに対し，Yは，①本件製品中のペダル及びギアクランクは，自転車製造業者を含め一般に広く使用されている汎用品であり，JIS規格をも満足したものであるから，本件製品にX主張の設計上の欠陥はない，②本件自転車を含むJISマーク表示自転車は自転車組立整備士によって組み立てられるから，締め付け過ぎによりばりが発生することは通常あり得

ず、また、ばりは販売前の点検で当然に除去されるべきものであるから、Yが殊更に指示・警告をする必要や義務はない、と争った事案である。

■ **判決要旨**

### 1　設計上の欠陥について

Xは、「本件製品はその構造上、ペダルをギアクランクへ取り付ける際に長いばりが生じる危険性があり、自転車として通常有すべき安全性を欠いている。」と主張する。

なるほど、……本件製品について25センチメートルのペダルレンチを用い、その取っ手部分に55キログラムの力をかけてギアクランクのねじ穴にペダル軸を締め付けて取り付けた場合には、10ミリメートルに近いばりが発生する可能性がある。

しかしながら、ペダル軸とギアクランクの硬度の差はペダル軸にボールベアリングを入れることからやむを得ない結果であること、ギアクランクのねじ穴の角度とペダル軸の角度の不一致は製造上不可避的に発生するものであること、Yが組立マニュアルで明記している35ないし45N・mの締め付けトルクで取り付けていたならば高さ10ミリメートルものばりが発生することはなく、レンチの取っ手部分に55キログラムというかなり強い力が加わらない限り同様のばりが発生することはまずないことを総合勘案すると、前記の10ミリメートルに近いばりが発生する可能性があったことから、本件製品について、設計、製造上の欠陥があったとまでいうことは困難であり、他にこれを肯定するに足りる事実は証拠上認められない。

### 2　指示・警告上の欠陥について

「一般に、ある製造物に設計、製造上の欠陥があるとはいえない場合であっても、製造物の使用方法によっては当該製造物の特性から通常有すべき安全性を欠き、人の生命、身体又は財産を侵害する可能性があり、かつ、製造者がそのような危険性を予見することが可能である場合には、製造者はその危険の内容及び被害発生を防止するための注意事項を指示・警告する義務を負い、この指示・警告を欠くことは、製造物責任法3条にいう欠陥に当たると解するのが相当である。

そこで、これを本件についてみると、本件製品は、未完成の自転車であり、被告からの購入者であるM産業においてペダルをギアクランクに取り付けるなどして組み立てて完成しなければならない商品であったところ、ギアクランクにペダル軸を135N・mで締め付けた場合には約10ミリメートルに達するばりが生じる可能性があり、この135N・mは通常用いる25センチメートルのペダルレンチを使用した場合の取っ手部分に55キログラムの力をかけたときと同一の力で、これは成人男性が容易にかけ得る力である。そして、ばりは針状の金属片であり、長さ約10ミリメートルにも達するばりがペダルの取付部分にあった場合、自転車に乗車した者が足をばりに引っ掛けるなどして受傷する危険性は高く、特に本件自転車が幼児用のものであり、幼児は受傷を避けるための注意力が低いことからすれば、なお一層上記の危険性は高いから、製造者である被告が、本件製品をM産業に販売した当時、上記のような危険性を予見することは可能であったといえる。以上の点からすれば、被告は、本件製品をM産業に販売する際、M産業に対し、ペダルをギアクランクに取り付けるときは被告の組立マニュアルに指示したトルクを遵守すること、このトルクよりも強く締め付けた場合には危険なばりが発生する可能性があること、取付けが完了した後は必ずばりの有無を確認し、ばりが発生していた場合にはこれを取り除くことの各点を指示、警告する措置を講じるべきであったというべきである。

ところが、Yは本件製品をM産業に納入した際、組立マニュアルをM産業に交付したが、これにはギアクンクのペダル軸の締め付けトルクを35ないし45N・mと指定することの記載があったにとどまり、締め付け過ぎによるばり発生の危険について注意を促したり、組立て後の点検の際にばりを除去するよう指導する記載はなかったのであるから、この組立マニュアルの交付によって前記の被告がなすべき指示、警告の措置を講じたとはいえないし、他にこの措置を講じたというに足りる事実は証拠上認められない。そうすると、この点で本件製品には製造物責任法3条にいう欠陥があったといえるから、Yは、Xに対し、この欠陥によってXが被った損害を賠償する義務を負う。」

# 解　説

## 1　ばりの意味と本件での特徴

「ばり」は一般の国語辞典には掲載がない用語であるが，製造業を始めとした関連業界の中では一般的に用いられている言葉であり，英語の「burr」を語源としているようである。ばりは，材料を切ったり削ったりした際に発生するものであるが，本件のように針状に突き出す場合や材料の角に出っ張りとしてできる場合がある。ばりがあると，部品を正しく固定できない，正しい測長ができない，怪我の原因となる等の弊害が発生するといわれている。

本件では，ばりが製造時に発生したのではなく，組立時に発生したという特徴を持つ。自転車の組立時にばりが発生する原因は，判決においても①，②のように認定しているところであるが，ペダル軸とギアクランクの硬度の差から生じる場合と，ギアクランクのねじ穴の角度とペダル軸の角度が一致しないことから生じる場合がある。

①　自転車の組立てにおいて，ペダルをギアクランクに取り付ける場合には，ペダルレンチを用いてギアクランクのねじ穴にペダル軸を締め付けて行う。そして，ペダル軸は，これにボールベアリングを入れることから，その耐久性を維持するために硬く加工された金属によって製造され，それほどに硬くない金属で製造されるギアクランクと硬度の差が生じる。このような硬度の差から，ペダル軸を強く締め付け過ぎるとギアクランクの表面がペダル軸によって削られて，ばりが生じることがある。

②　おねじとめねじとの間に隙間が生じるというねじというものの一般的な性質から，ギアクランクのねじ穴の角度とペダル軸の角度が一致しないためにわずかな隙間が生じるところ，このことも，ばり発生要因の一つである。

## 2　設計上の欠陥について

1で述べた組立時のばり発生の原因を前提にすると，自転車組立時に多少のばりが発生することは不可避といえる。次に，本件で約10mmのばりが発生したことについてこれが「多少のばり」の程度を超え，設計上の欠陥によ

って過大なばりが発生したといえるかが問題となる。

この点，判決は，組立マニュアルで明記している35ないし45N・mの締め付けトルクで取り付けていたならば高さ10ミリメートルものばりが発生することはなく，レンチの取っ手部分に55キログラムというかなり強い力が加わらない限り同様のばりが発生することはまずないと認定した上で，10ミリメートルに近いばりが発生する可能性があったとしても，本件製品について，設計，製造上の欠陥があったとまでいうことは困難と判断している。

判決がこのように判断したのは，そもそも当該設計方法（ペダルをギアクランクに取り付けること）の一般性・有用性からすると，多少のばりが発生することは止むを得ないものであり，また，約10ミリメートルものばりが発生することはあるとしても，それは，本件の場合通常の締め付け時より大きな力を加えたからであることを考慮に入れたものと思われる。すなわち，不可避的に多少ばりが発生したとしてもばり取りについて注意を喚起し，また，締め付ける力の大きさについても基準を明確にすることによって結果回避が可能であることを勘案し，設計上の欠陥とまでは言えず，指示・警告上の問題と考えたのではなかろうか。

**3　指示・警告状上の欠陥について**

判決は，①ペダルをギアクランクに取り付けるときは被告の組立マニュアルに指示したトルクを遵守すること，②このトルクよりも強く締め付けた場合には危険なばりが発生する可能性があること，③取付けが完了した後は必ずばりの有無を確認し，ばりが発生していた場合にはこれを取り除くこと，について指示，警告すべきであったとしている。

まず，①及び②については確かに組立時に遵守すべき重要な情報であることから，これを怠ったＹに責があるように思われる。しかしながら，③については，ばりが発生しうることが，①及び②で組立作業員に明らかとなれば，③は作業員にとって常識の範囲と思われ，当該指示・警告義務があるとは考えにくいとも思われるが，製造者に危険の予見に基づく警告ばかりでなく，その予見される危険の除去についてまでの警告，指示を求めたものである。

**4　その他の判例**

本件と同様ばりにより受傷したとした事例として以下がある。
　自宅の風呂場で壁の拭き掃除をしていた際に，風呂場に設置されていた排気筒を支える取付金具に右手人差し指を接触させたところ，右手人差し指切創の傷害を負ったことから，製造過程で本件取付金具に発生したばりを十分に取っていない欠陥があるとして製造業者他に賠償請求がなされた事案で，本件取付金具が通常有すべき安全性を欠いていたということはできないとして責任が否定されたものがある（東京地判平成19年10月19日（平成18年（ワ）第17089号）公刊物未登載）。

【兼松　浩一】

## 第2　指示・警告上の欠陥

### 7　配管ジョイント締め付け不良

〔29〕東京地判平成18年4月28日（平成17年（ワ）第5572号）
LLI/DB 06131849

☞ **概　要**

■ **問題点**

1　配管工事に用いるジョイントの誤った締め付け方法による不具合発生から構造上の欠陥があるといえるか

2　施行要領書等に不具合回避のための具体的な指示・警告がない点が欠陥といえるか

## 判決の内容

■ **事案の概要**

　本件は，本件施工会社が，被告Yが製造したジョイントを使用して，消火設備用連結送水管等の配管工事を実施したところ，本件ジョイントに欠陥があったため，2回にわたり漏水事故が発生し，原告Xが，本件施工会社に対し，一般賠償保険契約に基づき，保険金を支払ったため，商法662条により，施工会社のYに対する製造物責任法3条に基づく損害賠償請求権を取得したと主張して，Xが，Yに対し，同額の損害賠償金の支払を求めた事案である。

## ■ 判決要旨

　本件ジョイントは，水道等の各種配管に使用されており，その使用方法は，パイプとパイプとのつなぎ目にゴムリングを装着し，上記つなぎ目のゴムリングを半円状のハウジング2個で挟み，各ハウジングのハウジングボルトホール2か所にそれぞれボルト各1本を挿入して，各ボルトをそれぞれ各ナットで締め，ハウジング2個を固定させてパイプとパイプとをつなぐというものであるところ，判決は「ボルト根角部分の馬蹄形とハウジングのボルトホールの馬蹄形とが整合されて挿入された場合には，ボルトの頭部分座面がハウジング座面から浮き上がることはなく，またボルトとハウジングのボルトホールとの隙間はJISをみたしており，ジョイントとしての機能を有するものということができる。したがって，本件ジョイントには，その使用方法に沿って使用される限り，ジョイントとしての構造上欠陥があるものとは言えない。」として，構造上の欠陥を否定している。

　ところで，本件ジョイントは，ボルトの根角部分の馬蹄形とボルトホールの馬蹄形とが90度ずれた状態でボルトをボルトホールに挿入することが可能であり，その場合はボルトの頭部分座面がハウジング座面から浮き上がり，ジョイントとしての機能が果たせなくなるところ，判決は，「しかし，ボルトをボルトホールに正しく挿入させなければジョイントとしての機能が果たせなくなることは自明のことであって，正しく挿入させることは，本件ジョイントを使用する作業員によるものであるというべき」とした。

　では具体的に作業員はどのような方法で確認すべきかという点については，「本件ジョイントの施工要領書には，作業員がボルトをボルトホールに挿入した際ボルトとハウジングとの間に隙間があると不良であると記載されているのであるから，作業員としては，正しく挿入されたことを確認するためには，目視によりボルトがハウジングから浮き上がっているかどうかを確認するように求められている。」，「本件ジョイントのボルトの頭部分には，V字の突設マークがあり，本件ジョイントの施工要領書及びヴィクトリックジョイント施工要領には，V字の下の方向が同じハウジングのもう一方のボルトホールの方向を向いていると，ボルトの根角部分の馬蹄形とボルトホー

ルの馬蹄形とが整合しており，ボルトがボルトホールに適切に挿入されていることが記載されているのであるから，作業員としては本件ジョイントのボルトの頭部分のV字の向きによってもボルトがボルトホールに適切に挿入されているかどうかを確認することができるのである。」，あるいは，「作業員としてはボルトをボルトホールに適切に挿入した場合と不適切に挿入した場合とでは，ボルトの締付けに必要なナットの回転数及びトルクに差があるのであるから，かかるボルトの締付け方法の差により，感覚的に，ボルトがボルトホールに適切に挿入された場合と不適切に挿入された場合との違いを認識することができるといえる。」としている。

# 解　説

## 1　設計上の欠陥の有無と適切な使用方法

　本件ジョイントは，パイプとパイプとをつなぐジョイントとして使用されるものであるが，本来想定されているボルト根角部分の馬蹄形とハウジングのボルトホールの馬蹄形とが整合されて挿入された場合には，ボルトの頭部分座面がハウジング座面から浮き上がることはなく，またボルトとハウジングのボルトホールとの隙間はJISをみたしているというものである。
　とすると，本件ジョイントには，その使用方法に沿って使用される限り，ジョイントとしての設計上欠陥があるものとはいえず，本判決の認定は妥当なものといえそうである。

## 2　誤った締め付けを回避する工夫と設計上の欠陥の有無

　ところで，Xは，作業員が目視による確認をしなくても，本件ジョイントにボルトの向きが正しく締められるよう工夫が施されていなければならず，本件ジョイントについて，ハウジングのボルトホールの寸法が過大であったため，本件ジョイントの根角部分の馬蹄形とハウジングのボルトホールの馬蹄形とが整合していなくても，ボルトを若干ハウジングのボルトホールに挿入することができ，かつ，作業員が，そのままボルトをナットで締め付けることができたことは，本件ジョイントの欠陥であると主張している。
　確かに，Xの主張するような工夫がなされていれば，本件事故が発生していなかった可能性は否定できない。実際に，本件ジョイントとは別の種類のジョイントについては，ボルトの根角部分の馬蹄形とボルトホールの馬蹄形とが90度ずれた状態では，ボルトの根角部分をボルトホールに挿入することはできず，ボルトをナットで締め付けることができないように工夫されているようである。この点判決は，「そもそもボルトの根角部分の馬蹄形とボルトホールの馬蹄形とは，共回り防止のためにあるのであって，被告が製造したG－1型100との比較において，本件ジョイントの欠陥の有無を論じることはできない。」「作業員は，自ら正しくボルトをボルトホールに挿入すべきであって，目視による確認をしなくとも正しく挿入することを可能とする工夫が施されることが本件ジョイントに求められる通常有すべき安全性とい

うことはできないから，本件ジョイントに欠陥があったということはできない。」として，誤った挿入・締め付け方法が回避された他商品があるとしても，単純にそれとの比較で設計上の欠陥を論じるべきではないとしている。

なお，Yが製造した本件ジョイントと同型のジョイントは，昭和42年から平成13年まで多数の使用実績を有しているだけでなく，本件事故現場において約2000ないし3000個使用されていたようである。にもかかわらず，本件事故と同様の事故が発生したことはないことからすると，本件事故は，本件ジョイントの不適切な挿入，その確認不足による極めて希な事故ということができ，通常予見される使用形態とはいい難い異常な使用方法によるものと考えられる。

通常予見される使用形態を逸脱した製造物の使用を認定した判例としては，工作機械から発火して工場が延焼した事例において，不燃物の切削油を用いるべきところ燃焼性の切削油を用い，切削油ミストの拡散防止のために推奨される方法を取らずに，単にビニールカバーで覆ったこと等が出火原因である可能性が高いとして工作機械の欠陥を否定したもの（東京地判平成19年2月5日判時1970号60頁）などがある。

### 3　指示・警告上の欠陥に関するXの主張

Xは，本件ジョイントの施工要領書には，ボルトの根角部分の馬蹄形とボルトホールの馬蹄形とが整合していなくても，作業員が，ボルトをボルトホールに不適切に挿入することができ，ボルトをナットで締め付けることができることを警告する旨の記載がないと主張している。また，Xは，本件ジョイントの施工要領書に，ボルトの締め付けトルクに関する記載がないと主張している。

### 4　指示・警告の内容・程度と適切な挿入の確認可能性

本件ジョイントは，ボルトの根角部分の馬蹄形とボルトホールの馬蹄形とが90度ずれた状態でボルトをボルトホールに挿入することが物理的に可能であり，そのようにボルトが挿入されるとボルトの頭部分座面がハウジング座面から浮き上がることになり，ジョイントとしての機能が果たせなくなる性質を持つことが特徴的である。

したがって，Xが主張する通り，不適切な挿入が起こり得ることは事実で

あるが，果たして，これを直接警告し，避けるべきとの指示を行う義務が製造業者に課されているかが問題となる。

そこで，正しく挿入されるようにするのは誰の責任（誰のリード）で行われるべきかが問題となる。この点判決は，主として作業員によるべきとした上で，その理由と方法について詳細に述べている。

まず，本件ジョイントの施工要領書には，ボルトをボルトホールに挿入した際，ボルトとハウジングとの間に隙間があると不良であると記載されているのであるから，作業員としては，正しく挿入されたことを確認するためには，目視によりボルトがハウジングから浮き上がっているかどうかを確認することが求められているとした。つまり，Xが主張する程度までの指示・警告は必要ではなく，「ボルトとハウジングとの間に隙間があると不良」との警告があれば，後は，作業員の作業として当該確認が期待されるとしたものである。

なお，上の評価・判断は当該確認が作業員にとってある程度容易でなければその前提を欠いたことになる。

まず，目視による確認が可能か否かについては，施工箇所が暗所，高所，狭所である場合について，その施工の際に照明付き小型反射鏡等の器具を使用することが一般的にあることから可能と評価して差し支えない。

次に，本件ジョイントのボルトの頭部分にV字の突設マークがあることから，本件ジョイントのボルトの頭部分のV字の向きによってもボルトがボルトホールに適切に挿入されているかどうかを確認することができ，V字の向きは触った感触でもわかるようであるから，作業員にとっては比較的容易で有力な確認方法だといえる。

上記以外に，ボルトをボルトホールに適切に挿入した場合と不適切に挿入した場合とで，ボルトの締め付けに必要なナットの回転数及びトルクに差があり，これについても作業員が認識可能と本判決は判示している。

以上からすると，施工要領書と作業員にとって当然認識し得る事実からすれば，作業員がボルトをボルトホールに適切に挿入すべきことは当然のことであって，確認も容易であることから，そのような記載がなくても本件ジョイントの施工要領書に欠陥があったということはできないであろう。また，

トルクの点も，本件ジョイントの施工要領書に上記記載がなくても，作業員は，感覚的に，ボルトの締め付けトルクの違い（抵抗の違い）を認識することができるといえ，この点も施工要領書の欠陥とはいい難い。

　いずれにしろ，本件においては，ボルトの締め付けという単純な作業の正確性にかかる問題であり，その機能は広く理解されていることから，機器の設計，警告よりも施工者の注意が重く見られたものと考えられる。

【兼松　浩一】

## 第3 通常有すべき安全性
### 概　　説

### 1　通常有すべき安全性

　製造物責任法は，欠陥を「通常有すべき安全性を欠いていること」と抽象的に定義している（法2条2項）。
　この「通常有すべき安全性」の解釈の基準として，製造上の欠陥については標準逸脱説（その製造物が設計や仕様などの標準から逸脱していることをもって欠陥とする）が適用されていることについては既に述べた。これに対して，設計上の欠陥，指示・警告上の欠陥に関しては，大きく分けて消費者期待基準説と危険効用基準説との二説があるといわれている。

### 2　消費者期待基準説と危険効用基準説

　消費者期待基準とは，当該製造物の性状，警告の内容について，社会一般の通常の知識を有する消費者が予期する以上に当該製造物が危険であり，または警告が不十分である場合に「欠陥」が存在すると判断するもので，「人が期待する権利を有する安全性を提供しない場合において製造物は欠陥を有する」と規定するEC指令はこの考え方に基づいているとされる。この場合の「消費者の期待」とは，個々の使用者の主観の問題ではなく，当該製造物に対する社会一般の客観的な期待を意味するものである。
　危険効用基準とは，当該製造物の危険性とその有用性とを比較衡量し，危険性が有用性を上回る場合に「欠陥」を認めるもので，米国不法行為法第3次リステイトメントにおいて採用されている。この基準において衡量すべき要素について，①製造物の有用性と必要性，②損害発生の蓋然性と損害の程度，③代替設計の可能性，④製造業者による危険回避可能性，⑤消費者による危険防止可能性，⑥危険に対する消費者の認識，⑦製造業者による損失分散の可能性の各点を挙げる見解がある（ジョン・W・ウェード教授）。
　この危険効用基準は，具体的な判断基準を示すことにより厳格責任の行き

過ぎを修正するものとされ，その具体的判断要素として危険の予見可能性や代替設計の有無，結果回避可能性を上げていることから，時に，消費者期待基準説より，製造業者の予見可能性や結果回避可能性という主観的事象を問題とするもので，製造物責任が過失概念から客観的な欠陥を責任原因とした趣旨を没却し，後退するものであると批判がなされることがある。

しかし，仮に予見可能性や結果回避可能性を問題にするとしても，それは当該製造業者の主観ではなく，社会一般の製造業者における予見可能性や結果回避可能性であり，換言すれば，社会一般の客観的事情を評価するものと理解すべきであろう。この点，消費者期待基準における消費者の期待が社会的要請を体現するものであることと同様である。

いずれにしろ，視点によりニュアンスの相違はあるとしても，通常有すべき安全性とは，要するに社会が当該製造物を安全なものとして許容するか否かという規範的判断によるものであり，多くの事例を通じて基準が客観化されていく過程で，両説の差は小さなものとなっていくと考える。

## 3　日本法における判断基準

製造物責任法は，欠陥の判断要素として「当該製造物の特性，その通常予見される使用形態，その製造業者等が当該製造物を引き渡した時期その他の当該製造物に係る事情」（法2条2項）を列挙しており，EC指令を参考として消費者期待基準を採用したと説明されることが多い。ただし，「その他の当該製造物に係る事情」として，立法過程における第14次国民生活審議会消費者政策部会では「製品の効用・有用性，製品の価格対効果，技術的実現可能性，被害発生の蓋然性とその程度，使用者による損害発生防止の可能性，製品の通常使用期間・耐用期間等」といった危険効用基準的要素も議論されており，必ずしも限定的なものとはいえない。

いずれにしても，世の中に流通する製造物は千差万別であり，単純な遊具から科学技術の粋を極める精密機械，薬品に至るまで，その必要性や効用は製造物毎に異なるものであって，これら製造物の個別事情に応じた事例の集積によってそれぞれの製造物に適合した合理的な基準が定められていくことが期待される。　　　　　　　　　　　　　　　　　【青木荘太郎】

## 第3　通常有すべき安全性

### 1　トイレドアによる指挟み

〔30〕東京地判平成23年2月9日（平成21年（ワ）第8353号）
判例時報2113号110頁，判例タイムズ1360号240頁

☞ **概　　要**

■ **問題点**

1　トイレブースのドアが開いたとき吊り元側に隙間が生ずるのは欠陥か
2　トイレブースの利用者や所有者・占有者に対し，指詰め事故発生の危険や指詰め事故防止装置に関する情報を提供する義務を製造者が負うか

## 判決の内容

■ **事案の概要**

　社会福祉法人が運営する学童保育クラブの施設において，被告Y製造に係るトイレブースの開き戸型ドアを開けたときに吊り元側に生ずる隙間に小学校2年生の児童が右手親指を挟まれて右手親指を切断する事故が発生した。その後，社会福祉法人を被保険者として施設賠償責任保険契約を締結していた損害保険会社が保険金を支払ったことから，本件では，保険代位により，Yに対して求償請求したものである。
　本件では，原告Xが，①Yに係るトイレブースのドアが開いたときに吊り元側に隙間が生じ指詰め事故発生の危険があるのは製造物責任法上の欠陥である，②Yは製造・販売業者として，信義則上，トイレブースの利用者や所有者・占有者に対し，製造・販売後に指詰め事故防止用具を開発した旨の情

報を提供する義務があるのに，これを怠り，そのために本件事故が発生したと主張した。これに対し，Yは，①トイレブースのドアが開いたとき吊り元側に隙間が生ずるのは欠陥ではない，②トイレブースの利用者や所有者・占有者に対し，指詰め事故発生の危険や指詰め事故防止装置に関する情報を提供する義務を負わないなどと主張した。

■ **判決要旨**

**1** まず，欠陥の有無については，「本件トイレブースは，本件トイレ内に設置されている二つの大便器を区画するための設備であり，その出入口に本件ドアが付けられている。本件ドアは，本件トイレブースの内外を遮断するとともに，本件ドアの開閉により出入りするための設備であり，専ら取っ手のある方から出入りすることを想定している。本件ドアは開き戸で，開けたときに吊り元側に2cmの隙間が生じ，閉じたときにその隙間が閉じる構造であり，ドアを開けたときに生ずる吊り元側の隙間に手指を入れると，ドアを閉じたときにその隙間がなくなり手指を挟みけがをする事故（指詰め事故）が発生する危険があるけれども，これはドアを開けたときに生ずる吊り元側の隙間に手指を入れる場合に限られるのであって，このような用法は本来の用法でないのはもとより，通常予見される使用形態ともいえない。……本件トイレブースは本来の用法に従って使用する限り，指詰め事故発生の危険性はないから，通常有すべき安全性に欠けるとはいえず，製造物責任法上の欠陥に該当しない。」と判示した。

**2** 次に，事故防止装置に関する情報を提供義務については，「開き戸は乳幼児等の指詰め事故発生のおそれがあることや指詰め事故を防止するために開き戸における指詰め事故防止器具が市販されている旨の情報は，遅くとも平成8年以降一般にも相当程度普及していたことがうかがえる……このような事実関係の下では，被告は，本件トイレブースの販売先や利用者等に対し，指詰め事故発生の危険性を告知すべき義務を負うとはいえない。」としてこれも否定した。

# 解　説

## 1　事故発生の経過の異常性

判決が認定した事実によると，本件事故は，「本件トイレ内において，本件トイレブースの外側から，本件ドアを開けた際に生ずる吊り元側の隙間に右手親指を差入れたところ，本件トイレブース内にいた他の児童が本件ドアを閉めたため，右手親指が挟まれ，右手親指第一関節付近から先を切断されるという傷害を負った。」とのことであるが，どのようにして指を差し入れたのか等の具体的経過が明らかではない。一緒にトイレ内に入った児童が先に本件トイレブースに入ったため，隣のトイレブースに入ろうとして，身体を横にずらして移動した際，本件ドアの吊り元側の隙間に右手親指を入れた状態で手をかけたところ，本件ドアが先の児童によって閉じられたとのことであるが，ふざけていたといったことがない限り辿ることがないような経過とも考えられる。

## 2　本件トイレブースが持つ危険性と通常の使用方法

Xが主張するように，本件トイレブースの構造は，本件ドアが開けたときに吊り元側に隙間が生ずる開き戸であり，その隙間に手指を入れたまま本件ドアを閉じると，その隙間がなくなり手指を挟みけがをする事故が発生する危険性があることは事実のようである。しかしながら，本件トイレブースは専ら取っ手のある方から出入りすることを想定しているのに対して，事故が発生する可能性があるのは，ドアを開けたときに生ずる吊り元側の隙間に手指を入れる場合に限られると思われる。

本件事故につながった児童の行動は，「通常の使用方法」といえるか否かが問題となる。ここでいう「通常の使用方法」とは，社会通念上，一般に想定される合理的な使用形態とされているが，製品本来の使用方法とは異なる使用方法で使用していても，それが普通に予見できる使用方法であり，それによって事故が発生した場合は，当該製品に欠陥があったと判断されることがある。

このような観点から本件を見ると，本件トイレブースの出入り，あるいは，使用待ちをする際に，吊元側にできた隙間に手指を取られることは考え

難い。また，判決では事故に至った経緯について詳細に述べていないが，判決を読む限りでは，通常予見される使用形態と窺い知れる事情もない。他方，本件トイレブースは本来の用法に従って使用する限り，指詰め事故発生の危険性はないから，通常有すべき安全性に欠けるとはいえず，製造物責任法上の欠陥に該当しないといわざるを得ない。

### 3 低学年の児童を基準とした判断

本件トイレブースが設置された本件施設は，学童保育クラブが使用しており，学童保育の小学校低学年の児童が主にこれを利用していたとのことである。

判決は，「本件ドアのような開き戸は長い歴史があり，現在でも多くの施設や設備で使用されており，その外観からも，開き戸は開けたときに生ずる吊り元側の隙間に手指を入れると指詰め事故発生の危険があることや，その隙間に手指を入れさえしなければ指詰め事故を防ぐことができることは，利用者が経験上よく知っている事柄である。この事情は小学校低学年の児童であっても基本的に異なるところはなく，しかも隙間に手指を入れないよう注意することは容易に実行することができる。」と述べているが，低学年の児童が経験上事故発生の危険性や防止策を知っているとするのは行き過ぎた感が否めない。しかしながら，一方で判決は「児童が上記のような危険な行動に出ることのないようしつけるのは第一次的には保護者の義務であり，また，当該施設の管理者も利用者の特性をよく知る立場にあるから，必要に応じ指詰め事故の発生を防止するために注意すべきものである。」として，欠陥ではなく，保護者や管理者を含めた利用者側で注意すべきものであるとしていることについては理解できる。

なお，判決でも述べているように，本件トイレブースの管理者が利用者の特性からみて指詰め事故が発生するおそれがあると判断するのであれば，当該管理者側で本件トイレブースにこれらの指詰め事故防止用具を用いることで児童の指詰め事故を容易に防止することができたといえるであろう。

ところで，使用対象者が小学生低学年を下回り，就学前の幼児であった場合はどうであろうか。仮に保育施設向けのトイレ設備であるとすれば，幼児には，自己の行動を制御しつつ合理的に行動したり，危険を察知した上でこ

れを回避したりする能力が備わっていないだけでなく，保護者や管理者が注意を促したところでその効果は極めて低いと言わざるを得ない。このような場合には，誤った使用がなされて損害が発生することは予見し得ると考えるべきであろう。

### 4 製造者に事故防止装置設置の義務があるか否か

判決は，製造・販売業者であるYにおいて，利用者がトイレブースのドアを本来の用法以外の用法で使用ができないようにするとか，本来の用法以外の用法で使用しても指詰め事故が発生しないような安全策を講ずべき必要はないとしている。その理由の一つとして「製造・販売業者が上記レベルの安全策を講じなければならないとすると，これを必要としない他の多数の購入者に対してまで不要の構造や材質の製品を提供せざるを得なくなり，コストが高くなるなどの問題も生ずるのであって，妥当でない。」と述べている。

判示内容は一般論としては妥当であると考えられるが，3でも述べたように，保育施設向けのトイレ設備のように，類型的に事故発生の危険性が高い場合は，標準設備として事故防止装置の設置が期待される場合があるであろう。特に，販売・設置業者であれば，当該類型に当てはまっていることが容易に認識できると考えられる。

### 5 製造・販売業者が事故防止装置に関する情報を提供する義務を負うか

そもそも，本来の利用方法以外の利用に対して安全対策のための商品が製造されるのは，本来の利用方法以外の利用によって事故が発生する頻度がある程度高いからと思われる。このような危険性が高い商品については，危険性の説明と事故防止装置に関する情報提供が製造・販売業者に義務付けられることがあり得る。しかしながら，本件では，事故発生の頻度が低いものと認定されている。また，判決にもあるように，そもそも，開き戸における指詰め事故防止器具が市販されている旨の情報が本件事故以前から一般にも相当程度普及していたとのことであるから，安全対策のための商品に関する情報提供を製造・販売業者に義務付けるべきとまではいえない。

【兼松　浩一】

# 第3　通常有すべき安全性

## 2　こんにゃくゼリーによる窒息

〔31〕神戸地姫路支判平成22年11月17日（平成21年（ワ）第278号）
判例時報2096号116頁，判例タイムズ1340号206頁

☞ **概　　要**

■ **問題点**

1　こんにゃくゼリーを乳幼児が誤嚥したことにつき，設計上の欠陥といえるか
2　指示・警告上の欠陥の判断基準は何か

## 判決の内容

■ **事案の概要**

1　1歳9か月の子Aの祖母Bは，Yが製造したこんにゃくゼリーを購入し，冷凍庫で保管していた。Bは，こんにゃくゼリーを冷蔵庫に移し替え，Aに与えた。Aは上蓋をBに剥がしてもらい，自分で食べた。Aが食べている状態を見た者はいない。Bは，Aが容器を下に落とし，頭をがっくりと下に垂らした状態であることに気づき，救急搬送したが意識を回復することなく，窒息による多臓器不全で死亡した。こんにゃくゼリーの外装の表面には，子供と高齢者が苦しそうに目をつむっている図と，子供や高齢者に食べさせないようにとの記載があった。

2　原告であるAの両親Xは，こんにゃくゼリーが通常有すべき安全性を欠いており，主に①設計上の欠陥，②警告表示の欠陥を主張し，また，③販

売方法の不適切性を主張した。

　Xは，こんにゃくゼリーは，製品の外形からして「こんにゃく」とは全く別物であり，あくまでゼリーと同様，柔らかく口でつぶせると考えて食べるため，餅やパンと異なって小さくちぎるということは考えにくい。容器も，上から口に落とし込むような方法で食べることが容易であり，かつ気道に入りやすい弾力性があるとして，設計上の欠陥を指摘した。

　また，袋の表面の警告表示や，商品を手で持つと手に隠れてしまう箇所があり，製品に付属して提供すべき指示，警告を欠く不十分なものであるとした。

　これに加え，Xは，YがＹ問屋，小売業者に対しても販売に際し注意をせず，特売商品として菓子コーナーに陳列するなど販売方法も不適切であると主張した。

## ■　判決要旨

　本判決は，まず，こんにゃくゼリー容器につき，「本件事故当時，被告会社の製造・販売するこんにゃくゼリー（蒟蒻畑）のミニカップ容器は，柔らかいプラスチック製で左右非対称のハート型をしており，中身を容易に押し出せるように配慮された構造であったのであり，その結果として，上を向いたり吸い出したりして食べる必要のないことは，ミニカップ容器の見た目や感触により，こんにゃくゼリーを摂取する前に容易に認識することが可能であったということができる上，事故報道を含めた蒟蒻畑の認知度からすれば，本件こんにゃくゼリーのミニカップ容器が，その形状から，上向き食べないし吸い込み食べを誘発するものとは認め難い」とした上で，「本件こんにゃくゼリーのミニカップ容器は，こんにゃくゼリーを吸って食する必要がない構造となっており，その形状も吸って食することを誘発するものではないところ，ある程度の年齢の小児であれば，本件こんにゃくゼリーのミニカップ容器に触れれば，それが吸い出さなくても中身が出てくるものであることは容易に認識し得ると考えられ，またこんにゃくゼリーを摂取する際には，ミニカップ容器の底を摘んでカップより出てきたこんにゃくゼリーのうち自分が食するのに適した大きさの分量だけ嚙み切るなどして摂取すればよ

いのであり，逆に，例えば自らはミニカップ容器の上蓋を剥がせないような乳幼児に対しては，保護者等がこんにゃくゼリーを適当な大きさに切り分けるなどして与えるべきであって，仮にこのような乳幼児に対しこんにゃくゼリーを切り分けせずに与えた結果，当該乳幼児がこんにゃくゼリーを誤嚥したとしても，それはこんにゃくゼリーの設計上の欠陥を徴表するものではないというべきである。」と判示した。

　次に，警告表示の欠陥につき，本件こんにゃくゼリーの警告表示は，「外袋の表面にはその右下に，ある程度の大きさで，子供及び高齢者が息苦しそうに目をつむっているイラスト（ピクトグラフ）が描かれ，こんにゃく入りゼリーであることも明示されていること，外袋の裏面には，子供や高齢者はこんにゃくゼリーをのどに詰めるおそれがあるため食べないよう赤字で警告されており，その真上には，ミニカップ容器の底を摘んで中身を押し出し吸い込まずに食するよう，摂取方法が同容器の絵とともに記載されていることに加え，本件こんにゃくゼリーの外袋表面の中央には「蒟蒻畑」と印字されており，食感等の点で通常のゼリーとは異なることを容易に認識し得ると解されることからすれば，本件こんにゃくゼリーの警告表示は，本件事故当時において，一般の消費者に対し，誤嚥による事故発生の危険性を周知するのに必要十分であったというべきである。」として，警告表示の欠陥を否定した。

　また，販売方法の不適切性については，「こんにゃくゼリーをどのように販売するかは，第一義的には小売店の専決事項であり，仮に子供向け菓子の傍らで販売されていたとしても，それが直ちに製造メーカーに対し何らかの責任を基礎づけることになるものとはいえない」として，Xの主張を退けた。

# 解　説

## 1　こんにゃくゼリーの危険性

　こんにゃくゼリーは，菓子のゼリーにこんにゃく粉末を混ぜ込んだもので，食感としてはこんにゃくのように弾力性があるが，着色料，甘味料等により子供から高齢者まで食べられることと，カロリーが低く健康にも良いとされることから幅広い購買層をもつ人気商品となっている。

　しかし，発売された当初は小型容器入りのもので，容器は硬いプラスチックですり鉢型であったため，食べる際は，容器を口にあて，吸い込みながら食べる方法や，冷凍してシャーベット状に一口で食べるといった方法がとられてたため，こんにゃくの持つ弾力性により，普通のゼリーのように口の中で破砕されず，そのまま食道に入るか，誤って気道に入る誤嚥事故が多発した。

　国民生活センターでは，こんにゃくゼリーによる死傷事故の情報公開を行い，その回数は，平成7年以降，本件事故が発生した平成20年までに10回にわたった。死亡者は，本件事故までに21名にのぼる。

　国民生活センターは，こんにゃくゼリーの特性，危険性を広く消費者に周知し，メーカー側は，同センターや農林水産省の指導を受けながら，危険表示や容器についての改良を重ねてきた。

　具体的には，「お子様や高齢者の方は食べないで下さい」との警告表示を文字と赤色のイラスト（ピクトグラフ）で行い，容器をすり鉢状からハート型にし，また口で吸えない大きさにし，さらに容器自体も軟らかくして，吸い込まなくても指で押し出せるようにするなどの改良を加えた。

　本件では，そもそも，こんにゃくゼリーの有する危険性と比して，社会的有用性は認められないから，そのことをもって欠陥とするとの主張も原告Xからなされたが，判決はこれを認めなかった。

## 2　設計上の欠陥について

　製造物責任法（PL法）は，2条で，欠陥につき「当該製造物が通常有すべき安全性を欠いていることをいう」と定義づけている。

　一般に製造物の欠陥を分類すると，3種類に分けられる。①設計上の欠

陥，②製造上の欠陥，③指示・警告上の欠陥である。
　本件では，①と③が争点となった。
　設計上の欠陥とは，一般的には，製造物を設計する段階において，構造的に安全性を欠くことをいうとされている。
　PL法立法前の事件ではあるが，カビ防止剤が薬液の飛散する噴霧式ではなく，飛散しにくい泡式のものであれば，呼吸困難等の急性疾患に陥ることは回避できたとして設計上の欠陥を認めたもの（東京地判平成3年3月28日判時1381号21頁，判タ755号185頁），潜水作業者が使用した空気残量計の表面ガラスが水圧によって内側に圧迫されて指針を押さえつけ，圧縮空気タンク内の空気残量を正確に表示しなかったため，潜水夫が減圧症に罹患した事案で，設計上の欠陥を認定したもの（鹿児島地判平成3年6月28日判時1402号104頁，判タ770号211頁）などがある。
　設計上の欠陥は，設計段階から，構造的に安全性を欠くものと定義づけられているから，近時，いわゆる薬害に関して，設計によって求める薬剤の有用性と，それに伴って生ずる副作用との関連で紛争となることが多い。
　判決には至らなかったが，睡眠・鎮静剤であるサリドマイドを妊婦が服用した場合の，胎児の催奇形性につき，設計上の欠陥が問われた。また，抗がん剤イレッサについて，裁判例では「医薬品の有効性が認められない場合又は医薬品の効能，効果ないし有効性に比して著しく有害な副作用がある場合には，当該医薬品は医薬品として通常有すべき安全性を有しているということはできず，製造物責任法上の欠陥（設計上の欠陥）があるというべきである（大阪地判平成23年2月25日判例集未登載）」として，薬剤における設計上の欠陥の判断方法を示した。
　同様に，「副作用の存在にもかかわらずその医薬品に有用性を認めるかどうかは，当該疾病又は症状の生命・身体に対する有害性の程度及びこれに対する医薬品の有効性の程度と副作用の内容及び程度の相関関係で決まる」とし，他の薬剤と比べ副作用が少ないことを理由に設計上の欠陥を否定したものもある（東京高判平成23年11月15日判時2131号35頁，判タ1361号142頁）。
　このように，薬品は，有用性の副作用との比較で設計上の欠陥の判断がなされているが，こんにゃくゼリーのような，日常用いるものについてはどう

であろうか。

　本判決は、有用性については特に判断せず、こんにゃくゼリーの形状から、①上を向いて食べ、吸い込みによる窒息が誘発されること、②商品名がゼリーとされるため、一般消費者にとっては、「こんにゃく」入りゼリーの食品特性を意識しにくいといった点を指摘し、これらの対策が不十分であるときは、「こんにゃく」の特性、すなわち、硬さが強く、つぶれずに咽頭に移送され、口の中では溶解せず、また室温に比べ冷温では硬さ、付着性が増加することによる窒息の危険が高まり、設計上の欠陥が認められる基礎事情になり得ると判断した。

　そして、本件事故当時は、こんにゃくゼリーの認知度は高く、他のゼリーとは異なることが十分認識可能であり、容器も触れば吸い出さなくても中身が出てくることが容易に認識され、食べるときは必要なだけ噛み切るなどして摂取すればよく、容器の上蓋を剥がせないような乳幼児には、保護者が適当な大きさに切り分けて与えればよいとして、上記設計上の欠陥が認められる基礎事情①②を否定し、設計上の欠陥を否定した。

### 3　指示・警告上の欠陥

　設計上の欠陥については、設計を是正すれば欠陥が解消されることが期待されるから、基本的に製造者の責任は免れないであろう。

　同様に製造上の欠陥についても、欠陥がなかりせば、本来の性能が発揮できるという意味で、やはり責任は免れないであろう。

　とすると、設計上の欠陥、製造上の欠陥のいずれもないとしても、その社会的有用性により社会に流通する製造物が何らかの危険性を有する場合、その責任を免れるためには、指示・警告により危険を知らしめ、消費者をして自ら危険を回避せしめるしか方法がないことになる。製造物責任法における通常有すべき安全性に関する判断基準は、つまるところ指示・警告上の欠陥の有無に帰することとなろう。指示・警告上の欠陥の有する意味は大きい。

### 4　警告表示の対象

　本判決は、こんにゃくゼリーの弾力性は、蒟蒻自体の特性であり、それに対応する合理的な対策がなされていることを前提として、警告表示の対象について詳細に検討する。

まず，幼児については，そもそも自ら買い物をするとは考えられず，こんにゃくゼリーに限らず，あらゆる物の警告表示を理解する能力はない，として幼児を基準に警告表示の欠陥の有無を論じる必要はないとした。また，高齢者でも，能力の減退が著しい者は，そもそも買い物・摂取をするとは考えられないから，自活能力のある高齢者を対象として考えればよいとする。

　そうすれば，こんにゃくゼリーの外装に印刷してあれば，手に取ったときに仮に隠れても，外装を開封して中のミニカップを取り出すまでには警告表示に気づく機会は何度もあり，さらに消費者が警告表示を意識的に見ることがなくても，事故報道を含めた認知度の高さからしても，こんにゃくゼリーの食品特性（危険性）をあらかじめ知っていたと判示した。

　そして，Aは事故当時1歳9か月であったことからして，こんにゃくゼリーに限らず，食物を与える際は，保護者等（大人）が食べやすい大きさに加工するなどするのが普通であって，幼児がこんにゃくゼリーを大人の介助もないまま自ら食べることは通常予想される使用形態でないとし，さらに国民生活センターによる一連の注意喚起は，文面上，幼児に直接向けられたものではなく，その保護者等を対象としてのものであることまでも指摘した。

　本件では，製造物責任法のいう「通常有すべき安全性」につき，設計上の欠陥と警告表示の欠陥をいずれも否定した。

　従来から危険性があるといわれている「もち」，「ごはん（おにぎりを含む）」，「団子」などと同様，危険の周知性，認知度等高さをもとに消費者が広く商品特性（危険性）を意識していたかどうかを判断基準とし，これを認めた上で，警告表示の対象が誰であるかを判断し，こんにゃくゼリーに記載してある「お子様や高齢者（自活能力のない高齢者）」はその対象ではなく，それらの保護者が対象であると判断した。

　本判決は，こんにゃくゼリーの購入者，購入方法等を具体的に検討した上で，現実の購入者に対する指示・警告が必要としたものであり，子供が直接の購入者となるような製造物には，また別の判断が求められることとなろう。

【羽成　守】

## 第3　通常有すべき安全性

### 3　玩具入りカプセルによる窒息

〔32〕鹿児島地判平成20年5月20日（平成18年（ワ）第22号）
判例時報2015号116頁

☞ **概　　要**

■ **問題点**

1　玩具入りカプセルを誤嚥したことにつき，設計上の欠陥といえるか
2　親の監督過誤の存在が設計上の欠陥の有無判断に影響するか

**判決の内容**

■ **事案の概要**

　玩具メーカーである被告Yの製造するカプセル入り玩具のカプセルが，当時2歳10か月であった原告Xの口腔内に入り，喉を詰まらせ，同人は窒息状態となり，低酸素脳症による後遺症が残ったことから，同人及びその両親であるXらが，Yに対し，設計上等の欠陥があったとして，製造物責任法3条に基づき損害賠償を求めた事案である。

■ **判決要旨**

**1　本件カプセルの設計上の欠陥**

　本判決は，「本件カプセルは直径40mmの球体であること……3歳未満の幼児でも最大開口量が40mmを超えることは珍しくないことからすると，本件カプセルには3歳未満の幼児の口腔に入る危険性があったと認められ

る。」とした上で,「本件カプセルは,表面は概ね滑らかでほとんどゆがみのない球体であったこと,本件窒息事故発生当時……口腔から本件カプセルを除去しようとしたが除去できなかったこと,……病院に搬送されたとき本件カプセルは……喉頭部にはまりこみ,指も届かない部位にあったことからすると,本件カプセルのような表面の滑らかな球体は,一度口腔内に入ると指でつかんで取り出すことが難しいこと,最大開口量とほぼ同じ大きさの物でも口腔の奥へと入り込みやすい形状であることが推認できる。さらに,本件カプセルの表面には,空気抜きの穴が一つあるのみで口腔内に入った場合の通気孔はなかったことから,本件カプセルが咽頭ないし喉頭で停滞すると,気道を完全に閉塞することになる。」と口腔に入った場合の除去の困難性を指摘し,あるべき設計として,「本件カプセルの設計は,乳幼児の口腔内に入ってしまった場合の口腔からの除去や気道確保が非常に困難となる危険な形状であったというべきで,本件カプセルのように幼児が手にする物は,口腔から取り出しやすくするために,角形ないし多角形とし,表面が滑らかでなく,緊急の場合に指や医療器具に掛かりやすい粗い表面とする,また気道確保のために十分な径を有する通気口を複数開けておく等の設計が必要であった」と述べた上で,結論として「本件カプセルは,3歳未満の幼児が玩具として使用することが通常予見される使用形態であるにもかかわらず,3歳未満の幼児の口腔内に入る危険,さらに一度口腔内にはいると除去や気道確保が困難になり,窒息を引き起こす危険を有しており,本件カプセルは設計上通常有すべき安全性を欠いていたというべきである。」と判示した。

### 2 親の監督過誤と設計上の欠陥の関係

次に,本件窒息事故が家庭内で子供が遊んでいる際に発生したものであることから,事故を防止するため必要な監督をするのはその親の責任であるとYは主張したが,「同主張により……製造物の欠陥から生じた損害についての被告の責任を全て否定することはできない。……本件窒息事故当時の監督,管理状況等原告ら側の事情は,損害額の算定で斟酌されるべきである。」として,親の監督過誤が設計上の欠陥を否定するものとはいえないとしたが,損害賠償額の算定に当たり7割の過失相殺を認めた。

# 解　説

## 1　設計上の欠陥の有無を判断するポイント

　本件で製造者の製造物責任の有無を考察するためには，①幼児が本件カプセルで遊ぶことが通常予見される使用形態であるかどうか，②本件カプセルのサイズや形状が通常有すべき安全性を欠いているのかどうかについて検討する必要がある。

## 2　本件カプセルで遊ぶことが通常予見される使用形態であるか

　Yは，本件カプセルは玩具の包装容器であり，カプセルを開けて中の玩具で遊ぶことが予定されているのであって，カプセルで遊ぶことは想定されていないと主張する。これに対して，本判決は，本件カプセルはプラスチック製の球体であり耐用性もあるので，封入されていた玩具を取り出した後でも廃棄しないでボール等の玩具に転用されること，封入されていた玩具と一体のカプセル玩具として頒布されているためこれを玩具に転用することはごく普通の幼児の行動であること，またY自身が本件カプセルに玩具のテストを適用するなど玩具となり得ることを想定していたことを指摘して，本件カプセルで遊ぶことは通常予見される使用形態の一つであると認定した。

　本判決はさらに，封入されていた玩具自体は内容の複雑さや取扱いの困難さから7歳程度の幼児を対象としていたと認められるものの，本件カプセルは投げるとか転がすとかの単純な遊びに使用できるため3歳未満の幼児でも遊ぶことができること，封入されていた玩具自体の対象年齢を満たす幼児が取得した後に家庭等において本件カプセルが3歳未満の幼児の手に渡ることはあり得ることであることから3歳未満の幼児が本件カプセルで遊ぶことは通常予見される使用形態であると認めた。

　そもそも「幼児の遊び」は幼児の創意工夫にかかる能力を養う面が強い。この意味では，玩具そのものではなく玩具を収納していた容器を幼児が玩具の一つとして利用することは，幼児の能力開発の面では望ましいとの見解が教育現場においてもある。

　加えて，容器そのものを玩具の一つとして利用することは，本件判決が述べるように使用形態の一つとして予想されるだけでなく，社会生活上実態と

してもあることから，本判決の認定は妥当と思われる。
## 3 本件カプセルのサイズや形状が通常有すべき安全性を欠いているか

　本件で最も問題となっているのは直径40mmの球体というカプセルのサイズである。Yは，社団法人日本玩具協会（現一般社団法人日本玩具協会）の安全基準（ST基準）が3歳未満の子どものための玩具の直径は31.8mm以上でなければならないとしているが本件カプセルはこの基準をみたしている等と主張している。一方Xは，財団法人母子衛生研究会（現公益財団法人母子衛生研究会）の救命マニュアルによれば，3歳児の口腔の最大開口量に相当する直径39mm以下の物は子どもの口の中に入るので，誤飲や窒息のおそれがあることを指摘している。さらに，Yは，上記のST基準や国際的な諸基準は3歳未満の子どもの喉が完全に広がった状態での咽頭口径であるところ，Xが引用する39mmというのは口腔の最大開口量であって，Xは口腔口径と咽頭口径を混同していると主張している。

　X・Yの上記主張は，安全基準や救命マニュアルの内容との比較における本件カプセルの安全性の有無について述べるものである。

　まず，拘束性や遵守義務の有無に関わらず，安全性確保の観点から考慮に入れるべき信頼に足る公開情報（公的なものに限らない。）に対しては，十分配慮が必要であり，これらを無視した設計には欠陥があると認定される可能性が高いといえる。

　その意味では，本判決が，小児歯科学雑誌の調査から3歳未満の男児の最大開口量が40mmを超えることは珍しくないとし，球状の物体は咽頭又は喉頭に停滞して窒息する場合もあるのであって，これを防ぐためには物体が口腔に入ることを防止することが必要であるとした上で，ST基準を満たすのみでは窒息防止のための十分な安全性を有しているとは認められないと結論づけているのは妥当といえる。

　次に，本件カプセルについては，その形状を球体でなく角型又は多角形としたり，表面を滑らかにしないで指や医療器具にかかりやすい粗い表面としたり，気道確保のために十分な径を有する通気口を複数開けておく等の設計が必要であったと判決が指摘しているのは，それが技術的・コスト的に実現可能性が高いと考えられることからしても合理的である。すなわち，危険回

避の難易が設計上の欠陥の有無にかかる判断の一要素と考えるべきである。この点，現実に玩具そのものについては，その形状や材質において，飲み込みの際に気道を確保し取り出しが容易なものとなるよう様々な工夫がされていることからも，玩具を包装する容器にもその工夫がなされてしかるべきであり，危険回避の難度は低いといえる。

### 4 親の監督過誤と設計上の欠陥，過失相殺

本件窒息事故が家庭内で子供が遊んでいる際に発生したものであることから，事故を防止するため必要な監督をするのはその親の責任であるとのYの主張に対して，本判決が，製造物の欠陥から生じた損害についてのYの責任を否定することはできないと判断したことは妥当といえる。すなわち，設計上の欠陥の有無と親の監督過誤の問題は別次元の問題というべきである。

その上で，本判決は，本件事故はXの自宅内でその母親が見ている中で発生したものであり，その事故を防止する注意義務は一次的には両親にあるにもかかわらず，母親が本件カプセルで遊んでいるのを漫然と放置し十分な管理・監督を怠ったとして7割の過失相殺を行っている。具体的な事実関係が不明であるが，本件カプセルで遊んでいたことを母親が目撃したにもかかわらずそれを放置したというだけで7割の過失相殺を認定したとすれば疑問がある。本件カプセルを常態的に幼児が利用しそれに母親が気づいていたのに放置していたとか，本件カプセルを舐めている現場を母親が目撃していたといった特別な事情がない限り過失相殺の程度としては重きに過ぎるのではなかろうか。

### 5 その他の判例

子供による目的外使用の事例として大阪高判平成18年2月16日（（平成17年(ネ)第981号）公刊物未登載）がある。これは，自宅の居間に置かれていた収納箱に入って遊んでいた子供が，収納箱が閉まった際に留め金がかかり，その中で窒息死したというものである。通常予見される使用形態を超えたものとして，「子供が本件収納箱の蓋を閉めて遊ぶという子供の行動様式や心理を考慮しても，本件収納箱が通常有すべき安全性を欠いているとは認められない。」とした。

【兼松　浩一】

## 第3　通常有すべき安全性

### 4　油圧裁断機による圧死

〔33〕東京高判平成13年4月12日（平成12年（ネ）第4148号）
判例時報1773号45頁

☞ **概　　要**

■ 問題点

1　油圧裁断機の通常有すべき安全性
2　設計上の欠陥の有無

### 判決の内容

■ 事案の概要

　1　Aは，Yが製造した油圧裁断機（本件機械）を工場内で操作してプラスチック製の食品容器（フードパック）の裁断作業に従事していたところ，裁断済みのフードパックを積み重ねて搬送するリフト上のコンベアに荷崩れを起こしたフードパックが残っていたため，機械を停止せず，コンベアを載せたリフトの横から上半身を入れてフードパックを取り除こうとした際，上昇してきたリフトとその天井部分に頭部を挟まれて死亡した。

　2　原告であるAの子らXは，①裁断したフードパックがコンベア上で頻繁に荷崩れを起こし，しかも，その際には手作業で取り除くしかなく，自動的に除去できないことは，本件機械が裁断されたフードパックを自動的にピックアップして積載，搬送することをその特性としていることに照らし，重大な欠陥であると主張し，また，②頻繁に荷崩れが起き，崩れたフードパッ

クが除去しにくい場合，手や身体をリフトに入れて取り除こうとする行為に出てしまうことは予見し得ないものではないとして，このような行為に対する防護装置がないことについて設計上の欠陥を主張するとともに，③本件機械の危険性やその回避方法について記載した説明書も存在せず，本件機械にも危険性に関する警告表示等は存在しなかったとして警告上の欠陥を主張した。

### ■ 判決要旨

　本判決は，まず，本件機械が頻繁に荷崩れを起こすことにつき，フードパックの材質，形状，重量等からある程度不可避と考えられるとして，本件機械が荷崩れを起こす構造となっていたこと自体は本件機械の欠陥ということはできないと判示した。

　次に，荷崩れしたフードパックを除去する方法は本件機械を停止させるか，手動モードでリフトを下降させるなど，本件機械による作業を相当時間中断しなければならないものであり，作業効率を低下させるとして，本件機械で予定されていた荷崩れ品の排除策は，フードパックを自動搬送する機械としては適切なものではなかったと認定し，本件機械で予定されていた荷崩れ品の排除策が不適切なものであったという状況にあっては，客観的に見れば危険な行為であっても，作動しているリフトの上部に手や身体を入れて崩れたフードパックを取り除こうとすることをもって，予測の範囲を超えた異常な使用形態であるということはできないとして，本件機械は，適切な排除策が講じられていなかった点で通常有すべき安全性を備えておらず欠陥があったとし，仮にそうでないとしても，本件のような不適切な排除策を前提に本件機械を設計しておきながら，リフト上に手や身体が入ったときに本件機械が自動的に停止するような対策が講じられていなかった点で本件機械には欠陥があったものと認めることができるとして，設計上の欠陥を肯定した。

## 解　説

### 1　本件機械の構造

　本判決によると，本件機械の構造は以下のとおりである。
　まず，本件機械は，フードパックを複数連なった成型品から裁断する裁断機の部分と，裁断したフードパックを吸着盤で運び一定数量になると自動的にコンベアで隣接する梱包場所まで搬送するリフト部分からなっており，フードパックの連なった成型品を裁断機部分のテーブル上に載せ，フットペダルを踏んで裁断すると，自動的にフードパックは吸着盤で吸い上げられて隣のリフト上の第一コンベアまで運ばれ，そこに落とされて順次積み上げられた後，一定の数量になると第一コンベアを載せたリフトが自動的にフードパックの内容に応じて55ないし64センチまで下降し，積み重ねられたフードパックを載せた第一コンベアが動いて隣の第二コンベア上（梱包場所）にフードパックを移動させ，それが終わると第一コンベアを載せたリフトは再び上昇して最上部で停止する構造となっており，これが1サイクルである。
　そして，第一コンベアを載せたリフトは最上部まで上がっても床面から約109センチであり，そこから55ないし64センチ下まで下降するのに約7秒，上昇するのに約6秒かかり，下降開始から再び上昇して最上部で停止するまでの時間はおよそ20秒であり，その間，リフトやコンベアが作動することを警告するためのブザーが鳴り続けている。
　また，本件機械は，フードパックの性質，数量の条件及び静電気の影響によりフードパックがうまく積み重ねられずに荷崩れを起こすことが多く，本件の工場では10サイクルに1回の割合で荷崩れが起きていた。
　荷崩れが起きた場合，フードパックが第一コンベア上に残ってしまうことがあり，そのままでは次のサイクルでも荷崩れが起きるため，残ったフードパックを除去する必要があり，その方法としては第一コンベアを載せたリフトが再度上昇して最上部で停止した時点で天井と第一コンベアとの間の10センチほどの隙間から取り除くか，手動モードに切り替えて第一コンベアを載せたリフトを適当な高さまで下降させ，またはリフトの非常停止ボタンを押して停止させて取り除くかのいずれかの方法が考えられていた。

さらに，本件機械には非常停止ボタンが設置され，裁断機部分にはセンサーが取り付けられており，手や身体が入ったときは機械が停止するようになっていたが，本件事故当時，第一コンベアを載せたリフト部分にはそのような装置はなく，また，リフト部分は裁断機のある側を除いた三方向は遮蔽物もなく開いていて身体を入れることが可能であったが，手足や身体を入れては危険である旨の警告表示はなかった。

## 2　設計上の欠陥及び警告上の欠陥について

　(1)　本件において，原告は，設計上の欠陥及び警告上の欠陥を主張したが，判決は，設計上の欠陥については判断したものの，警告上の欠陥については，警告表示がなかったことには言及しているものの，警告上の欠陥の有無については判断していない。

　そもそも，警告上の欠陥は，製造物に危険が存在するものの，有用性・効用との関係で危険の除去が困難であり，設計上の欠陥が認められない場合において初めて問題となるものであるところ，本件では，物的性状の変更が必要であり設計上の欠陥が認められる以上，もはや警告上の欠陥について論じる余地がないとして判示しなかったものと考えられる。

　(2)　次に，欠陥とは，当該製造物の特性，その通常予見される使用形態，その製造業者等が当該製造物を引き渡した時期その他の当該製造物に係る事情を考慮して，当該製造物が通常有すべき安全性を欠いていることをいい（法2条），設計上の欠陥については，製造物の種類・性能・危険性，事故発生の予見可能性，事故回避の可能性，使用状況，製造・流通当時における当該製造物に対する社会通念等を総合的に考慮し，当該製造物が通常有すべき安全性を欠いているか否かを判断する必要がある。

　(3)　設計上の欠陥の判断要素につき，本判決以前の裁判例をみると，東京地判平成7年7月24日（判タ903号168頁）は，製造物責任法制定前の事件ではあるが，原告がポテトチップスの袋を持った幼児に顔を近づけたところ，幼児が手を振ったためポテトチップスの袋の角が原告の右目に当たって負傷した事案につき，「本件袋についていえば，自らその中身のポテトチップスを食べることのない生後6～7か月の幼児が袋を手に持って遊ぶことを通常予想して製造販売されるものとはいえないのみならず，本件袋が消費者の手

で開封されるまでの間に，菓子袋本来の用法とは無関係の本件事故のような事態を予想して包装の材質・形状を工夫したものでなければ，その製品には安全性を欠いた欠陥があるというべきでもない。」と判示し，当該製造物の本来の用法とは異なる使用形態における事故に関して，菓子袋の種類・危険性，予見される使用形態，事故発生の予見可能性等，上記判断基準を総合的に考慮して通常有すべき安全性の有無を判断している。

### 3 本判決の検討

(1) まず，本判決は，本件機械が頻繁に荷崩れを起こすこと自体の欠陥性を否定している。

フードパックの材質，形状及び特性等からすると，フードパックを積み重ねる過程での荷崩れを完全に防止することは困難と考えられ，本件機械の構造上荷崩れは不可避である。

そもそも，「欠陥」とは，製造物が通常有すべき安全性を欠いていることをいい（法2条2項），フードパックの荷崩れが生じることは本件機械の性能上の問題であり，本件機械の安全性に関わるものではないため，荷崩れが生じること自体は製造物責任法上の「欠陥」ではなく，本判決もこの点を考慮して荷崩れを起こすこと自体の欠陥性を否定したものと考えられる。

(2) 次に，本判決は，本件機械で予定されていた荷崩れ品の排除策は不適切であると認定し，作業効率を犠牲にせず，安全に荷崩れ品を排除することは十分に可能であったとして，適切な排除策が講じられていなかった点で本件機械は通常有すべき安全性を備えていなかったとして設計上の欠陥を肯定した。

また，本判決は，仮に，適切な排除策が講じられていなかった点につき設計上の欠陥が認められないとしても，通常の操作担当者であれば作業効率を考え，あるいは，作業が中断して円滑に進まないことを嫌って機械を停止させることなく問題を解消しようと考えることが当然予想され，リフト作動中に崩れたフードパックを取り除こうとする行動に出ることが想定されるとして，本件機械の製造者はこのような操作担当者の心理にも配慮して機械の安全性を損なうことのないようにする必要があり，本件機械で予定されていた荷崩れ品の排除策が不適切なものであったという状況では，Aの行為は客観

的に見れば危険な行為ではあっても，予測の範囲を超えた異常な使用形態ということはできないと判示し，リフトに手や身体が入ったときに本件機械が自動的に停止するような対策が講じられていなかった点につき設計上の欠陥を肯定した。

　(3)　上記のとおり，本判決は，①適切な排除策が講じられていなかった点，②不適切な排除策を前提としていながらリフトが自動的に停止する等の対策が講じられていなかった点について設計上の欠陥を認めており，②については通常有すべき安全性の判断に当たって作業効率や作業状況等に基づく操作者の行動を考慮している。

　この点，製造者において，本件機械が設置された工場の個別具体的な作業効率及び作業状況を予見することは困難であり，作業効率やこれに基づく操作者の行動まで考慮・予見して製造物の設計をしなければならないとすると製造者に対して過度な負担を強いることになるとも考えられる。

　しかし，本件機械のリフト部分は人を圧殺するほどの危険性を有する構造であったにもかかわらず，荷崩れ品の排除策としてはリフトが最上部で停止した時点で10センチの隙間から除去するか，非常停止ボタンでリフトを停止させて除去するかのいずれかの方法しか想定されておらず，手や身体等が入ると自動的に停止する等の措置は講じられておらず，本件機械の有する危険性に鑑みるとその排除策は不適切であったと言わざるを得ない。

　また，本判決が指摘するように，本件機械については，「リフトが最下部でフードパックを梱包場所に移動させた後，そのまま停止するか，あるいはリフトが最上部まで上がらずに，もっと下で一旦停止して，次のサイクルに入ると同時に最上部まで上昇していくようなシステム」等，より適切な排除策を講じることも可能であったと考えられる。

　本件機械の特性，性能及び危険性からすると，本件機械の設計時において，本件機械操作者の具体的行動までは予見不可能であったとしても，当初予定されていた排除策では何らかの事故が発生する可能性を予見することは可能であったといえ，当該予見に基づき他の排除策を講じることも十分可能であったと考え，本判決は，設計上の欠陥を肯定したものと考えられる。

【保原　麻帆】

## 第3 通常有すべき安全性

### 5 軽油代替燃料による車両トラブル

〔34〕東京地判平成20年4月24日（平成17年（ワ）第14843号）
判例時報2023号77頁

☞ **概　　要**

■ **問題点**

1　軽油代替燃料を精製する装置の欠陥
2　軽油代替燃料が通常有すべき安全性
3　装置の欠陥と軽油代替燃料使用車両に生じたトラブルとの因果関係

## 判決の内容

■ **事案の概要**

1　Yは，大学との共同研究により廃食用油から軽油代替燃料（以下「BDF」という。）を精製する装置を開発し，当該装置の製造，販売を始めた。

Aは，販売代理店から説明を受けた後，上記装置によって精製したBDFの販売事業を行うX社を設立し，Xは，上記装置の一号機を購入してBDFの販売を始め，その後，二号機を購入し（以下，一号機及び二号機をまとめて「本件装置」といい，本件装置により精製されたBDFを「NERO」という。），NEROを製造，販売したところ，購入，使用した顧客の車両にタイミングベルトの破損，エンジンの焼付け，エンジン始動不良及びアイドリング不調等のトラブルが発生したことから，XはNEROの販売を中止した。

2　そこで，Xは，BDFの精製に使用されるメタノールは金属やゴムに

対する攻撃性を有し，メタノールが残留する場合には既存車両に重大な損傷を与える危険性があり，残留メタノールが0.2質量％以下でなければ通常有すべき安全性を具備しているとはいえないところ，本件装置は，NEROの残留メタノールを0.2質量％以下まで除去する装置を持っていないことから，本件装置には製造物責任法上の欠陥があると主張した。

なお，Xは，Yに対する製造物責任の他にも，Yの代表取締役に対して旧商法266条の3，Yと本件装置を共同開発した大学に対して共同不法行為責任及び製造物責任，本件装置の販売代理店に対して債務不履行責任及び瑕疵担保責任等を主張したが，本件では，Yに対する製造物責任についての判決内容について検討する。

## ■ 判決要旨

1 本判決は，本件装置の欠陥につき，そこから精製されるNERO自体が通常有すべき安全性を欠いていなければ，欠陥のないNEROを精製する本件装置に欠陥があるということはできないと判示したうえで，NEROが通常有すべき安全性については，本件装置が引き渡された時点において，BDF事業者や研究者等が有していたBDFの特性に対する一般的な認識を基準として判断するのが相当であると判示している。

また，本件装置により精製されたNEROの残留メタノールが2質量％程度であり，そのような多量のメタノールが残留するNEROは通常有すべき安全性を欠いているとのXの主張に対し，本判決は，本件装置の取扱説明書には，使用する廃食用油は植物性限定であり，使用環境として外気温30℃であること等が記載されていることからすると，本件装置が本来の性能を発揮して燃料を精製するためには，原料の質や使用環境についてこれらの条件を満たす必要があり，これらの条件を満たさないで本件装置が使用された場合には，その使用方法は通常予見される使用形態を逸脱したものであるとし，本件では，NEROの分析結果等に基づき，通常予見される使用形態で使用された本件装置により精製されるNEROに残留するメタノール量は，おおむね0.51質量％から2質量％程度の範囲であると推認した。

そして，①当時のBDF事業者等の間では，BDFにはゴム膨潤作用や金属

膨潤作用があり，既存のディーゼル車両に使用すればエンジントラブル等が生じ得るも，所定のメンテナンス等を行うことで軽油代替燃料として使用できるとの認識があったと認められること，②5％未満の残留メタノールの燃料系統部品への影響等について具体的な研究等はされておらず，2質量％残留した場合に問題がある等の具体的な制限値の認識があったとは認められないこと，③欧州諸国等の規格においてメタノールは0.2質量％以下等と定められていたが，その具体的数値は主として引火点の設定に応じて定められたことがうかがわれ，ゴムや金属に対する攻撃性の観点から定められたものと認めるに足りない等と判示して，BDF中に2質量％のメタノールが残留していることをもってそのBDFが通常有すべき安全性を欠くということはできないとして，本件装置により精製されるNERO自体が通常有すべき安全性を欠くとはいえず，安全性を欠くNEROを精製する本件装置に欠陥があるとするXの主張はその前提を欠いているとして本件装置の欠陥を否定し，Xの主張を退けた。

**2** 次に，本判決は，仮に，NEROに0.5質量％から2質量％程度のメタノールが残留することが製造物責任法上の欠陥に該当すると仮定したうえで，NERO使用車両に生じた各トラブルについて詳細に検討している。

まず，タイミングベルト破損については，BDF自体が有するゴムに対する攻撃性に起因して燃料系統のゴムが劣化して燃料漏れが生じた可能性があり，また，冬季の秋田県で本件装置を稼働させていたことからすれば，30℃を大きく下回る低温での稼働という通常予想される使用形態を逸脱した状況下で本件装置を使用し，残留メタノール量が通常よりも多くなった可能性が否定できないとして，車両トラブルと欠陥との因果関係を否定した。

また，エンジンの焼付けについては，NERO使用車両が長期間メンテナンスを怠ったことに起因して燃料噴射ノズルが劣化したことやNEROの保管状態等が悪いために燃料の性状が悪化した可能性を指摘して因果関係を否定し，さらに，エンジン始動不良及びアイドリング不調等のトラブルについては，BDF自体の特性によるものである可能性が高いとして，2質量％のメタノールが残留したことが原因であると認めるに足りる証拠はないとして，やはり因果関係を否定した。

# 解　説

## 1　本件装置の欠陥

　本件において，Xは，NEROをディーゼル車両に使用するとトラブルが発生し，BDFの残留メタノールが0.2質量％以下でなければ当該BDFは通常有すべき安全性を具備しているとはいえないところ，本件装置はNEROの残留メタノールを0.2質量％以下まで除去する装置を持っていないとして，車両トラブルを起こす危険性のある本件装置の欠陥を主張した。

　これに対し，本判決は，本件装置の欠陥を判断するに当たり，本件装置により精製されるNERO自体が通常有すべき安全性を欠いていないということになれば，欠陥のないNEROを精製する本件装置に欠陥があるということはできないと判示して，本件装置の欠陥の有無を判断するに当たり，まずはNERO自体の通常有すべき安全性の有無を判断した。

　そもそも，NERO自体の安全性は本件装置自体の安全性とは異なるものであり，NERO自体の安全性の有無が本件装置の安全性を直接結論づけるものではないが，いかに本件装置にNEROの残留メタノールを一定質量まで除去する装置がなかったとしても，当該NERO自体の安全性に問題がなく危険性がないのであれば，そのようなNEROを精製する本件装置の欠陥は問題にならないのであるから，本判決は，このような点を考慮して本件装置の欠陥を判断する前提として，NEROが通常有すべき安全性について判断したものと考えられる。

　そのうえで，本判決は，本件装置の開発，製造及び販売開始に至る経緯，Xによる本件装置購入の経緯，本件装置の構造，XによるNERO販売後の車両トラブル，諸外国及び日本国内におけるBDFに関する規格，BDFに関する技術的知見等を詳細に検討，認定したうえ，後述のとおり，NEROは通常有すべき安全性を欠いているとはいえないとして，本件装置に欠陥があるとするXの主張は前提を欠いていると判示した。

　そこで，以下，NEROが通常有すべき安全性に関する本判決の判旨について検討する。

## 2　軽油代替燃料が通常有すべき安全性の判断基準

(1) 本判決は, NERO が通常有すべき安全性の判断基準につき, 本件装置が引き渡された時点を基準時として, 当時, BDF 事業者や研究者が有していた BDF の特性に対する一般的な認識を基準として判断すべきとした。

製造物責任法4条1号は, 製造業者等の免責事由として当該製造物を引き渡した時における科学又は技術に関する知見によっては当該製造物に欠陥があることを認識できなかったことを証明した場合を規定しており, 製造物が通常有すべき安全性は, 一般的に製造物を流通に置いた時点の最先端の科学・技術水準を基準に判断されるとされている。例えば, 最判平成25年4月12日民集67巻4号899頁, 判時2189号53頁, 判タ1390号146頁〔**判例35**〕が, 医療用医薬品の副作用に係る添付文書に関する指示・警告上の欠陥の有無を判断するに当たり, 当該医療用医薬品の効果または効能から通常想定される処方者ないし使用者の知識及び能力を考慮し, 予見し得る副作用の危険性が処方者等に十分明らかにされているといえるか否かとの観点から判断すべきとしているのと同様に, NERO 購入者, 使用者の属性等も考慮して判断しようとしたものと考えられる。要は, はさみを児童に売るのかプロの裁断師に売るのかによって備えるべき安全性が異なるように, 本件 NERO が特定の事業者によって扱われること等を考慮し, 本件装置引き渡し時点での BDF 事業者等が有していた一般的認識を基準とする旨判示したものである。

(2) まず, 欠陥判断の基準時については, 製造物に欠陥がある場合における製造業者等に対する帰責根拠は, 欠陥のある製造物を製造し, 他人に引き渡したことにあるため, 製造業者が製造物を当該他人に引き渡し, 欠陥による危険を現実化した時期が基準時となり, 本件では本件装置が X に引き渡された時点が基準時となる。

(3) 次に, NERO が通常有すべき安全性の判断基準については, 製造物責任法2条2項が規定するように, 製造物の特性, その通常予見される使用形態, その製造業者等が当該製造物を引き渡した時期その他の当該製造物に係る事情等を考慮して判断すべきである。

この点, 本判決は, BDF の特性につき, 車両のメンテナンス等を行えば東京地方の気象条件であれば軽油代替燃料として使用し得るものと認識され

ていたこと，基準時において，BDF事業者にとっては，高濃度のメタノールを含有する燃料を通常の車両に使用した場合には，アルミやゴム部分の劣化を招く可能性が高く，トラブルが生じる危険性があり，また，BDFに高濃度のメタノールが残留した場合には，これに起因してエンジントラブルが発生する危険性があり，残留メタノールは少ない方が望ましいと認識されていたことを認定し，他方，BDFの残留メタノール量とエンジンへの影響についての具体的な研究や実験等は行われてなかったものと推認され，残留メタノールのゴム製品や金属製品への攻撃性の観点から，残留メタノールをどの程度の量まで制限すべきかについてBDF事業者の間で共通認識があったとは認められないと判示した。

また，通常予見される使用形態については，NEROの残留メタノール量は原料である廃食用油の質や温度等の精製条件に依存するところ，本件装置の取扱説明書に使用する廃食用油は植物性限定であり，使用環境として外気温30℃であることが記載されていること，廃食用油の酸価度は4未満とすべきという使用原料についての条件があったこと，本件装置の導入に当たり，YからXに対し，装置の管理及び生成された燃料は各ユーザーの責任において使用することになり，生成条件等の管理等は各ユーザーの責任において使用すること等が説明されていた等と認定し，これらの条件を満たした場合には通常予見される使用形態であると判示しており，NEROの特性により予見可能な使用形態に加え，YからXに対する説明内容も考慮して通常予見される使用形態を判断している。

(4) さらに，本判決は，本件装置引き渡し当時におけるBDF事業者等が有していた一般的認識を基準としてNEROの通常有すべき安全性について判断しているが，本件のXはY及びNEROの販売代理店からNEROの特性，使用条件等についての説明を受けたうえで本件装置を購入し，NEROを精製，販売していたのであるから，一般消費者ではなくBDFを取扱う事業者の認識を基準とすべきは当然である。

本判決は，上記のとおり認定したうえで，NEROが通常有すべき安全性を有していると判断した。

**3 本件装置の欠陥と軽油代替燃料使用車両に生じたトラブルとの因果関**

係

(1) 次に、本件では、Xが本件装置により精製、販売したNEROを使用した車両にタイミングベルトの破損、エンジンの焼き付け等のトラブルが生じているところ、本判決は、前述のとおり、NEROの残留メタノール量が製造物責任法上の欠陥に該当すると仮定しても、当該欠陥と車両のトラブルとの間の因果関係は認められないとした。

このように、本判決は、本件装置及びNERO自体の欠陥を否定したうえで、さらに、NEROの残留メタノールと当該トラブルとの因果関係について検討し、当該トラブルはNEROの使用状況、性状劣化及び特性等を原因である可能性を指摘し、本件装置の欠陥との因果関係を否定している。

(2) 本件装置及びNERO自体の欠陥を否定した以上、改めてNEROとNERO使用車両のトラブルとの因果関係を考慮する必要はないとも思えるが、本件においてトラブルが頻発し、最終的にXがNEROの販売中止に追い込まれていることに鑑みてNEROの残留メタノールと事故との因果関係を検討し、当該トラブルがNEROの残留メタノール以外を原因とする可能性を指摘することで、改めて、本件装置が通常有すべき安全性を有していることを判示したものと考えられる。

### 4 債務不履行責任

(1) 本件において、Xは、本件装置には欠陥があるため、自己に本件装置を販売した代理店は債務の本旨に従った履行をしていないとして販売代理店に対して債務不履行に基づく損害賠償を請求した。

これに対し、本判決は、廃食用油からBDFを製造する欠陥のない装置が引き渡されていれば債務の本旨に従った履行があったというべきであるとして、本件での債務の本旨に従った履行の存在を認定し、販売代理店に対する債務不履行責任を否定した。

(2) 前述のとおり、本判決は、NERO自体が通常有すべき安全性を欠いていないことを前提に本件装置の欠陥を否定し、当該判断を基に債務の本旨に従った履行について判断している。

【保原　麻帆】

# 第3　通常有すべき安全性

## 6　イレッサの指示・警告内容

〔35〕最判平成25年4月12日（平成24年（受）第293号）
民集67巻4号899頁，判例時報2189号53頁，判例タイムズ
1390号146頁

☞ 概　　　要

■ 問題点

1　医療用医薬品の指示・警告上の欠陥
2　医療用医薬品における添付文書の副作用に関する記載の適否

## 判決の内容

■ 事案の概要

1　末期の肺がん患者であったAらは，Y社が厚生労働大臣の輸入承認を得て輸入販売した抗がん剤「イレッサ錠250」（以下「イレッサ」という。）を服用したところ，間質性肺炎を発症して死亡した。

2　そこで，Aらの遺族である原告Xらは，被告Yに対し，イレッサは医薬品として有効性，有用性を欠いているとして設計上の欠陥を主張し，また，輸入承認時点までにYが認識し得たイレッサの副作用としての間質性肺炎に関する情報によれば，Yはイレッサの副作用である間質性肺炎が致死的なものとなりうることを認識し得たにもかかわらず，販売開始当初の添付文書にはその旨の具体的記載がなく，間質性肺炎についての記載が不適切である等として，指示・警告上の欠陥があるとして製造物責任を主張するととも

に，Yは適切に副作用について記載すべき義務等を怠ったとして不法行為責任を主張した。

さらに，Xらは，国に対し，厚生労働大臣がイレッサの輸入承認をしたこと，イレッサの輸入承認時及び承認後に規制権限を行使しなかったことにつき国家賠償を求めた。

本判決は，上記Xらの請求のうち，国に対する請求部分の上告等は棄却，上告不受理決定により退け，Yに対して指示・警告上の欠陥があると主張する部分についてのみ判断を示している。

## ■ 判決要旨

本判決は，「医薬品は，人体にとって本来異物であるという性質上，何らかの有害な副作用が生ずることを避け難い特性があるとされているところであり，副作用の存在をもって直ちに製造物として欠陥があるということはできない。」とし，「その通常想定される使用形態からすれば，引渡し時点で予見し得る副作用について，製造物としての使用のために必要な情報が適切に与えられることにより，通常有すべき安全性が確保される関係にあるのであるから，このような副作用に係る情報が適切に与えられていないことを一つの要素として，当該医薬品に欠陥があると解すべき場合が生ずる。」としたうえで，「医療用医薬品については，副作用に係る情報は添付文書に適切に記載されているべきものといえるところ，添付文書の記載が適切かどうかは，副作用の内容ないし程度（その発現頻度を含む。），当該医療用医薬品の効能又は効果から通常想定される処方者ないし使用者の知識及び能力，当該添付文書における副作用に係る記載の形式ないし体裁等の諸般の事情を総合考慮して，上記予見し得る副作用の危険性が上記処方者等に十分明らかにされているといえるか否かという観点から判断すべきものと解するのが相当である。」と判示した。

そして，本判決は，本件輸入承認時点において国内の臨床実験において間質性肺炎による死亡症例はなかったこと等からイレッサには発現頻度及び重篤度において他の抗がん剤と同程度の間質性肺炎の副作用が存在するにとどまるものと認識されていたことから，Yは，イレッサの輸入販売当時の添付

文書に「警告」欄を設けず,「使用上の注意」欄の「重大な副作用」欄の4番目に間質性肺炎についての記載をしたと認定し,肺がんの治療を行う医師は,一般に抗がん剤には間質性肺炎の副作用が存在し,これを発症した場合には致死的となることを認識していたのであり,上記医師が添付文書の上記記載を閲読した場合にはイレッサに他の抗がん剤と同程度の間質性肺炎の副作用が存在し,イレッサの適応を有する患者がイレッサ投与により間質性肺炎を発症した場合には致死的となりうることを認識するのに困難はなかったことは明らかであり,このことは「重大な副作用」欄における記載の順番や他に記載された副作用の内容,本件輸入承認時点で発表されていた医学雑誌の記述等により影響を受けるものではないと判示した。

さらに,イレッサ販売開始から約3か月後にYにより発出された緊急安全性情報(イレッサの投与により急性肺障害,間質性肺炎が現れることがあること,急性肺障害,間質性肺炎等の重篤な副作用が起こることがあり,致命的な経過をたどることがあること等が記載されており,定期的に検査を行うこと等の注意事項が記載されている。)につき,本判決は,緊急安全性情報は,服薬開始後早期に症状が発現し,急速に進行する間質性肺炎の症例が把握されたことを受けて発出されたもので,このように急速に重篤化する間質性肺炎の症状は,他の抗がん剤による副作用としての間質性肺炎と同程度ということはできず,また,本件輸入承認時点までに行われた臨床実験等からこれを予見し得たものともいえないとして,上記添付文書の記載が本件輸入承認時点において予見し得る副作用についてのものとして適切でないということはできず,Aらに投与されたイレッサは,遅くともAらへの投与開始時にはYからの引渡しがされていたことは明らかであるところ,輸入承認時点から投与開始時までの間に添付文書の記載が予見し得る副作用についての記載として不適切なものとなったとみるべき事情はないとして,イレッサの指示・警告上の欠陥を否定し,Xの主張を退けた。

# 解　説

## 1　医薬品の欠陥

　医薬品は他の製造物と異なり，人体にとって本来異物であることから，何らかの副作用が生じ得ることは不可避という特性を有する。

　したがって，医薬品については，副作用の存在から直ちに欠陥の存在を認めることはできず，当該医薬品の効能，効果との比較及び副作用についての指示・警告の内容等を総合考慮して欠陥の有無を判断すべきである。

　ちなみに，輸血用血液製剤（血液に保存液，抗凝固液等を加えたもの）については，生命の危険に際して使用されるものであり，他に代替する治療法がなく極めて有用性が高いこと，輸血によるウイルス等の感染や免疫反応等による副作用が生じるおそれがある旨の警告表示がなされていること，輸血用血液製剤は，世界最高水準の安全対策を講じたうえで供給されているが，技術的にウイルス感染や免疫反応等による副作用の危険性を完全に排除できないこと等の特性を有することから，引渡し時点の科学技術水準では技術的に排除できないウイルス等の混入や免疫反応等による副作用は欠陥に該当しない旨の政府見解（平成6年政府統一見解）が示されている。

## 2　指示・警告上の欠陥判断の基準時

　(1)　製造業者等は，欠陥のある製造物を製造し，他人に引き渡したことにより当該他人の生命，身体又は財産に被害が生じた場合に製造物責任法に基づく損害賠償責任を負担するものであるから，欠陥判断の基準時は製造業者等が当該製造物を引き渡した時点であり，医薬品の場合，引渡し時点で予見し得なかった副作用に基づく損害については，医薬品製造業者に対して製造物責任を問うことはできないことになる。

　(2)　本判決は，イレッサの輸入承認時までの国内外の臨床実験結果等を認定し，添付文書の記載は本件輸入承認時点において予見し得る副作用についてのものとして適切でないということはできないとしたうえで，輸入承認時点から投与開始時までの間に添付文書の記載が予見し得る副作用についての記載として不適切なものとなったとみるべき事情はないと判示しており，輸入承認時から投与開始時に至るまでの間を通じて添付文書の記載の指示・警

告上の欠陥を否定している。本判決は，輸入承認がなされた時点でイレッサの引渡しがなされる可能性を考慮して輸入承認時点で判断したものと考えられる。

ちなみに，本判決の田原睦夫裁判官の補足意見は，「製造物責任法2条に定める「欠陥」は，当該製造物が「通常有すべき安全性を欠いていることをいう」と定義されているところ，その安全性具備の基準時は，あく迄，当該製造物が流通におかれた時点と解すべきものである」としたうえで，「製造物が流通におかれた時点においては，社会的にみて，「通常有すべき安全性」を具備していたにも拘らず，事後の知見によってその安全性を欠いていたことが明らかになったからといって，遡及的に流通におかれた時点から「欠陥」を認定すべきことにはならない（事後の知見によって安全性を欠いていることが明らかになった後に流通におくことについては，製造物責任が問われ得るが，それ以前に流通しているものは製造物責任の問題ではなく，回収義務，警告義務等の一般不法行為責任の有無の問題である。）。」と判示し，あくまでも流通におかれた時点までの知見に基づいて通常有すべき安全性を判断すべきであると述べている。

なお，イレッサについては，本判決と同内容の訴訟が提起され（大阪地判平成23年2月25日訟月58巻3号1132頁），控訴審判決（大阪高判平成24年5月25日訟月59巻3号740頁）で原告の請求が全部棄却され，最高裁への上告等がなされていたが，本判決と同日付で上告等を棄却，不受理とする決定がなされている。

## 3 通常有すべき安全性を判断するに当たり考慮すべき事情

(1) 本判決は，医薬品の特性からして，副作用の存在をもって直ちに製造物として欠陥があるということはできないとしたうえで，「添付文書の記載が適切かどうかは，副作用の内容ないし程度，当該医療用医薬品の効能又は効果から通常想定される処方者ないし使用者の知識及び能力，当該添付文書における副作用に係る記載の形式ないし体裁等の諸般の事情を総合考慮して，予見し得る副作用の危険性が処方者等に十分に明らかにされているといえるか否かという観点から判断すべき」と判示した。

(2) イレッサのような医療用医薬品は，医師が患者の病気の症状等を検

査，診察したうえで，治療の必要性に基づいて処方するものであるから，当該治療に当たる医師が添付文書を閲読した場合において，予見し得る副作用の危険性を理解できるか否かにより通常有すべき安全性の有無を判断すべきであり，医学的知識のない者を基準とすべきではない。

そして，本判決は，医師が添付文書の記載を閲読した場合にはイレッサに他の抗がん剤と同程度の間質性肺炎の副作用が存在し，患者がイレッサ投与により間質性肺炎を発症した場合には致死的となり得ることを認識するのに困難はなかったことは明らかであると認定し，添付文書の記載は通常有すべき安全性を備えている旨判断した。

また，本判決は，イレッサを投与された患者が，投薬開始後早期に症状が発現し，急速に進行する間質性肺炎の症状が見られたことについては，これは他の抗がん剤による副作用としての間質性肺炎と同程度ということはできないが，輸入承認時点までに行われた臨床実験等からこれを予見し得たとはいえないとして，通常有すべき安全性の判断の考慮要素から除外している。

### 4 医薬品の欠陥についての他の裁判例

(1) 医薬品の欠陥については，名古屋地判平成16年4月9日（判時1869号61頁，判タ1168号280頁）がある。

(2) この裁判例は，XがYの輸入した医療用漢方薬を服用したことにより腎不全に罹患したとするXがYに対し，Yは，当該漢方薬につき，服用により腎不全という副作用が出ることについての警告をしなかったとして製造物責任を主張した事案につき，当該漢方薬を長期間，継続的に処方することは通常予見できる使用形態であると判示し，当該漢方薬に含まれる成分が腎障害という副作用を引き起こすこと，当該漢方薬の添付文書には副作用として腎障害の存在が指摘されていないこと，当該漢方薬の効能は腎毒性を含まない原料により代替することは容易に可能であったこと等を認定し，Yが当該漢方薬を輸入した時期における薬学上の水準によれば，Yは，当該漢方薬輸入時点において，上記腎毒性を含む成分を漢方薬として使用した場合には腎障害を発症することを知り得たにもかかわらず，当該漢方薬には副作用として腎障害があることが表示されていない等として，当該漢方薬の欠陥を肯定し，Yの製造物責任を肯定している。

【保原　麻帆】

## 第4章

# 損害

# 概　説

　PL法は，引き渡した製造物の欠陥により他人の生命，身体又は財産を侵害したときは，これによって生じた損害を賠償する責任を規定している（法3条本文）。

　しかし，ただし書で，その損害が当該製造物についてのみ生じたときは，賠償の対象としていない。これは，PL法の立法趣旨，すなわち，製造物の欠陥により生命，身体又は財産に損害を生じた場合の，被害者の立証責任の軽減の観点から，製造物自体の損害は，民法の瑕疵担保責任（民570条）や債務不履行責任（民415条）等で責任追及が可能であると考えられたからである。

## 1　損害の種類と賠償の範囲

　損害が認められる範囲は，一般の損害賠償の原則があてはまり，欠陥と相当因果関係のある損害についてのみ，賠償義務が課せられることになる。

### (1)　積極損害

　代表的なものとして，①治療関係費，②付添・介護費用，③入通院交通費，④器具・装具代，⑤葬儀費用，⑥雑費，⑦弁護士費用等がある。

### (2)　消極損害

　①死亡，後遺障害などの場合，労働能力の喪失に対する逸失利益，②傷害の場合は休業損害等がある。

### (3)　非財産的損害（慰謝料）

　死亡，後遺障害，入通院による精神的苦痛に対するものである。近親者にも，被害者の死亡に比肩するような精神的苦痛があったときは認められることがある。

## 2　製造物自体の損害

　製造物自体に欠陥があり，この欠陥が原因で当該製造物自体が損壊した場合を製造物自体の損害という。

単に製造物に欠陥が存在するという事実（例えば，出火の危険性）だけに止まる場合，ここでいう「製造物自体の損害」には含まれない。これは，製造物取得の際の契約内容（売買，贈与等）に応じた契約責任法理によって処理されるべきだからである。

PL法は，「損害が当該製造物についてのみ生じたときは，この限りでない」と規定した（法3条ただし書）。

その理由としては，①製造物責任の要件である「欠陥」と欠陥から生じた「損害」とを区別することは事実上困難であること，②製造物自体の損害も価格との相関で判断されるべきで，契約責任が適すること，③被害者は，売主に対し，債務不履行に基づく損害賠償請求（民415条）や，瑕疵担保責任（民570条）に基づく代物請求，瑕疵修繕請求，損害賠償請求といった多様な形態の責任を追及することが可能であること，④瑕疵担保責任も無過失責任であること，⑤製造物責任を認めると契約責任が責任追及期間を制限していことが無意味になること，などが挙げられる。

なお，注意すべきは，製造物自体の損害に加えて，製造物以外の物にも損害が拡大した（拡大損害）場合，拡大損害はPL法の対象となるが，製造物自体の損害は，この場合でもPL法の賠償対象とならず，契約選任によらざるを得ないか，という問題である。

損害が当該製造物のみにとどまる場合には，その被害者救済は契約責任によるべきだとしても，拡大損害が生じた場合にまでこれを貫くと，消費者にとっては，一つの事故による被害救済として，製造物自体の損害は契約責任で，それ以外は製造物責任で追及するという不便を強いられる結果となる。消費者保護を目的としているPL法としては，簡易な救済方法を選択できるようにする必要性があること，また，法3条ただし書の文言上も，賠償の範囲に含まれないのは，損害が「当該製造物についてのみ生じた」場合と規定しているだけであり，拡大損害が生じた場合において，これと併せて製造物自体の損害の賠償を請求することまで否定するものではないと解されることから，拡大損害が生じた場合には，製造物自体の損害も賠償範囲に含めることができると考えるべきであろう。

【羽成　守】

# 第1　製造物自体の損害

## 1　健康食品の欠陥

〔36〕大阪地判平成17年1月12日（平成15年(ワ)第3166号，平成15年(ワ)第3583号）
判例時報1913号97頁，判例タイムズ1273号249頁

☞ **概　　要**

■ **問題点**

1　製造物自体の損害に関する製造物責任の成否

## 判決の内容

■ **事案の概要**

1　原告Xらは，$Y_1$が製造し，$Y_1$の子会社である$Y_2$が販売した健康食品（以下「本件製品」という。）を購入して摂取した。

本件製品には，被告Yらが抗酸化成分であり健康効果があると宣伝するアスタキサンチンが含まれていたところ，$Y_1$が本件製品に使用したアスタキサンチンは，Z社が米国の会社から輸入した天然アスタキサンチン粉末を抽出，精製したものを原料としており，当該天然アスタキサンチン粉末には，酸化防止剤として食品衛生法により食品への添加が禁止されているエトキシキンが含まれていたため，本件製品にもエトキシキンが含まれることとなった。

2　そこで，Xらは，$Y_1$に対し，①毒性，発がん性を有し，食品への添

加が禁じられているエトキシキンが含まれた本件製品を製造したことによる製造物責任、②宣伝内容の真実性を確かめずに宣伝し、本件製品を点検すべき注意義務を怠り本件製品を製造、販売したことによる不法行為責任、③宣伝内容の商品を販売すべき債務があるのに宣伝内容とは異なる製品を販売したことによる債務不履行責任を主張し、本件製品の購入代金相当額、慰謝料及び弁護士費用を請求した。

これに対し、$Y_1$ は、本件製品に混入したエトキシキンの量は人の健康に影響を与えるものではなく、本件製品に欠陥はないとして製造物責任について争い、また、食品衛生法は行政法規、取締法規にすぎないから、食品衛生法への違反自体が直ちに不法行為上の賠償責任を発生させるものではなく、さらに、$Y_1$ は食品メーカーとして求められている十分な注意を払って本件製品を製造しており注意義務違反はないと主張して不法行為責任についても争った。

そして、債務不履行については、本件製品の売主は $Y_2$ であり $Y_1$ は債務不履行責任を負わないと主張した。

なお、Xらは、$Y_2$ に対しても上記 $Y_1$ に対する損害賠償請求と同内容の請求をしており、本判決は $Y_2$ の債務不履行責任を認めているが、本件では、$Y_1$ に対する判旨部分のみ検討する。

■ **判決要旨**

本判決は、まず、本件製品の1日の摂取目安量に含まれるエトキシキンの量は1日の摂取許容量内に納まっていること、$Y_1$ はマウスに本件製品の原料を「投与する方法により急性毒性試験を行ったが、いずれのマウスにも異常は認められ」なかったこと、Xらが本件製品を「摂取したことにより、身体に、何らかの障害が生じた事実はない」こと等を認定し、本件製品にエトキシキンが含まれていたことにより、本件製品を「摂取した者の身体に障害を与える可能性はなかった」と判示した。

次に、Xらが主張したエトキシキンの発がん性についても、Xらが根拠とする論文以外にエトキシキンの発がん性を示す論文等はないとしてエトキシキンに発がん性があることを認めることはできないと判示した。

さらに，本判決は，$Y_1$ はアスタキサンチンの原料にエトキシキンが含まれていることを認識していたとのXらの主張に対しても，そのような事実を裏付ける証拠はないとして，Xらの主張を排斥した。

　そして，製造物責任については，Xらが購入した本件製品によりこの製品以外のXらの生命，身体又は財産が侵害された事実はなく，製造物責任法3条の要件を欠くことが明らかであるとして製造物責任を否定した。

　また，不法行為責任については，「食品の製造者が，食品を流通に置くに当たっての，食品の安全性の調査義務の具体的内容は，消費者の生命，身体の安全確保の重要性と，調査，研究により課される製造者の負担等を総合考慮して決定されるべきである」とし，「食品衛生法により，食品への添加が禁止されている添加物の混入等については，調査，研究により課される製造者の負担等を相当考慮することが許される」と判示したうえで，本件製品につき，「消費者の生命，身体に危険性を及ぼす物質の混入について十分に調査し，食品への添加が禁止される添加物を自ら混入させないよう注意し，原料等に食品への添加が禁止される添加物が混入されていないことにつき，製造者として，一般的に相当といえる注意を払いつつ，原料等につき，特定の添加物の混入の可能性があり得ると認識したときに，当該添加物の混入につき調査をしていれば，特段の事情のないかぎり，本件各製品につき，安全性の調査義務違反はない」として，$Y_1$ は製造者として一般的に相当といえる注意を払っており，エトキシキンが本件製品に混入している可能性がありうるとの認識を持っていたとは認められず，特段の事情もないとして，$Y_1$ の調査義務違反を否定し，Xの主張を退けた。

　なお，債務不履行責任についても，$Y_1$ の主張どおり，$Y_1$ は本件製品の売買契約の当事者ではないとして債務不履行責任を否定した。

## 解　説

### 1　製造物自体の損害に関する製造物責任の成否

(1)　製造物責任法3条は,「……製造物であって，その引き渡したものの欠陥により他人の生命，身体又は財産を侵害したときは，これによって生じた損害を賠償する責めに任ずる。」と規定し，製造物責任により賠償される損害は，人の生命，身体又は財産に対して生じた損害である旨を規定しているが，同条ただし書で「ただし，その損害が当該製造物についてのみ生じたときは，この限りでない。」と規定して，製造物自体の損害を賠償の対象から除外している。

(2)　ここで，製造物自体の損害とは，例えば，家電製品に欠陥があり，当該欠陥が原因で家電製品から出火し，当該家電製品が焼失した場合のように，欠陥から当該製造物自体に生じた損害をいう。

製造物責任法3条ただし書において製造物自体の損害が賠償の対象から除外されている理由としては，①例えば，製造物自体が損壊したが拡大損害が生じなかった場合において，当該損壊自体が製造物責任法上の欠陥に該当するのか，または，損壊自体は欠陥ではなく，他の部分の欠陥により損壊が生じたのかが不明であるというように，製造物責任の要件である欠陥と当該欠陥から生じた損害とを区別するのが事実上困難であること，②製造物自体の損害は価格との相関関係によって判断されるべきであり，製造物責任ではなく契約責任が適していること，③被害者は，製造物の売主に対して債務不履行に基づく損害賠償請求や瑕疵担保責任を追及することが可能であること等が挙げられる。

もっとも，製造物自体の損害を賠償の対象から除外すると，例えば，上記事例において，家電製品からの出火により当該家電製品のみならず，他の家財も焼失してしまったように，製造物以外の物にも損害が拡大した場合，拡大損害は製造物責任による賠償の対象となる一方，製造物自体の損害についてはやはり賠償の対象とはならないとも思われる。

しかし，このような場合にまで製造物自体の損害を製造物責任の対象から除外してしまうと，被害者は，製造物自体の損害については債務不履行に基

づく損害賠償請求，拡大損害については製造物責任に基づく損害賠償請求を追及しなければならず，被害者に過度な負担を強いることになる。

　そのため，製造物責任法3条ただし書は，賠償の対象から除外されるのは製造物自体のみに損害が生じた場合に限定する旨規定しているのであり，拡大損害が生じた場合において，拡大損害と併せて製造物自体の損害の賠償を請求することまでをも否定するものではないと解され，この場合には，製造物自体の損害も賠償の範囲に含まれ，被害者は，製造物責任法に基づき製造物自体の損害及び拡大，損害の賠償を請求できる。

　(3)　本判決は，前述のとおり，本件製品に含まれていたエトキシキンによる身体への影響を否定し，本件製品によるXらの生命，身体又は財産が害された事実はないとして製造物責任法3条の要件を欠く旨判示しており，本件製品の欠陥の有無について明確に判断していない。

　しかし，本判決は，Xらが主張した本件製品に対するエトキシキンの混入により身体に障害を与える可能性を否定し，また，エトキシキンの発がん性も否定したことから，欠陥の存在を否定したものと考えられる。

　もっとも，本件製品の欠陥の有無にかかわらず，Xらに生じた損害がエトキシキンの混入による本件製品価値の減少，すなわち，本件製品自体の損害にすぎないのであれば，製造物責任は生じないのであるから，本判決は，本件製品の欠陥の有無との観点ではなく，Xらの損害の有無・内容に着目して$Y_1$の製造物責任を否定したものと考えられる。

　(4)　なお，本判決は，$Y_2$の債務不履行責任に関し，$Y_2$の債務は，エトキシキンのような科学的合成物であり，食品への添加が禁止されている物質の混入していない商品を引き渡すことを目的としており，本件製品の販売用パンフレットの記載内容等からすると，エトキシキンの混入した本系製品の引渡しは債務の本旨に従った履行とはいえないとして$Y_2$の債務不履行責任を肯定し，Xらが支払った本件製品の購入代金相当額，すなわち，本件製品価値の減少分を損害として認定した。すなわち，製造物自体の損害については，製造物責任ではなく，取引当事者間の債務不履行等の法理によって解決するという原則どおりの判断がなされている。

## 2　製造物自体の損害についての裁判例

本判決の他，製造物自体の損害についての裁判例としては，東京高判昭和50年6月30日（東高民時報26巻6号115頁，判タ330号287頁）がある。

上記裁判例は製造物責任法制定前のものであるが，Xが購入したマンションに漏水等の欠陥があったとして，Xがマンションの建築業者であるYに対して瑕疵修補費用を請求した事案につき，「製造物責任によって保護される損害は，原則として商品の瑕疵・欠陥によって消費者その他の第三者の被った人的・物的損害，即ち，講学上のいわゆる「積極的債権侵害」（たとえば，欠陥自動車のため事故を起し傷害をうけた等）でなければならない。商品の瑕疵・欠陥に基く商品価値の減少それ自体の損害（完全な商品として代金を定めて取引したのに瑕疵・欠陥のためより低い価値しかない場合における右代金額との差額）は，製造者らの詐欺行為等特別の事情がない限り，製造物責任の対象である損害に含まれない」とし，その理由として「かかる損害は商品の流通過程における個別的・具体的な契約内容の如何によって，瑕疵・欠陥が同一であってもその損害額が変ってくるので，それぞれの契約内容に応じて個別的に損害額をきめることになる」と判示して，本件においてXが主張する損害は本件マンションの瑕疵修補費用であり，瑕疵により減少した商品価値それ自体であるから製造物責任の対象となる損害ではないとして，Xの請求を退けている。

本裁判例は，製造物自体の損害については製造物責任ではなく契約責任を追及すべきとする上記1(2)②の理由に基づき，Yの製造物責任を否定したものと考えられる。

【保原　麻帆】

## 第2　損害の範囲

### 1　輸入食品の回収と信用損害

〔37〕東京地判平成13年2月28日（平成11年（ワ）第3321号，平成11年（ワ）第1851号，平成11年（ワ）第24997号）
判例タイムズ1068号181頁

☞ **概　　要**

■ 問題点

1　輸入食品の通常有すべき安全性
2　製造物責任における損害の範囲

### 判決の内容

■ 事案の概要

1　$X_1$及び$X_2$は，$Y_1$が経営するレストラン$X_3$において，$Y_2$社がイタリアのA社から輸入した瓶詰めオリーブを食したところ，ボツリヌス毒素による食中毒に罹患し，下痢，吐き気，嘔吐等の症状を呈して入通院を余儀なくされた。

2　そこで，原告$X_1$は，被告$Y_1$に対して債務不履行に基づき，被告$Y_2$に対して製造物責任法に基づく損害賠償を請求し，原告$X_2$は$Y_2$に対して製造物責任法に基づく損害賠償を請求した。
　また，原告$X_3$は，$Y_2$に対し，製造物責任法に基づき，営業停止により休業した8日間の営業損害及び信用損害の賠償を請求した。
　これに対し，$Y_2$は，ボツリヌス菌及びその毒素はオリーブが入っていた

瓶（以下「本件瓶」という。）の開封後に混入した可能性が高く，$Y_2$は製造物責任を負わないと主張した。

本判決は，$Y_1$の債務不履行責任につき，$Y_1$は，本件オリーブと同一製品を購入，試食して問題が生じなかったので本件オリーブを購入して客に提供しており，一応の注意を払った上で，本件オリーブの提供に臨んだことが認められ，$X_1$はこの他に$Y_1$の注意義務違反を基礎付ける具体的事実を主張・立証していないとして$X_1$の主張を認めず，$Y_2$についてはその製造物責任を肯定しており，以下，本判決のうち，$Y_2$の製造物責任法に関する判示部分について検討する。

■ 判決要旨

### 1　輸入食品の通常有すべき安全性

まず，本判決は，ボツリヌス菌及びボツリヌス中毒の特徴，すなわち，ボツリヌス菌は偏性嫌気性菌（無酸素の状態で発育し，酸素があると増殖できないかあるいはかえって死滅する菌）であり，増殖した際には毒素を産生し，芽胞（細菌のつくる胞子）を形成するという特徴を有しており，また，日本の土壌には本件でXらが罹患したB型ボツリヌス菌はほとんど検出されないことを認定した。

次に，本件オリーブは購入日に開封されてすぐにXらに提供され，その日から発症者が現れており，その後は数日間にわたり，1日のうちの約4時間は冷蔵庫から出して客に提供するときにのみ本件瓶の蓋を開けて必要な数を取り出しており，その他の時間は冷蔵庫に保管していたとの本件瓶の保管状況を認定し，さらに，レストランから採取された14食品及び厨房排水溝からの排水，本件オリーブが保管された冷蔵庫，レストランにあったスプーン等からはボツリヌス菌及びその毒素は検出されておらず，本件瓶の周辺にボツリヌス菌及びその毒素が存在していたとは容易に考えられないとして，本件のボツリヌス菌及びその毒素は，本件瓶の開封前から存在していたものと推認するのが相当であると判示した。

さらに，A社が行う殺菌処理によりボツリヌス菌及びその芽胞は全て死滅するとの$Y_2$の主張に対しては，芽胞は熱抵抗性が強く，通常の加熱では

死滅せず，A社が採用する殺菌方法によりボツリヌス菌及びその芽胞を完全に死滅させることができたか否かは明らかでないとして，結局，ボツリヌス菌及びその毒素は本件瓶の開封後に混入したとの$Y_2$の主張を全て排斥し，本件オリーブから検出されたボツリヌス菌及びその毒素は，本件瓶の開封前から存在していたものであると認められ，そのことからして，本件オリーブは，食品として通常有すべき安全性を欠いていたというべきであると判示した。

## 2 製造物責任における損害の範囲

本判決は，$X_1$及び$X_2$については治療関係費等を損害として認定した。

また，$X_3$の請求のうち，営業損害については，本件事故前の売上総利益に基づいて算定すると判示して，休業した8日間の営業損害を認めた。

さらに，信用損害については，「本件事故の発生により原告会社の事業活動上の信用が損なわれたことは明らかである。そして，その損なわれた信用は，レストラン業という業種であることも考え併せると，時の経過と共に徐々に回復していくものであって，一定期間は損なわれた信用が回復せず，その期間の経過後は直ちに完全に回復するといった性質のものではないというべきである。」等と判示して，$X_3$は営業停止を命ぜられた日から1年余りの期間にわたり信用損害を被ったものと推認し，そのうち，休業した8日間については営業損害について損害が塡補されるとして，休業日を除く期間についての信用損害を認定した。

そして，本判決は，信用損害の額については，その性質上，立証することが極めて困難であるとして，民訴法248条を適用してその損害額を認定し，本件事故による休業期間直後からの4か月間の売上総利益と事故前年の同時期のそれを比較し，その差額の1.5倍を信用損害の額であると判示した。

## 解　説

### 1　輸入食品の通常有すべき安全性

(1)　本判決は，本件オリーブの通常有すべき安全性を検討するに当たり，ボツリヌス菌の特徴，本件瓶が購入されてからの保管状況及び客への提供方法，本件瓶の周辺の物及び場所からのボツリヌス菌の検出状況等を詳細に検討している。

また，本判決は，$Y_2$の主張のうち，本件におけるオリーブの殺菌方法によればボツリヌス菌及びその芽胞は完全に死滅するとの主張に対しては，証拠提出された文献を引用してA社が採用している殺菌方法によってボツリヌス菌及びその芽胞を完全に死滅させることができたか否かは必ずしも明らかではないとし，さらに，本件瓶内のガスには酸素が含まれており，ボツリヌス菌の発育又はその芽胞の発芽は不可能であったとの主張に対しては，芽胞は酸素によって殺されないとされており，また，瓶詰商品については，文献上，ボツリヌス菌の増殖が可能な食品であるとされていると判示し，そして，本件同一製品からボツリヌス菌及びその毒素が未検出であるとの主張に対しては，ボツリヌス中毒は頻繁に起こるわけではなく，的確な診断が遅れたりする場合がある等として，本件同一製品からボツリヌス菌及びその毒素が検出されていないことから，直ちに，本件瓶の開封前からボツリヌス菌及びその毒素が存在していたものではないと推認されるものではないとして，結果的に$Y_2$の主張を全て退けた。

(2)　食品は，機械等の製造物と異なり傷みやすい特性があることから，本件のように，食品を食した者が食中毒に罹患した場合における製造者の製造物責任については，食中毒の原因を特定するとともに，当該原因がいつの時点で生じたかを特定する必要がある。

食中毒の原因が消費者による当該食品購入前の時点で既に生じていた場合には製造業者が製造物責任を負うのは当然であり，他方，当該食品購入後の保管状況等が原因で食品が傷み食中毒が生じた場合には，基本的に製造物責任は認められないが，保存方法や消費期限の表示方法等によっては，適切な指示・警告を欠き，指示・警告上の欠陥が存在するとして製造物責任が認め

られる可能性がある。

## 2 製造物責任における損害の範囲

(1) 本判決は、$X_3$が本件事故により営業停止処分を受けて8日間の休業を余儀なくされたことについての営業損害、本件事故により事故後の売上高が事故前年と比較して減少したことについての信用損害をそれぞれ認定した。

営業損害及び信用損害のように、人の生命・身体に対する損害及び有体物の物理的な損壊を生じさせずに被害者に生じる財産上の損害を「純粋経済損害」という。

純粋経済損害が問題となるのは個人ではなく企業の場合が多く、また、事故の程度が大きく、事故後長期間の休業を余儀なくされた等という場合には、被害者と契約関係にない製造業者に多額の損害賠償責任を認めることになり、損害の範囲を無限に拡大させる可能性があること等から、製造物責任法の立法過程では、純粋経済損害を損害の範囲に含めるべきではないという意見があった。

しかし、日本の不法行為上、純粋経済損害が理論的に排除されてきたものではなく、過大な損害賠償が認められないよう裁判所による賢明な判断を期待できる等の事情に鑑み、結局、純粋経済損害を損害の範囲から除外する旨の明文規定は設けられなかった。

製造物責任法3条本文は、単に「他人の生命、身体又は財産を侵害したときは、これによって生じた損害を賠償する責めに任ずる。」と規定するのみであり、純粋経済損害も損害の範囲に含まれる。

純粋経済損害には、本件の営業損害及び信用損害の他にも風評損害等が考えられるが、純粋経済損害が問題となった裁判例は少なく、今後の裁判例により判断基準等が明確化していくものと考えられる。

(2) 次に、純粋経済損害を認める場合、損害額を算定する必要があるが、純粋経済損害は、事故がなければ得られたであろう利益、すなわち、逸失利益であるため、逸失利益の額を正確に算定するのは著しく困難である。

そこで、本判決は、前述のとおり、信用損害の額は、性質上、立証することが極めて困難であるとして、民訴法248条を適用して損害額を認定した。

民訴法248条は,「損害が生じたことが認められる場合において,損害の性質上その額を立証することが極めて困難であるときは,裁判所は,口頭弁論の全趣旨及び証拠調べの結果に基づき,相当な損害額を認定することができる。」と規定しているところ,一定の法律効果を主張する者はその効果の発生を基礎づける適用法条の要件事実につき証明責任を負うとする民訴法の法律要件分類説によると,製造物責任法3条に基づく損害賠償を請求する場合,原告は製造物の欠陥等により損害を被ったこと及びその損害額を主張立証する必要があり,これらが立証できなければ請求は棄却されることになる。

しかし,製造物の欠陥により損害が発生していることが明らかであるにもかかわらず,本件のように損害額の算定が困難との理由から被害者の請求が認められないとすると,被害者の保護を図り,もって国民生活の安定向上と国民経済の健全な発展に寄与することを目的とする製造物責任法の趣旨(法1条)に反することになり妥当でない。

そこで,本判決は,時間の経過に従って徐々に回復するとの信用損害の性質,本件事故後のマスコミ報道の内容等を勘案し,マスコミ報道から丸1年が経過した日をもって信用損害は完全に解消したと推認したうえで,本件事故前年の$X_3$の売上総利益及び本件事故後のそれと比較して信用損害の額を認定した。

(3) 民訴法248条による損害額の認定については,本判決の他,最判平成20年6月10日(判時2042号5頁,判タ1316号142頁)がある。

上記最高裁の事案は,原告Xが採石権を有する土地で被告Yが岩石を採石したとして,XがYに対して採石権侵害に基づく損害賠償を請求したというものであるが,当該事案につき,最高裁は,「……損害額の立証が極めて困難であったとしても,民訴法248条により,口頭弁論の全趣旨及び証拠調べの結果に基づいて,相当な損害額が認定されなければならない。」と判示し,Yの採石行為によってXに損害が発生したことを前提としながら,それにより生じた損害の額を算定することができないとして,Xの採石権侵害に基づく損害賠償請求を棄却した原判決を破棄し,原審に差し戻した。

【保原　麻帆】

〔38〕東京地判平成17年1月19日（平成15年（ワ）第11935号）

## 第2　損害の範囲

### 2　行政指導による回収

〔38〕東京地判平成17年7月19日（平成15年（ワ）第11935号）
判例時報1976号76頁
（なお，控訴審は東京高決平成18年1月19日）

☞ **概　　　要**

■ **問題点**

1　製造物（合成ゴム（N））が，我が国で規制対象となっている化学物質（P）を含有することが製造物責任法上の製造上・設計上の欠陥に該当するか

2　海外で製造された原材料（接着剤原液）を輸入して我が国で製品（スプレー接着剤）を製造販売したところ，輸入した原材料（接着剤原液）が化学物質（P）を含んでいたことから，製品（スプレー接着剤）の回収を余儀なくされたために生じたいわゆる回収損害について，化学物質（P）が，原材料（接着剤原液）に含まれていた合成ゴム（N）に由来する場合，合成ゴム（N）のメーカーである日本の会社の責任を問えるか

## 判決の内容

■ **事案の概要**

1　被告Y社は，化学物質の審査及び製造等の規制に関する法律（以下「化審法」）によって日本での輸入・製造・使用が禁止されている化学物質（ポリ塩化ナフタレン。「PCN」）を無許可で英国から日本に輸入して，合成ゴム（ポ

リクロロプレンゴム。商品名「ネオプレンFB」。以下「NFB」という。)を製造し、その全量を日本国内の関連会社に販売した。

なお、合成ゴム（NFB）は、もともと全世界で英国のＡ社だけが製造していたものであるが、Ａ社が製造をやめ、日本のＹ社がライセンス契約によって日本国内で製造を開始したものであった。

2　Ｙ社製の合成ゴム（NFB）は、その後、約8割が海外に輸出され、その一部を原告Ｘ社のカナダ現地法人であるＢ社が購入して、Ｂ社は購入した合成ゴム（NFB）をもとにして「接着剤の原液（以下「本件原液」）」を製造した。

3　Ｘ社は、Ｂ社が製造した「本件原液」を日本に輸入して、日本国内で、噴射剤（ジメチルエーテル）を加えてエアゾール缶に充填し「スプレー接着剤（以下「本件スプレー接着剤」）」として製造及び販売していた。

4　「本件スプレー接着剤」には、結果として、Ｙ社製の合成ゴム（NFB）由来の「PCN」が含まれていたことから、Ｘ社は、経済産業省から指導を受け、本件スプレー接着剤の販売停止や回収等の措置を余儀なくされた。その結果、Ｘ社は、保管・輸送費用、廃棄費用、顧客への返金ないし賠償費用及びお詫びと製品回収等の社告関連費用等の合計1億円あまりの損害を被ったとして、Ｙ社に対し、不法行為責任及び製造物責任法に基づき、上記損害の賠償を請求した。

■　判決要旨

### 1　製品に関する安全規制と製造物責任法

行政取締法規と製造物責任法は、その趣旨・目的を異にするから、安全規制に反して製造物が製造されたからといって直ちに欠陥があるとはいえない。しかし、製品の安全規制は、多くの場合、製造業者等にとって製品の安全対策の最低基準となることからすれば、安全規制違反は「欠陥」に該当する場合が多いといえよう。

本判決は、欠陥該当性を直接認定してはいないが、「仮に欠陥が認められるとしても」という前提で欠陥と損害との因果関係の判断を行っている。

### 2　製造上・設計上の欠陥と因果関係

本判決は，仮に合成ゴム（NFB）にPCNを含有することが製造上の欠陥，設計上の欠陥に当たると仮定しても，本件損害は合成ゴム（NFB）が含有するPCNの毒性が有する身体・環境に与える危険性が発現して原告の財産を毀損したものではないから，原告が主張する製造上の欠陥，設計上の欠陥と原告の損害との間には因果関係を認めることはできないとした。

## 3 指示・警告上の欠陥

合成ゴム（NFB）は，もともと英国のA社がアイルランド工場で生産していたものをライセンス契約によってY社が日本で生産するようになったものであるが，Y社が商業生産を開始して以降，MSDSと呼ばれる製品データシート（危険有害な化学製品ないし化学物質の製造者等がこれを譲渡する際に譲渡の相手方に交付する安全性に関する情報を記載する書面。）には合成ゴム（NFB）がPCNを含有することが明示されているから，指示・警告上の欠陥は認められない。

## 4 不法行為責任と回収損害との間の因果関係

規制対象となっている化学物質（PCN）を含有する製造物（NFB）を市場に流通させることは①健康被害や②環境汚染の危険を発生させる以外にも，③行政指導の発動あるい社会的批判による危険をも生じさせ得るものであるが，③のリスクは，製造物（NFB）が国外に流出した時点において消滅し，化学物質含有製品（「本件原液」）の輸入によって新たにもたらされるものであるから，規制化学物質を輸入し製品を製造して市場に流通させた行為（不法行為責任）と，行政指導発動による回収損害との間には，相当因果関係が認められない。

## 解　説

### 1　問題の所在

本件では、被告Y社が、製品の安全規制である化審法に違反して禁止化学物質（PCN）を輸入し、それを用いて合成ゴム（NFB）を製造・販売した行為が、不法行為責任の前提としての注意義務違反に当たるかどうか、Y社製造の合成ゴム（NFB）がPCNを含んでいることが製造物責任法2条の「欠陥」に該当するか、さらに、これらが肯定されたとしても、注意義務違反や欠陥と発生した損害との間にそれぞれ因果関係があるか否かが問題となった。

### 2　いくつかの特殊事情

まず、本件は、原告X社もY社もいずれもが日本の会社ではあるものの、Y社によって製造されたPCN含有の合成ゴム（NFB）は関連会社を通じていったん海外に輸出され、再び別の製品（本件原液）となって輸入されて国内に環流している点、しかも、いったん流出した海外ではPCNは規制の対象とされていない点、日本の輸入規制において「化学物質PCNそれ自体」の輸入は禁止されているものの「化学物質PCNを含む製品（本件原液はこれにあたる）」の輸入は一部例外を除いて禁止されていなかったという点で、特殊性がある。

さらに、本件では、Y社がライセンス生産を開始する以前の英国A社製の在庫が流通していた余地はあるものの、合成ゴム（NFB）を製造していたのが全世界でY社だけであったこと、およそ合成ゴム（NFB）の中にPCNが含まれていないものは存在せず、いわゆる製品の「ばらつき」の問題が存在しないことにも事案としての特殊性がある。

ただ、以上のいくつかの特殊性があるものの、グローバル時代を迎え、本件の辿った事実経過自体は経済活動としてはとりわけ特殊であるともいいきれず、本件は、今後起こり得る様々なケースについて示唆に富む判例といえるであろう。

### 3　化審法の規制

化審法は、カネミ油症事件をきっかけに、昭和48年に制定されたもので、同法1条は「この法律は、人の健康を損なうおそれ又は動植物の生息若しく

は生育に支障を及ぼすおそれがある化学物質による環境の汚染を防止するため，新規の化学物質の製造又は輸入に際し事前にその化学物質の性状に関して審査する制度を設けるとともに，その有する性状等に応じ，化学物質の製造，輸入，使用等について必要な規制を行うことを目的とする。」と定めている。

つまり，①人への毒性及び②いわゆる生態毒性を有する化学物質による環境汚染を防止することが化審法の目的である。

本件で問題となったPCNは，化審法を受けて，政令で「第一種特定化学物質」に指定されているもので，輸入，製造，使用が規制され，とりわけ無許可輸入者は化審法で最も重い3年以下の懲役又は100万円以下の罰金に処せられ又は併科され，法人については1億円以下の罰金に処せられる（現行化審法61条1号）。

なお，化審法は「化学物質」そのものではなく，「化学物質が使用されている製品」の輸入も規制しているが，化学物質そのものの輸入と異なり，輸入者が全ての輸入製品についてどのような化学物質が使用されているのかを確認することは事実上困難であり，一般的に製品の輸入の意図は製品に使用されている化学物質にあるわけでもないことから，政令で指定された製品に限って輸入が禁止されている。

本件においてX社がカナダ現地法人B社から輸入した「接着剤の原液」は製品の輸入禁止規制には抵触していなかった。

したがって，X社に「スプレー接着剤」の回収等の措置を命じた本件行政指導は，X社の「接着剤原液」の「輸入」行為に対して行われたものではなく，あくまで，PCNを含む合成ゴム（NFB）やその合成ゴム（NFB）を使用した接着剤の使用が第一種特定化学物質（PCN）の「使用」に当たることに着目されて行われたものである。

### 4 製造物責任法における欠陥判断

#### (1) 指示・警告上の欠陥

一応の争点とはなったものの，本件は，製品事故が発生して消費者やユーザーのもとに損害が発生したのではなく，発生した損害の内容が行政指導による回収損害であって，被害者は製品の販売業者であったから，「欠陥」判

断において要求される製品の表示・警告の内容ももっぱら「MSDS（製品データシート）」上にPCN記載の事実がなされていたか否か争点となった。

本件では，詳細な事実認定の結果，MSDSにPCN記載の事実があったことから，指示・警告上の欠陥は否定された。

(2) 製造・設計上の欠陥

ア　本判決は，製造・設計上の欠陥について，直接認定していないが，禁止化学物質を含有していることは欠陥に該当するだろうか。

イ　欠陥とは，当該製造物が通常有すべき安全性を欠いていること（法2条2項）である。本件では，この「通常有すべき安全性」と，製品に関する法令上の安全規制との関連が問題となる。

我が国では，さまざまな観点から，毒物及び劇物取締法，化審法，薬事法，食品衛生法といった，製品に関する法令上の安全規制がなされている。

しかし，製品に関する安全規制は直接に製品の安全性を確保することが目的であるのに対して，製造物責任法は製造物の欠陥によって人の生命，身体又は財産に係る被害が生じた場合の損害賠償責任に関する基本法であって，間接的に製品の安全性を確保する機能を有するものの，両者の趣旨・目的は異なるものである。

したがって，安全規制を遵守していたからといって欠陥がないといいきれないのはもちろんのこと，安全規制に反して製造物が製造されたからといって直ちに欠陥があるとはいえない（升田純『詳解製造物責任法』385頁（商事法務研究会，1997年））。しかし，一般に，安全規制はその製品の安全対策の最低基準であるでことからすれば，安全規制の目的や違反の程度等が製造物責任法2条2項にいう「その他の当該製造物にかかる事情」として考慮される結果，欠陥に該当する場合が多いといえよう。

ウ　本件化審法によるPCN規制は，上述した規制目的（人や生態への毒性から環境を守るという目的）や懲役刑を含む重罰を以て行われていること等に照らすと，製造物がPCNを含有していることは，製造物の欠陥に該当すると考えてよいであろう。

**5　因果関係**

(1) 製造物責任に基づいて損害賠償が認められるためには，欠陥と損害発

生との間に因果関係があることが必要である。因果関係につき，製造物責任法3条は「その引き渡したものの欠陥により他人の生命，身体又は財産を侵害したとき」「これによって生じた損害」という要件を定めている。「欠陥と権利侵害の間」と「権利侵害と損害の間」のふたつの因果関係を必要とする法文の体裁は，民法709条と同様であり，民法709条における因果関係については，判例及び通説は，ここでの因果関係を，法的・規範的意味における因果関係つまり「相当因果関係」を意味するものと解している。

　ア　相当因果関係説
　相当因果関係説は，まず「あれ（原因）なければこれ（結果）なし」という関係が認められれば条件関係が認められるとする。しかし，条件関係が成立し得る全ての損害を賠償させることは公平の理念に反するから，不法行為における賠償範囲も債務不履行と（民416条）同様に，「相当因果関係」の範囲に限られるべきであり，民法709条の不法行為責任における因果関係の判断においても，民法416条が類推適用されるとした（大判大正15年5月22日民集5巻386頁〔富喜丸事件〕）。

　イ　製造物責任における因果関係も，不法行為（民709条）におけるのと同様に製造物の欠陥と損害発生との間の条件関係（事実的因果関係）が存在すること，製造物の欠陥によって賠償すべき損害が相当因果関係の範囲内にあることが必要であるとされる（升田・前掲書815頁）。

　ウ　事実的因果関係説（保護範囲説）
　民法709条に民法416条を類推適用する判例の立場に対しては，本来合理的な計算に基づいて締結された契約により結合された契約関係と異なり，無関係な者の間で突発する不法行為においては，予見可能性を問題とする意味がない，妥当な結論を得るために通常損害や予見可能性を擬制せざるを得なくなる等と批判し，因果関係をまず客観的なものと捉え（事実的因果関係），そのうち保護されるべき範囲（法的因果関係）を様々な基準から導くべきであるとする有力学説がある（最判昭和48年6月7日民集27巻6号681頁〔大隅裁判官反対意見〕）。

　(2)　ただし，いずれも解釈によっても，実務的には，条件関係ないし事実的因果関係の成立が認められる場合に，法的・規範的な観点，主として公平

の見地から，損害を原因に帰責する範囲を限定するという判断枠組みに大差はなく，様々な学説が展開されながらも，判例実務は相当因果関係の枠組みによっている。

### 6 （不法行為責任の判断としての）注意義務違反について

本判決は，以下のように述べてY社がPCNを無許可で輸入し合成ゴムを製造して市場に流通させた行為は，不法行為責任の前提たる注意義務違反に該当するとした。

化審法は，「難分解であり蓄積性を有し，かつ長期毒性を有する化学物質を第一種特定化学物質に指定し，製造，輸入について許可制をとるとともに，使用については政令で指定する用途についてのみその使用を認め，使用につき届出をさせ，問題とされた化学物質が現実に環境に放出されないよう，輸入・製造・使用の各段階でクローズドシステムを確立することを目的としており，違反には懲役刑を含む罰則を定めるほか，改善命令，化学物質等の回収を含む措置命令，立ち入り検査等の行政措置を設けており，その実効性を図っている。

…（中略）…

このような化審法の趣旨・規制の内容からすると，化審法に違反してPCNを無許可で輸入し，これを使用して商品を製造して市場に流通させることは，商品の購入者や使用者等に対して，健康被害や環境汚染による被害のリスクを生じさせるのみならず，本件におけるように行政措置の発動あるいは社会的批判により不測の損害を受けるリスク（以下「規制リスク」という。）を与えることから，化審法に違反する行為は，原告が主張するようなタイプの損害（行政指導を受け製品等の回収を余儀なくされることによる損害）に対しても不法行為責任の前提たる注意義務違反となりうるものと解される。」

### 7 （不法行為責任の判断としての）因果関係

しかし，本判決は，上記6の注意義務違反と損害との因果関係について，「条件関係（事実的因果関係）」は肯定したものの，「本件損害を不法行為（注意義務違反）の結果としてY社に法的に帰責することができるか」と論建てした上で，以下のように述べて，いったん製品が規制のない海外に出た以上，

もはや帰責できないと判断して，因果関係を否定した。
「次に，上記の条件関係（事実的因果関係）を前提とした上で，本件損害をY社の本件注意義務違反の結果として同社に法的に帰責することができるか（法的因果関係があるか否か）について検討する。
　化審法は，既に述べたとおり，PCNについて輸入・製造・使用の各段階で規制を行い，国内におけるPCNの存在及び流通を禁ずる規制を行っている。他方で，海外においてはPCNの輸入・製造・使用についての規制は設けられていない。また，化審法は，PCNを含む製品の海外からの輸入については，政令で定められた①潤滑油または切削油，②木材用の防腐剤，防虫剤及びかび防止剤，③塗料（防腐用，防虫用及びかび防止用のものに限る）の三種類に限り禁止しており，それ以外の製品の輸入は禁止していない（化審法第13条第1項，同法施行令第3条）。このようなPCNの法規制を前提とすると，本件注意義務違反により惹起された第三者に対する規制リスクは，健康被害あるいは環境汚染のリスクと異なり，PCN自体が内包するリスクではなく，あくまでも化審法の規制を前提としたものであるから，当該PCNが国外に流出した時点において消滅するものと考えられる。そして，一旦海外に出た当該PCNが我が国の国内に輸入され，使用される場合には，再び化審法を前提とした規制リスクが生じることとなるが，これは当初の注意義務違反によりもたらされたものではなく，PCNを国内に輸入する者により新たにもたらされたリスクというべきであり，本件損害もまさにX社の輸入行為によりもたらされた規制リスクが現実化したものと見ることができる。
　そうすると，本件においては，注意義務の設定において，第三者に対する権利侵害リスク（規制リスク）として想定したものを超えた別個のリスクにより本件損害がもたらされたものであり，本件損害は本件注意義務の射程外のリスクが現実化したものと言うべきであるから，本件注意義務違反と本件損害との間に法的因果関係を認めることはできない。」
　予見可能性を前提とした「相当性」の判断如何という枠組みを取っていないことから，本判決は，上記有力説の立場を踏まえて因果関係の判断をなしたものと評価できよう。

## 8 欠陥と損害との因果関係

　以上に対し，製造物責任法における欠陥と損害との因果関係については，本判決は，「本件損害はNFBが含有するPCNの毒性が有する身体・環境に与える危険性が発現して原告の財産を毀損したものではないから」因果関係がないとして切り捨てている。この意味するところが，条件関係が存在しないという趣旨なのか，相当因果関係あるいは法的因果関係がないという趣旨なのか，判文からははっきりしないと言わざるを得ない。

　しかし，製造物責任法は，被害者を自然人に限らず法人も含み，被害の範囲も生命・身体に限らず財産的損害まで広げていること，文言上，製品事故の発生を要件としてないこと等からすれば，PCNの毒性が発現したものでなくても，条件関係ないし事実的因果関係としては認められ，回収損害との間ではいったん規制のない国外に出たという事情に照らし，欠陥との間に相当性ないし法的因果関係がないのだと考えるべきではなかったかと考える。

## 9 その他の参考判例

　本事案において，仮に，流通経路が全て国内であれば，全ての流通段階でPCN規制が及び続けることになるので，契約責任を遡ることも可能であり，製造物責任がどれほど争点となったかは不明と言わざるを得ない。

　ただ，契約責任を問うことが可能であっても製造物責任が否定されるわけではないし，法人の経済的損害についてどの範囲までが製造物責任で保護される範囲であるかは，今後の判例の集積に待つところが大きいといえるだろう。

　この点，メーカーから灯油缶を購入して石油関係会社特約店に納入していた販売業者が，灯油缶のキャップに欠陥があったために回収を余儀なくされた損害について製造物責任法に基づき認めた例（東京地判平成22年4月21日（平成20年（ワ）第22782号）），瓶詰めオリーブを開封してレストランで提供したところボツリヌス菌による食中毒事故が発生したケースで，レストランの休業損害や信用毀損による減収損害を認めた例〔**判例37**〕東京地判平成13年2月28日判タ1068号181頁）がある。

**【芳仲美惠子】**

# 第5章

# 当事者の主張・立証

# 概　　説

## 1　主張・立証責任

　民事訴訟では，原告が請求する権利内容を法律（ここでは製造物責任法）に照らして，原告の請求が認められるために原告の側で主張・立証すべき事項と，被告が責任を免れるために主張・立証すべき事項とを分け，主張・立証責任を負った側がその責任を果たせなかったときは敗訴となる。
　原告・被告のいずれかが主張・立証すべき事項でも，相手方がその主張を認めた場合には，立証する必要はなくなる。

## 2　原告（被害者）側の主張・立証責任

　製造物責任が認められるためには，原告（被害者）が，①製造業者が引き渡した製造物に欠陥が存在したこと（法2条），②損害の発生（法3条），③流通開始時の欠陥と損害との間の因果関係（法3条）の3要件の主張・立証が必要である。

### (1)　欠陥の存在

　欠陥の存在については，基本的に「製造物のどこにどのような欠陥」があり，それが「流通開始時に存在」したことを明らかにする必要がある。
　これにつき，器具・機械等のように製造物が残存していれば，欠陥の立証は比較的容易であるが，費消したり原状を失った製造物の欠陥を立証することは困難を極める。また，欠陥が「流通開始時から存在」したことの立証も容易ではない。例えば，製造後数年経過した製品から出火した場合，出火原因（欠陥）が流通開始時から存したのか，老朽化によるものかの立証は困難である。

### (2)　損害の発生

　被害者は，賠償すべき損害が発生したことを主張・立証する必要がある。損害の種類（人損か物損か，営業損害かなど），評価額（治療費，物の時価，逸失利益等）を明確にする必要がある。ただ，この損害の立証は，他の損害賠償請

求，例えば交通事故などと同じである。

### (3) 欠陥と損害の因果関係

欠陥と損害との間に相当因果関係あることの立証が必要である。

相当因果関係は，欠陥と事故，事故と損害との間にそれぞれ必要とされる。

欠陥と事故との因果関係は，どのような欠陥があり，その欠陥によって原因（例えば発熱）が生じ，それにより事故（例えば火傷）が生じたという事実をすべて立証することが求められる。

そして，事故が生じた場合，被害者の被った損害が通常発生するものかどうか（これが損害に関する相当因果関係）の判断がなされることになる。

## 3　被告（加害者）側の主張・立証責任

被告（製造業者）としては，原告の主張・立証3要件のうち，1つでも証明できない状態にすれば，責任を免れることになる。

### (1) 被告側の反論

その方法としては，以下のようなものが考えられる。

① 「製造物の特性はすでに消費者に認知されている」
② 「合理的に予見できない誤使用である」
③ 「警告や指示が明確かつ適切になされているのに，消費者が不正な使用をした」

また，争いはあるが，次のような反論も認められる余地がある。

① 「一定の危険を伴うが，製造物の効用・有用性の方がはるかに大きい」
② 「危険の回避には製造物の価格に比してはるかに大きな費用がかかる」
③ 「当時の技術では，回避できない危険があった」
④ 「その危険の発生率は極めて発生が低く，かつその危険の程度も小さい」
⑤ 「当該製造物の使用上の安全性は，使う人の使い方に大きくかかわっており，適切な使い方はすでに一般に周知である」
⑥ 「常識的な使用期間を大幅に経過した後の使用により被害が発生したものにすぎない」

## (2) 抗　弁

　被告（製造者）としては，より積極的に，以下の要件を主張・立証して責任を免れることができる。PL法は，これを製造業者の抗弁として規定した。

　(a)　開発危険の抗弁（法4条1号）

　製造物を流通に置いた時点における科学・技術知識の水準によっては，「欠陥の存在を発見できない危険」は，責任を免れるとした。ただ，PL法の趣旨を没却しないよう，その水準は世界最高水準とされる。

　(b)　部品又は原材料の供給者で欠陥がもっぱら他の製造業者の行った指示に従ったことにより生じ，そのことに過失がないこと（法4条2号）

　注意すべきは，指示に従っただけでは免責されず，製造業者自ら過失がないことを立証する必要がある。過失判断は，当該製造業者の能力に応じたものとなるから，一般的には大企業の場合，注意義務が高くなり，中小企業等では，求められる注意義務が低くなる。

　(c)　責任期間の経過（法5条）

　PL法では，製造業者等が当該製品を引き渡した時から10年間を権利行使期間とし（法5条1項），不法行為責任の20年間（民724条）を短縮した。

　また，損害及び賠償義務者を知った時から3年とし（法5条1項），不法行為と同じになっている。

　さらに，上記の期間は，いわゆる蓄積被害の場合，その損害が生じた時を起算点としたが，大規模健康被害に配慮したものである。

【羽成　守】

# 第1　使用者の主張・立証

## 1　携帯電話の異常発熱

〔39〕仙台高判平成22年4月22日（平成19年（ネ）第337号）
判例時報2086号42頁

☞　概　　　要

■　問題点

1　製造物責任における主張，立証の対象
2　訴訟の場における主張，立証の実際

## 判決の内容

■　事案の概要

1　本事案は，X（原告・控訴人）が，携帯電話を作業ズボンの前面左側ポケットに入れたままこたつに入って3，4時間ほど食事，うたた寝をしていたところ，携帯電話が異常に発熱したために左大腿部に低温熱傷の傷害を負ったとして，携帯電話の製造者（Y。被告，被控訴人）に対して製造物責任に基く損害賠償の請求をしたものである。

2　第一審（仙台地判平成19年7月10日判時1981号66頁）は，Yによる当該携帯電話の実験結果などを踏まえ，携帯電話が低温熱傷を生じるほどの異常発熱を起こしたと認めることはできないとしてXの請求を棄却した。これに対し，その控訴審である本件判決は，携帯電話は異常発熱を起こす可能性があり，他に原因と考えられるものが見当たらないことから低温熱傷の原因を当該携帯電話の異常発熱とし，通常の使用形態の中で異常発熱を起こした携帯

電話に欠陥の存在を認めた。

■ **判決要旨**

1　本件判決は，Ｘの熱傷（本件熱傷）の原因について，まず，医師の診断書に基づいて「Ｘが平成15年6月5日の時点において本件熱傷を負っていたことは，動かしがたい事実である」としたうえで，「Ｘは平成15年5月20日午後8時30分から午後11時頃までの間において，そのズボン前面左側ポケットに本件携帯電話を入れ，被害部位であるＸの左大腿部と接触する状況にあったこと，本件携帯電話の位置，形状と本件熱傷の位置，形状はほぼ一致すること，本件熱傷は低温熱傷であること，本件携帯電話の温度が約44度かそれを上回る程度の温度に達し，それが相当時間持続すること，すなわち低温熱傷をもたらす程度に発熱する状態（異常発熱）になることは十分あり得ること，ほかに本件熱傷の原因となり得る事由は見当たらないこと」などを理由に，本件熱傷は，「本件携帯電話が低温熱傷をもたらす程度に異常発熱したため生じたもの（本件発熱が本件携帯電話に起因すること）と推認することができる。」とした。

2　次いで本判決は，Ｘの使用状況について，「携帯電話機を衣服等に収納した上，身辺において所持しつつ移動でき，至る所で，居ながらにして電気通信システムを利用できることにその利便性や利用価値があるのであるから，これをズボンのポケットに収納することは当然通常の利用方法であるし，その状態のままコタツで暖を取ることも，その通常予想される使用形態というべきである。」と判断した。

そのうえで，「Ｘは，本件携帯電話をズボンのポケット内に収納して携帯するという，携帯電話機の性質上，通常の方法で使用していたにもかかわらず，その温度が約44度かそれを上回る程度の温度に達し，それが相当時間持続する事象が発生し，これにより本件熱傷という被害を被ったのであるから，本件携帯電話は，当該製造物が通常有すべき安全性を欠いているといわざるを得ず，本件携帯電話には，携帯使用中に温度が約44度かそれを上回る程度の温度に達し，それが相当時間持続する（異常発熱する）という設計上又は製造上の欠陥があることが認められる。」とした。

# 解　説

## 1　製造物責任における主張，立証の対象

　製造物責任を追及するに当たっては，製造物責任法3条に基づいて，①欠陥の存在，②損害の発生，③欠陥と損害発生との間の因果関係を，使用者（被害者）が主張，立証しなければならないとされている。

　このうち，欠陥の主張，立証に関して，現代の社会情勢は，複雑な流通機構の中で製造と消費が分離され，また，科学，技術水準の粋を用いた機械製品が一般に流通する状況となっており，このような中で使用者に製造過程の詳細や製造物に対する専門的知識を要求することは困難である。このため，実際の請求，訴訟の場において，使用者が欠陥についてどの程度の主張，立証をしたときに，上記の要件が満たされたと考えるかが問題となる。

　この点，本件判決は，ほぼ同一の事実関係の下で第一審仙台地裁が欠陥の存在を否定した事例（平成19年7月10日判時1981号66頁）について，これを肯定したものであり，具体的事案における主張，立証の程度や間接事実の作用に関する考察の参考となる事案である。

## 2　第一審の認定

　第一審は，まず，欠陥の有無，具体的には本件携帯電話に異常が発生したかどうかを検討対象としている。

　すなわち，本件携帯電話に低温熱傷を招く摂氏44度以上の発熱（異常発熱）が起こり得るかについて，製造者Y側で行った当該携帯電話や他の同機種の携帯電話における待ち受け時，通話時の温度上昇観測実験の結果では最大でも低温熱傷を発症し得る温度に達しなかったこと，X側で行ったこたつ内における本件携帯電話の温度上昇実験は9月であったために室温が適正な結果を得るためには高過ぎ，また，X提出意見書は温度上昇の一般的な危険性を指摘するにとどまるとして，「こたつを使用した本件携帯電話の温度上昇実験は，本件携帯電話が本件熱傷の原因であるとの原告の主張を実証的に裏付けるものではなく，かえって，本件熱傷がこたつのふく射熱又は対流熱を原因として生じた可能性が高いことを示唆するもの」であると認定し，最終的に「本件熱傷が本件携帯電話又は本件リチウムイオン電池の発熱によっ

て生じたことが高度のがい然性をもって証明されているとは認められない」
と判断して欠陥を否定した。

ただし，この判断の背景として，第一審は，実験時にポケットの深さから本件携帯電話を収納しても熱傷部位に届かない状況があり，また，熱傷の形跡にアンテナ部分と思われる形状が見られるが，同部分は比較的温度が上昇しにくい部位であることなどから，「本件熱傷跡と本件携帯電話の形状等は外見上の類似性はあるも両者が一致または符号しているとは評価できない」とし，更に，Xの事故状況の供述につき，発生日やこたつに入っていたという状況に関して「主張が不自然，不合理に変遷し，その信頼性に重大な疑問がある」とするなど，前提事実の存在に疑念を有していたと思われる。

### 3 本件判決の認定

以上に対し，本判決は，まず，Xが主張，立証すべき内容に関し，製造物責任法の趣旨から「本件携帯電話について通常の用法に従って使用していたにもかかわらず，身体・財産に被害を及ぼす異常が発生したことを主張・立証することで，欠陥の主張・立証としては足りるというべきであり，それ以上に，具体的欠陥等を特定した上で，欠陥を生じた原因，欠陥の科学的機序まで主張立証責任を負うものではないと解すべきである」とした。そのうえで，前述のとおり，本件低温熱傷の存在が医師により確認されていること，その形状がポケットに入れた携帯電話の形状と相似すること，携帯電話が異常発熱することは十分にあり得ること，これ以外に熱傷の原因となり得るものが見当たらないこと等から，通常の用法で使用していた本件携帯電話が異常に発熱し，本件熱傷の原因となったと認定し，欠陥の存在を認めた。

なお，第一審において否定的に作用した間接事実については，まず，こたつの輻射熱について，事故が5月でこたつの温度調節が高かったとは認められず，受傷部位との整合性からもこたつの熱のみで本件受傷が生じたとは推認できないとし，Xの供述についても，事故状況や被害の程度からして記憶が曖昧であるもやむを得ないとして，特に変遷を問題にしていない。

### 4 まとめ

両判決の相違として，第一審判決は，異常発生ついて正面から実証的検討を試み，専門家の証言，文献，実験結果等から携帯電話が異常発熱を起こし

た事故と認めることができないとしたのに対し，本件判決は，低温熱傷の存在を前提に，実験上異常を再現できなくとも一般論として異常発熱の可能性が十分に認められ，他に原因となる事実がないという状況を重視して欠陥を認めたものということができる。そして，他に原因がない点を重視する前提として，使用状況，熱傷と本件携帯電話との形状，位置の一致という携帯電話と熱傷を結びつける間接事実を認定していると考えられる。

　使用者側の主張，立証としては，本件判決の指摘する製造物責任法の被害者救済の趣旨から，欠陥の具体的立証を求めるときは知識に欠ける使用者に過大な負担を課すことになるため，被害の原因となる正常使用時の異常について一応の立証がなされたときは製造物の欠陥を事実上推認し，あとは製造業者に科学的，技術的に欠陥（損害発生の機序）の不存在や他原因の存在等を立証して推認を否定する事実上の負担を求めることになろう。製造業者としては，製造物の構造や技術，製造過程，特性を知り，専門知識を有していることから，の欠陥の有無や事故原因の究明等の詳細に関して主張，立証の負担を課しても衡平に適すると考えられている。

　次に，製造物責任法における欠陥の主張，立証の対象が「通常の用法に従って使用していたこと」と，その際に「異常が生じたこと」で，使用者側がこれらの一応の立証を行ったときは，製造業者側としてこれらに反証を加えるべき事実上の必要に迫られるが，上記各事情はいずれも使用者の支配領域内で発生した事柄で製造業者はその詳細を知り得る立場にはなく，特に，本件判決が指摘する「他に被害の原因となりうる事由」については，使用状況の詳細が明らかでなければ，合理的な主張を行うことが困難と思われる。

　しかしながら，これも，被害者救済を旨とする法の趣旨における立証負担の分配の問題であり，いずれが立証負担を負うべきかとの価値判断からしてやむを得ないということになろう。製造業者としては，使用者が明らかにした使用状況の中で，当該製造物の特性等に従って他原因の可能性を見極め，間接事実を積み上げていくしかないものと考える。

【青木荘太郎】

# 第1　使用者の主張・立証

## 2　乾燥装置による火災と欠陥

〔40〕東京地判平成21年8月7日（平成18年(ワ)第15582号）
判例タイムズ1346号225頁

### ☞ 概　要

■ 問題点

1　工場内に設置された乾燥装置内部から発火した工場火災につき，被害者は，乾燥装置の具体的な発火原因ないし機序についてどの程度主張・立証すべきか

2　ユーザーが当該乾燥装置の点検を怠っていたことや労働安全衛生法上義務づけられている乾燥設備作業主任者を選任・配備していなかったこと等は，過失相殺として考慮されるか

## 判決の内容

■ 事案の概要

1　小型のトランス（電気変圧器）を製造・販売する原告X社の製造工場において，深夜，無人の時間帯に火災が発生した。出火場所は，実況見分調書や火災原因判定書から，工場内に設置されたトランス乾燥用の熱風循環式乾燥装置（以下「乾燥装置」）内部からの発火であることが認められた。乾燥装置は被告Y社が製造販売したものである。

X社は，乾燥装置に欠陥が存在していたことを理由にY社に対し製造物責任法に基づいて火災被害による損害の賠償を求めた。

**2** X社は鉄心に電線を巻いた後，絶縁・固定のためにワニスと呼ばれる液状溶剤形絶縁材にこれを含浸し，自然乾燥させた後に，乾燥装置に挿入してワニスを乾燥させて，トランスを製造していた。

乾燥装置の仕組みは，ヒーターユニット内の空気をヒーターで加熱し，その熱風をファンで循環させて乾燥炉内に送り，乾燥炉内のトランスを乾燥させるというものである。

乾燥装置の運転は，一定の温度と時間が設定された温度制御プログラムによって制御されているが，同プログラムに異常が生じた場合の安全機構として，乾燥炉内及びヒーター室内に過昇温防止器が設置され，これらが一定以上の加熱を検知すると電子回路に信号が送られ，回路内のリレースイッチが切断され，ヒーターの電源が遮断されるという仕組みも備えていた。

**3** 火災発生前日の午後6時ころ，X社従業員は，ワニスの含浸作業の終了したトランスを乾燥炉に挿入し，14時間の設定で乾燥装置の電源を入れ，午後9時ころ稼働状況を確認して退社し，その後乾燥装置を無人運転させていた。消防による火災覚知は翌日午前2時19分であった。

**4** 本件では，出火場所が乾燥装置内部からの発火によるものであることは実況見分調書，火災原因判定書によって認められるところ，乾燥装置の欠陥の有無をめぐって，乾燥装置内部からの発火原因が争われた。

X社は，原告は乾燥装置を通常の用法に従って使用していたから，乾燥装置から発火したことのみで乾燥装置の欠陥の存在が推認される，よって乾燥装置の欠陥についてX社はそれ以上の主張立証責任を負わないとしながらも，①過昇温防止装置の電気回路の欠陥（設計上の欠陥）の他，②防爆仕様でないこと（構造上の欠陥），③取扱説明書の欠陥（指示，警告上の欠陥）といった欠陥を主張した。

## ■ 判決要旨

**1** 本判決はまず，乾燥装置の仕様，挿入物を乾燥させる仕組み，過昇温を防止するための仕組み，使用状況，使用環境等を詳細に認定した上で，発火原因は「本件火災の出火場所が本件乾燥機内部と思われること，本件証拠上，他に放火等の本件火災の原因となった事実を窺うべき証拠がないことか

らすれば，本件火災は，本件乾燥装置内部が設定温度を超えて高温となり，本件乾燥装置内部のワニス（蒸散しているものを含む。）…中略…に引火する等したため発生したと見るのが自然かつ合理的である。」とした上で，更に「してみれば，本件乾燥装置の温度制御プログラムが異常を生じ，過昇温防止装置が正しく作動しなかったか，若しくはその信号によりヒーター電源が遮断されなかったため本件乾燥装置内部が高温となり，その状態が相当時間継続したと考えるほかはなく，その余の原告指摘の諸点の当否を検討するまでもなく，本件乾燥装置は，通常有すべき安全性を欠いていたというべきである。」として，内部が高温となったのは，過昇温を防止する2段階の仕組みのうちのいずれかが作動しなかったためと考えるほかないとして，それ以上に具体的な発火原因を特定することなく，本件乾燥装置が通常有すべき安全性を欠いていたこと（欠陥の存在）を認めた。

そして，立証の程度については，乾燥装置から発火した事実だけから乾燥装置の欠陥が推認されるわけでないとしながらも，乾燥装置内の部位や箇所を特定して具体的な発火のメカニズムまで主張立証することは必要ないとして，「被告は，本件においては，原告が，本件乾燥装置が流通に置かれた時点において欠陥が存在していたということを具体的に主張・立証しなければならない旨主張するが，上記のとおり，本件火災の原因が本件乾燥装置の不具合によるものであり，その不具合が本件乾燥装置の製造後の事情によるものと疑うべき事情がない以上，原告はそれ以上，本件乾燥装置の不具合について具体的な主張立証責任を負うものではないと解すべきである。」と述べ，欠陥の特定は，社会通念上欠陥の存在を認めてよいと思われる程度の特定でよく，事故発生，損害発生の原因となり得る程度に常識的に製品の欠陥が特定されれば足りるとした。

**2** ユーザーが点検を怠っていたことや労働安全衛生法上求められる作業主任者を置かなかったこと等は過失相殺事由として考慮される。本件では損害額の3割が過失相殺された。

# 解　　説

## 1　問題の所在と本判決の位置づけ

　製造物責任法において，製品の欠陥に起因する損害について，被害者が製造者等に対して損害賠償請求をするためには，①欠陥の存在，②損害の発生，③欠陥により損害が発生したこと（因果関係）を立証しなければならない。つまり，「欠陥」すなわち「当該製造物が通常有すべき安全性を欠いていること」（法2条2項）の主張・立証責任を負うのは，あくまで，被害者である。

　とはいえ，被害者の側で，「欠陥」の具体的内容，すなわち製品における欠陥部位や箇所，さらにその部位や箇所から製品事故が発生したメカニズム等まで具体的に特定して主張・立証しなければならないとすると，民法709条に基づいた過失立証を要求するのと変わらず，製造物責任法の意義が失われてしまう。

　そこで，欠陥の特定の程度については，一般的には，製造物の特性等を考慮しつつ，社会通念上欠陥の存在を認めてよいと思われる程度の特定があればよく，事故発生，損害発生の原因となり得る程度に，常識的に製品の欠陥を特定することが必要であり，かつ，それで足りるとされる。被害者側でこのような主張・立証がされれば，製造業者の側でその特定にかかる反論・反証が必要となることになる。

　本判決は，本件乾燥装置から発火して工場に火災が発生したという個別の事案に即して，被害者の主張・立証すべき「欠陥」の特定の程度につき，ひとつの判断を行ったものである。

## 2　抽象的「欠陥」推定は否定

　本件では，X社は，乾燥装置から発火した事実のみから乾燥装置の欠陥が推認されるとも主張したが，単純に事故の発生だけから抽象的な欠陥が推認されることはない。X社も上記主張に加えて具体的な欠陥の部位や箇所並びに発火のメカニズムの主張を展開した。

## 3　具体的「欠陥」の主張・立証

　X社が具体的に主張したのは，過昇温防止器が加熱を検知してヒーター電

源を遮断する安全機構の設計上の欠陥である。

安全機構の原理は，各過昇温防止器が加熱を検知すると，いくつかの有接点リレーや無接点リレーが組み込まれた電子回路に信号が送られ，リレーが中断され，ヒーターの運転を止めるというものであった。

なお，有接点リレーとは，コイル（電磁石）を用い金属が物理的に接触したり離れたりして回路の on/off を行うものであり，無接点リレーとは，光すなわち半導体を用い物理的な接点を使わずに回路の on/off を行うものをいう。

X社は，トランスを含浸したワニスが炉内の熱によって蒸散し，電子回路のリレーに固着してリレーが作動しなかったために上記安全機構が働かずヒーターの電源が切れなかった可能性が高い，と主張したのである。

### 4 具体的機序の特定

しかし，本判決は上記X社主張の発火メカニズムを否定した。

すなわち，上記安全機構による制御の原理は機械的な可動部（接点）により制御するのではなく電子回路により制御するというのであるうえ，そもそもワニス自体が絶縁材料なのだから仮にワニスが電子回路が設置されている分電盤内に堆積し，機械的な接点部分に入り込んだとしても，それにより接点が開くことはあっても電流が流れ続けることはなく，本件乾燥装置が過昇温となることは考えがたいとしたのである。

他方で，本判決は，Y社主張の発火メカニズム，すなわち，熱で乾燥炉内に滴下したワニスが揮発成分を失って硬化し大量の樹脂（固体）となりそれが何らかの原因で発火して，乾燥装置内に並べられたトランスの間に放置された絶縁材料である紙のロールに引火したとする発火メカニズムについても，乾燥炉内に滴下したワニスはX社の従業員が適宜ヘラで除去していたこと，絶縁材料の紙のロールはかなりな重量があって，ロールごとトランスとともに炉内に並べることが考えられないこと，絶縁材料の紙は220度までの温度下で使用可能なものであること（乾燥炉内過昇温防止器はそれより低い200度以上の加熱を感知する設定だった。）等の事実を認定して，排除した。

### 5 本判決

結局のところ，本判決は，欠陥の具体的な箇所や発火の機序の特定には

至らなかったが、「本件火災は、本件乾燥装置内部が設定温度を超えて高温となり、本件乾燥装置内部のワニス（蒸散しているものを含む。）等に引火する等したため発生したと見るのが自然かつ合理的である」、とした上で、乾燥装置内部が設定温度を超えて高温となった原因は、「温度制御プログラムが異常を生じ、過昇温防止装置が正しく作動しなかったか、若しくはその信号によりヒーター電源が遮断されなかった」と考えるほかはないとして、「乾燥装置は、通常有すべき安全性を欠いていた」と認定したのである。

### 6　過失相殺について

　なお、本件では、X社は、本件乾燥装置を夜間無人運転をしており、労働安全衛生法14条で要求される乾燥設備作業主任者の選任すら行っておらず、また、本件乾燥装置の点検も行っていなかったことから、3割の過失相殺がなされた。点検の怠慢について、X社は、電子回路の設置された分電盤はいわばテレビのブラックボックスだと反論をしたが、本判決は、そうであれば自ら点検できない以上そのまま放置するのではなく、Y社との間で保守契約を締結するなどすべきであったとした。ただ、Y社の本件乾燥装置の取扱説明書の点検整備の章はきわめて抽象的な記載しかないから、この点に関するX社の手落ちは大きくないともしている。

【芳仲美惠子】

## 第1　使用者の主張・立証

### 3　立証の程度——輸入食品の欠陥の内容

〔41〕東京地判平成22年12月22日（平成21年(ワ)第2330号）
判例時報2118号50頁，判例タイムズ1382号173頁

☞ **概　　要**

■ **問題点**

　外国の食品工場（A食品工場）で製造され，訴外甲社が日本に輸入し，国内で流通していた食品（冷凍餃子）から毒物（残留農薬）が検出されたため，A食品工場から被告Y社が日本へ輸入した冷凍餃子以外の食品加工品をY社から購入・販売していた原告X社が，それら食品加工品の販売中止を余儀なくされたために被った損害について，Y社は責任を負うか

## 判決の内容

■ **事案の概要**

　1　本件は，中国河北省の食品輸出入集団天洋食品工場（以下「A食品工場」）が製造した冷凍食品を日本の食品輸入会社である被告Y社（日協食品株式会社）から購入して他社（江崎グリコ株式会社）へ転売していた原告X社（テーブルマーク株式会社。なお旧商号「株式会社加ト吉」）が，A食品工場が製造した冷凍餃子に毒物が混入していたことが発覚したことから，A食品工場で製造された冷凍餃子以外の全ての食品についても廃棄，回収を余儀なくされたとして，輸入者であり売主でもあったY社に対して廃棄，回収等に要した費用相当額の損害賠償を求めた事案である。

**2** 平成20年1月30日，千葉県警及び兵庫県警によって，平成19年年末から同20年1月22日にかけて，冷凍餃子を食べた消費者（千葉県と兵庫県に居住する3家族10人）が吐き気や下痢などの中毒症状を訴えて9人が入院したこと（一時意識不明の重体となった1人を含む），消費者が食べた冷凍餃子からは，農薬として使用される有機リン酸系殺虫剤のメタミドホスが検出されたことが報道発表された（以下「本件中毒事件」）。

この冷凍餃子は，Y社とは別の会社（ジェイティフーズ株式会社「訴外甲社」）が，中国のA食品工場から輸入して，日本生活協同組合（「CO-OP」）を通じて消費者に販売されたものであった。

**3** 同日，厚生労働省は，国民に対し，A食品工場で製造された食品を食べないように呼びかけ，Y社を含む食品輸入業者に対しA食品工場からの輸入の自粛を指導した旨を報道発表した。翌31日，厚生労働省は，A食品工場で製造された商品と輸入者のリストを公表し，Y社を含む関係18事業者に対して，それら商品について，安全性が確認されるまで販売の中止を要請する等の措置を採った旨を報道発表した。

X社は，直ちに自社ホームページや全国紙各紙に商品の回収の社告を掲載し，卸売店等の販売先に対して回収の連絡をした。販売先も商品回収を開始し，また，全国各地の小売店で，製造年月日や，製品の種類の如何にかかわらず，A食品工場が製造した加工食品の自主回収が実施された。

これらの自主回収の状況はマスコミを通じて全国的に報道された。

X社は，在庫商品や回収された商品についてロットごとに1検体ずつ残留農薬一斉分析検査を行ったところ，これら商品と同一種類の商品からは残留農薬が検出されなかったため，平成20年2月4日及び同月12日，取引先に対して上記検査結果を連絡したが，同年3月12日まで商品の回収は続けられた。

**4** X社及びY社は回収した商品の廃棄や回収損害について協議を行ったがまとまらず，平成21年1月，訴訟提起に至った。

訴訟係属中の，平成22年3月26日，A食品工場の元臨時工員が被疑者として中国の警察当局に逮捕された。同月28日には，同被疑者が，計3回，A食品工場の冷凍保管庫に忍び込んで注射器で製品にメタミドホスを混入した旨

供述したことが報道され，結局，メタミドホスの混入経路は，特定の人物が特定の日に人為的に混入させたという故意の犯罪行為によるものであった可能性が認識されることとなった。

### ■ 判決要旨

　X社がY社から購入した本件商品に有害物質が混入していなかった以上，本件商品には製造物責任法2条2項にいう「欠陥」は存在せず，Y社はX社に対して製造物責任は負わない。

　ただし，売買契約当事者間では，取引観念上，目的物が食品として最終的に消費者の消費に供し得る品質を有することが商品価値として予定されているところ，当時，社会全体においてA食品工場の製造した製品全般に対して毒物混入の疑いが存在していたことからすれば，その商品価値はなかったものと認められるとして，売主Y社の買主X社に対する契約責任としての瑕疵担保責任は肯定される。

　その結果，X社が負担した廃棄，回収，安全確認検査，消費者対応等にかかった費用及び販売先他社に支払った賠償金等合計金1億5066万円余の損害賠償請求が認容された。

## 解　説

### 1　問題の所在と本判決の位置づけ

　本件は，中国の特定の工場で製造され輸入された加工食品に毒物が含まれていたことが判明したものの，その毒物の付着ないし混入の経緯や原因等が不明だったことから，同時期に同じ工場で製造された加工食品全てについて，厚生労働省の行政指導を含め，大規模小売店舗による自主回収等，日本の社会全体での買い控えが生じたという事件である。

　本判決は，同じ無過失責任であるが，不法行為責任の特則である製造物責任を問う上での「欠陥」の判断と，契約責任としての瑕疵担保責任を問う上での「瑕疵」の判断について，異なった結論をとった。

　また，本件の損害は，損害の発生・拡大の経過に照らすと，食品という特殊性があるとはいえ，消費者やマスコミの過剰反応がなかったとは言い切れず，風評損害として取り上げることも可能なものも含まれていたと思われるが，本判決は，損害賠償請求権の範囲としても相当に広く認めたものとしても注目に値する。

### 2　製造物責任法における「欠陥」判断について

　「欠陥」とは製造物が通常有すべき安全性を欠くことである（法2条）。

　本判決は，以下のように述べて欠陥があると認められるためには，製造物に，有害物質が混入するなどしていて，それによって，人の身体，生命又は財産に被害を生じさせる客観的な危険性が存在することが必要であるとして，有害物質が含まれていなかった以上，「欠陥」は否定されるとした。

　「製造物責任法3条の「欠陥」とは，当該製造物が通常有すべき安全性を欠くことをいい（同法2条2項），同法が，製造物の欠陥により，人の身体，生命又は財産に係る被害が生じた場合における製造業者等の損害賠償の責任について定めることにより，被害者の保護を図ることを目的とするものであること（同法1条）からすれば，本件商品に上記欠陥があると認めるためには，本件商品に，有害物質が混入するなどしており，それによって，人の身体，生命又は財産に被害を生じさせる客観的な危険性が存在することが必要であると解される。

前記のとおり，本件商品は，社会において，有害物質が混入している疑いのあるものと認識されており，取引観念上，最終的に消費者の消費に供し得る品質を有しなかったのであるが，本件商品自体から中毒事故等が発生したものではなく，原告が本件商品の検体について実施した残留農薬一斉分析においても，メタミドホス等の有害物質は検出されてないのであって，本件商品について，現に有害物質が混入していたことを認めるに足りる証拠はない。そうすると，本件商品については，瑕疵担保責任における瑕疵が存在したことは認められるものの，製造物責任法3条に規定する欠陥があったと認めることはできないことに帰する。」

## 3 瑕疵担保責任における「瑕疵」判断について

以上に反し，本判決は，以下のとおり，「瑕疵」の存在を認めた。

「瑕疵担保責任における瑕疵とは，契約の目的物が，契約において当事者間で予定されていた品質・性能を欠くことをいうものと解されるところ，本件売買契約の目的物はすべて食品であり，原告（X社）はこれを被告（Y社）から輸入してグリコ社等へ継続的に販売していたのであるから，原告（X社）と被告（Y社）の間において，本件商品は，取引観念上，最終的に消費者の消費に供し得る品質を有し，それに基づいて，他社への販売が可能である商品価値を有することが予定されていたものと解される。したがって，本件商品については，このような品質を有さず，他社への販売が可能である商品価値を有しないことが瑕疵であるというべきである。

そこで，本件商品が，取引観念上，上記のような品質を有していたかについて検討するに，…中略… 本件中毒事件が，被害者が食べたＡ食品工場が製造した冷凍餃子に混入していたとみられるメタミドホスを原因とするものであることは判明していたものの，メタミドホスが混入した経緯や，メタミドホスの混入可能性のある製品の範囲については何ら情報がなかったのであって，このような状況下において，……Ａ食品工場の製造した製品全般に対し，有害物質が混入している疑いがあるとの目が向けられていたということができる。

食品は，人体にこれを直接取り入れることが予定されており，有害物質が混入した食品を摂取すれば，生命に関わる重篤な結果を生じる危険性がある

から，商品としての食品は，高度な安全性が確保されていることが販売・消費の前提となっているものであって，有害物質が混入している疑いが存在することのみによって，その商品としての品質を備えているとはいえなくなり，商品価値を喪失する性質を持つということができる。そして，上記の本件中毒事件の公表後の状況に照らせば，A食品工場において製造された本件商品は，消費者の目から見れば，有害物質が混入している疑いがあったということができ，これを購入する消費者は皆無であったとみられるから，本件商品は，取引観念上，最終的に消費者の消費に供し得る品質を有しておらず，他社への販売が可能な商品価値を有していなかったと認めることができる。

…中略…本件商品には瑕疵があったと認められる。」

### 4 損害賠償の範囲—信頼利益

本判決では，商品の回収費用や社告掲載費用，廃棄費用，転売先に対する損害賠償額などが認められた。このうち転売先への損害賠償は別訴にて認容された（大阪地判平成22年7月7日判時2100号97頁，判タ1332号193頁）ものであった。

被告は，これらは瑕疵のないものの履行を前提としたいわゆる履行利益であって瑕疵担保責任により賠償されるべき損害には該たらない旨主張したが，本判決は，これらは瑕疵が存在したことにより原告が現実に支出した費用を損害と捉えているのものであって，瑕疵のないものが履行された場合に得られたであろう逸失利益などの履行利益とは性質を異にするとして，被告の反論を排斥した。

この点，瑕疵担保責任を法定責任であると捉える通説によれば，損害の範囲はいわゆる信頼利益（瑕疵がないと信じたために被った損害）とされるが，本判決は単純に費用損害であるから全て信頼利益に該たるかのような認定となっている。しかし，もう少しきめ細かに損害の範囲を画することも可能であったのではないかと思われる。

### 5 「瑕疵」と「欠陥」の不一致について

(1) 本判決が欠陥の存在を否定した論理は明快である。

しかし，翻って考えてみると，そもそも，製造物責任法は，欠陥によって

損害が発生することを要件としているところ，その因果の流れの中に必ずしも製品事故が発生することを要件とはしていない。また，被害者は自然人に限られず，被害法益には，生命・身体だけではなく財産も含まれている。従って，法人たる事業者に生じた営業損失等といった経済的損害も，製造物の欠陥との間に因果関係が認められる限り，製造物責任法の保護の射程内にある。

(2) この点，本判決は，「欠陥」があると認められるためには，製造物に，有害物質が混入するなどしていて，それによって，人の身体，生命又は財産に被害を生じさせる客観的な危険性が存在することが必要であるとした上で，有害物質が含まれていなかった以上，「欠陥」は否定されるとした。

しかし，生命又は身体に対する危険はともかくとして，本件のような事情と経緯に照らせば，財産に被害を及ぼす客観的危険性がなかったとは，言い切れないのではなかろうか。

以下は私見であるが，製造物責任法における「欠陥」とは，当該製造物が通常有すべき安全性を欠くこと（法2条2項）であり，その判断の考慮要素として，①当該製造物の特性，②通常予見される使用形態，③製造業者等が当該製造物を引き渡した時期，④その他の当該製造物に係る事情が法文上列記されている。

財産的損害を帰責するツールとしての「製造物の欠陥」を考える限り，当該製造物自体に有害物質が含まれていなかったとしても，上記4つの考慮要素を踏まえた結果，「瑕疵」を認めたのと同様に財産に被害を及ぼす客観的危険性すなわち「欠陥」を肯定した上で，認められる損害の範囲につき相当因果関係の範囲に限定してゆく，という考え方もあったのではないかと思われる。

(3) 本件は，原告（X社）も被告（Y社）も，消費者からの返品に応じた上で双方でその費用負担を争った事案であったが，仮に，消費者が原告となって被告（Y社）を相手取り，本件商品を被告（Y社）に返品した送料損害等を争った場合，本判決の論理では，返品された本件商品からメタミドホスが検出されない限り，結論として被告（Y社）の責任は否定されざるを得ないように思われる。

しかし，本判決が，「原告（X社）の回収損害は危険がないのにも拘わらず原告（X社）のリスクにおいて経営判断の一環として行ったものに過ぎず被告（Y社）に転嫁すべきではない」という被告（Y社）の反論を採用しなかったことからすれば，本判決も上記結論を妥当とは考えていないのではなかろうか。

【芳仲美惠子】

# 第1 使用者の主張・立証

## 4 立証の程度——工作機械の不備と他原因の可能性

〔42〕東京地判平成19年2月5日（平成17年（ワ）第3364号）
判例時報1970号60頁

## ☞ 概　要

### ■ 問題点

　工場内に設置されたマシニングセンタと呼ばれる産業用の工作機械（本件機械）が出火元となって工場火災が発生したが，出火原因の可能性として，使用者の誤使用が認められる場合，本件機械の設計上・構造上の欠陥は認められるか

## 判決の内容

### ■ 事案の概要

　1　本件ではマシニングセンタと呼ばれる金型等を製作する産業用の工作機械の欠陥が問題となった。マシニングセンタは，自動で金属加工をする工作機械で，ツールマガジン（工具をセットする場所）内に多数の切削工具を格納し，工具を自動交換する機能を持つ。旋盤が工作材料を回転させて削るのに対して，マシニングセンタは工作材料を固定し工具（刃物）の方を回転させて工作材料を削る仕組みで，工具と工作材料との相対運動を，座標軸における位置，速度等の数値情報として予めプログラミングし，コンピュータで数値指令制御することで，多種工具を用いた多種工程を連続して行うことが

でき，熟練の技術がなくても短時間で複雑な加工が可能となる。
　本件では，このマシニングセンタが設置されている工場の火災につき，出火元であったマシニングセンタの欠陥の有無を巡って，出火原因が争われた事案である。
　**2**　原告Xは，金型の製造業者であり，マシニングセンタ（以下「本件機械」）を他社からリースにて自社工場内に設置して使用していた。被告Yは本件機械のメーカーであり，本件機械の納入及び工場への設置は被告従業員が行った。
　本件機械の切削加工工程では，切削油が使用される。切削油とは，工具と加工材料との潤滑をよくして摩耗を減少させるほか，摩擦熱を吸収して冷却するためのもので，高速回転する主軸の周辺に通常毎分30ないし40リットルが噴射される。切削油には水溶性のものと不水溶性（油性）のものがあり，Xは，不水溶性で，燃焼性を有する消防法上の危険物第4類第3石油類に該当する切削油を使用していた。
　**3**　Xは，火災発生の前日の午後6時から，34ないし35時間の予定でアルミ材を切削加工するプログラムによって本件機械の自動運転を開始し，午後8時ころから無人の状態で稼働していたところ，翌午前8時半ころ，通報によって工場の火災が消防署に覚知され，午前10時ころ火災は鎮火された。
　消防署の出火原因判定では，様々な原因について検討が加えられたが，結論として出火原因は不明とされた。
　**4**　Xは，本件機械には，切削油が霧状となったもの（以下「切削油ミスト」という。）が電気系統部分へ侵入するのを防ぐ構造がないという欠陥があり，電気系統で発生した火花が切削油ミストに引火したとして，本件機械には設計上・構造上の欠陥があると主張した。
　これに対し，Yは，①XがYの警告を無視して夜間無人運転中に可燃性切削油を使用したこと，②Xのプログラムミスにより加工材料と工具ホルダーが干渉して接触し摩擦熱を発生させたこと，③Xが本件機械からの切削油ミスト飛散を防止するため本件機械全体をビニールカバーで覆ったため，本件機械内部に切削油ミストが充満したこと，の3つの誤使用が複合的に重なり合ったために出火したもので，これら誤使用は通常予見される使用形態とは

言えない以上，本件機械には欠陥の存在は認められないとして争った。

■ **判決要旨**

　本判決は以下のように述べて，使用者が通常想定される使用形態とはいえない使用形態で本件機械を作動させていたことが出火原因となった可能性が認められる場合には，本件機械に設計上・構造上の欠陥があるとは認められないとした。

　「…中略…本件機械は，水溶性切削油を使用することを標準としており，とりわけ夜間無人運転に当たっては火災防止のため切削油は不燃性のものを使用するものとされていたにもかかわらず，本件火災発生当時，不水溶性で燃焼性を有する切削油である本件切削油を使用して，無人状態で自動運転するプログラム設定がなされていたこと，原告は，本件火災発生当時，本件機械から発生する切削油ミストの拡散を防止するため，被告推奨のミストコレクタを購入して取り付けることなく，独自に本件機械全体をビニールカバーで覆い，その結果，本件機械を作動させた場合には本件機械内部に切削油ミストが充満する状況を生じさせることになったこと，本件火災後の現場見分の際，本件機械の切削室内の切削テーブル上の加工材料の一部がめくれ上がっていたことなどが認められることに加え，前記認定の被告が本件火災後に実施したコピープログラムによるシミュレーションの結果及び本件実験の結果をも併せ考慮すると，原告のプログラムミスにより，工具ホルダーと加工材料が干渉し，これによる摩擦熱が原因で発火し，これが充満していた可燃性の切削油ミストに引火して本件機械全体に燃え広がり，これが本件火災の出火原因となった可能性があり，したがって，原告が通常想定される使用形態とはいえない使用形態で本件機械を作動させていたことが本件火災の出火原因となった可能性があるものと認められる。

…中略…

　したがって，本件機械に設計上・構造上の欠陥があって，これにより本件火災が発生したとの原告の主張を採用することはできない。」

## 解　説

### 1　問題の所在と本判決の位置づけ

　火災事故においては火災の原因，出火に至る機序ないしメカニズムが問題となることが多く，その認定が容易でないことが多いが，本判決は，まずは，本件機械が出火元である可能性が高いことを認めた。しかし，本件機械が発火したメカニズムについては，詳細な事実認定によって，Xが主張した機序を全て否定し，むしろYが反論・反証した誤使用による発火メカニズムの可能性を認め，結果的に，Xによる欠陥の立証がなされていないとして請求棄却としたものである。

　製造物の誤使用については，欠陥の有無，因果関係，過失相殺等の各場面で問題とされるが，本件では，事故原因そのものが誤使用にあるとされ，欠陥自体が否定されたものである。

### 2　警告上の欠陥

　本件では，警告上の欠陥があったか否かも問題とされたが，本判決は，本件機械の取扱説明書，安全銘板において，夜間無人運転の際には，火災防止のため，不燃性の切削油を使用すべきであるとの警告がされており，火災防止のための警告としての機能を充分果たし得るものであったことが認められるとして，警告上の欠陥を否定した。

### 3　抽象的な「欠陥」推定の否定

　また，Xは，出火箇所が本件機械である以上，Yにおいて本件機械の欠陥に基づくものでないことの主張・立証をしない限り，火災は本件機械の欠陥によるものと推定されるべきであると主張したが，本判決は，これを独自の見解であるとして排斥した。製造物責任法3条による損害賠償を請求するためには，請求者において製造物の欠陥の存在，欠陥と損害との因果関係の主張立証責任を負うことは明らかであるから，当然の判断といえよう。

### 4　出火原因と欠陥

#### (1)　出　火　元

　本判決は，まず，火災の発見状況や工場内の焼損状況，当日の工場内の状況や本件機械の稼働状況，本件機械を中心として焼損している状況等を併せ

考慮すると，本件機械自体が出火元である可能性は充分にあるとした。

　しかし，本件機械における出火箇所については，本件機械の左側方下部付近が最も強く焼損していたところ，一般論として最も焼損した箇所が出火箇所である場合も少なくないとしながらも，火災後の見分時に左側方の床面に一面に油が付着していたことや見分の際に原告代表者が切削油ミストが飛び散るので床面はいつも濡れていたと説明していたことなどから，左側方下部付近が最も激しく焼損したのは，可燃性物質の密度が最も高かったために過ぎない可能性も否定できないとして，そこが直ちに出火箇所であったと認めることはできないとした。

(2) **出火原因～電気系統の火花からの引火**

　ア　まず，Xは，本件機械の電磁弁がスイッチのオンオフを繰り返すごとに微少の火花を発生させると主張したが，本判決は，そもそも本件機械の電磁弁は磁力により油圧調整を行う弁に過ぎず，電磁弁そのものから火花が発生することはないとした。さらに本件機械において通電する際に火花を発生させるようなスイッチは全て背面西（右）側の制御盤の中に収納されていたところ，制御盤内に焼損箇所や変形，変色もなく原形が保たれていたことから，制御盤内に侵入した切削油ミストが引火したとは認められないとした。

　イ　さらに，短絡（ショート）や過負荷等の電気系統の異常による火花も出火原因たる熱源たり得るとしつつも，本件機械には，短絡や過負荷に備えて，短時間に過大な電流が流れた場合には電流を遮断する装置である配線遮断機や過負荷保護装置が設けられていて過電流が発生した場合には機械全体の運転が停止する構造となっていたところ，火災発生後の現場見分の際には短絡痕は見分できなかったことや切削部付近の焼損が見分できず，切削室内の加工材料の一部がめくれ上がった状態であったことなどからすると，出火時には切削部は作動していたものと考えられ，そうだとすると，本件機械は出火時通電状態だったことになり，短絡や過負荷等の電気系統の異常が生じたことを認めるに足りる証拠はないとした。

(3) **出火原因～電気部品の高温化**

　なお，本件機械の最も焼損がしていた左側面には，送り軸エアー装置，主軸オイルエアーユニット，各種油圧ポンプやオイルクーラー等の電気部品が

組み込まれていて，これら電気部品が高温化することで本件火災の熱源となることも一応想定されるとしたものの，本判決は各電気部品の本件機械運転時における最高温度が全て本件切削油の引火温度より低いことことから，これら電気部品が発火原因となる余地も否定した。

これに対し，Yの主張した誤使用による発火機序については，上記判旨のとおり認定して，それが出火原因となった可能性を認めたのである。

## 4 発火原因解明困難なケースについて

本判決は，原因の解明が困難な火災事故の中でも，新しい技術による複雑な工作機械からの発火事故につき，詳細に，火災原因の認定，欠陥の判断を行った裁判例として参考になるものである。

【芳仲美惠子】

# 第1 使用者の主張・立証

## 5 立証の程度――中古車発火と他原因の可能性

〔43〕大阪地判平成14年9月24日（平成12年（ワ）第10247号）
判例タイムズ1129号174頁

☞ **概　　要**

■ 問題点

　初度登録から約10か月後に，中古車販売業者等を介して購入した中古自動車が，購入から約1年6か月後（初度登録から約2年4か月後）に，走行中に突然発火して焼損した場合，当該自動車の製造者に製造物責任は認められるか

## 判決の内容

■ 事案の概要

　1　原告Xは，被告Y（トヨタ自動車株式会社）が製造し，平成9年11月10日に初度登録された走行距離4000キロメートルの中古のセルシオ（本件車両）を，平成10年9月18日，約700万円で中古車販売業者Zから購入した。中古車販売業者Zは本件車両を別会社からオークションによって購入した。
　平成12年3月22日，Xが本件車両を運転して走行中，突然，車両右前部から出火し，本件車両は焼損してしまった（本件火災）。本件火災の6日前には中古車販売業者Zが本件車両について一般整備，エンジンオイル交換を行ったが，その際の走行距離は約5万4000キロメートルであった。
　2　発火原因は，エンジンルーム内の右前照灯後方のコルゲートチューブ（ポリプロピレン材）及びその内部に封入されたワイヤーハーネスの被覆（塩化

ビニール材）が何らかの原因により損傷してワイヤーハーネスの芯線が露出し，この露出部（プラス側）と車体鉄板（マイナス側）が接触した結果，電気火花（漏電現象）とアーク放電（トラッキング現象）が発生して，鉄板が高温度化して溶融し，その溶融した鉄等がタイヤハウス内に滴下して出火し，さらに波及延焼したというものである。ただ，ワイヤーハーネスの芯線が露出した原因は不明である。

　ワイヤーハーネスとは複数の電線をチューブや粘着テープなどで結束して端部にコネクタを取り付け集合部品にしたものであり，コルゲートチューブとは，ワイヤー，ケーブル，ハーネス等の集束のほか，これらを破損や衝撃等から保護するための蛇腹状のチューブである。

　3　Xは，本件車両は，①製造過程においてワイヤーハーネス芯線が露出していたか，あるいは，②製造過程においてコルゲートチューブと車体鉄板との間に鋭利な異物が混入していた（そのため走行車体の振動によりコルゲートチューブとワイヤーハーネスの被覆が損傷して芯線を露出させた）という製造上の欠陥があると主張し，③仮に鋭利な異物が混入したのが整備過程においてだとしても，そもそも異物が混入する構造自体が製造上の欠陥であると主張した。

　4　なお，Xは，そもそも欠陥の立証の程度につき，本件車両を合理的な使用期間内に通常の用法で使用していたにもかかわらず発火事故が発生したことを主張・立証すれば，「欠陥」の主張・立証としては充分であり，これを争うY側において「欠陥」が製造上生じたものでないことを具体的に反証すべきであるとも主張した。

### ■　判決要旨

　製造物責任法3条による損害賠償が認められるためには，製造業者が製造物を流通においたときに「欠陥」が存在していることが必要であるところ（法2条2項），製造時から相当期間が経過した後に中古車として取得し，さらに約1年半後に発生した車両の発火事故については，原告や前所有者による車両の使用態様や整備点検課程において発火原因が作出された可能性が否定できず，製造物責任を認めることはできない。

(1)　**製造時の芯線の露出や介在物について**

「電気火花（漏電現象），アーク放電（トラッキング現象）状態になると，数十分程度でも，車両は発火，出火する可能性があることを考慮すると，被告による本件車両製造当時に上記芯線が露出し，同芯線と車体鉄板が直接接触していた場合や，製造過程で既に上記芯線と車体鉄板を介在する異物が混入していた場合には，本件車両は，初年登録時から早々の時期に発火，出火した可能性が高いから，製造当時に上記芯線と車体鉄板が直接接触していた可能性や製造過程で異物が既に上記芯線と車体鉄板を介在していた可能性は極めて低いといわざるを得ず，また，本件車両内及びその周辺部で異物が発見されていないことをも総合すると，これらの事実を認めることはできない。」

(2) 製造時の鋭利な異物の混入について

「…中略…本件車両の発火部分は，中古車販売業者Ｚや香川トヨタの整備・点検作業の過程において，外部に露出することが幾度かあったことが認められるほか，原告の前所有者が本件車両を使用していた際や，同原告の使用時においても，（略）給油やエンジンオイル交換等の際に，異物が混入する可能性がないとはいえないから，被告による製造当時に鋭利な異物が混入したと認めるには足りない。」

(3) 異物が混入する構造自体について

「…中略…鋭利な異物が混入すること自体極めて偶発的要素によるところが多いから，本件車両の構造上，当然に異物の混入を防止すべきであったとはいえないし，また，（略）本件車両はたとえ異物が混入したとしても，異物を取り除くことが容易な構造であったと認められるから，本件車両に「欠陥」があったということはできない。」

# 解　説

## 1　問題の所在と本判決の位置づけ

　一般的に，製造物からの発火やそれによる火災事故が発生した場合，発火原因が必ずしも解明できず，製造物の欠陥による発火か否かの判断が困難な場合が多い。そこで，通常の使用をしていたにもかかわらず，製造物から突然発火したという場合，他原因による発火の可能性が認められない限り，発火の箇所や部位，発火原因や機序が必ずしも具体的に特定されるに至らなくても，社会通念上欠陥の存在を認めてよい程度に特定されていれば足りるとして，欠陥を認める例もある（〔判例40〕等）。

　本件も，自動車を走行させていたところ突然発火したという点においては，X代表者らが本件車両を通常に使用していたには違いない。だが，本件車両が中古車であったこと，初度登録以来，製造者以外の複数の第三者が本件車両を点検・整備等を行っていたこと等の事情から，製造以降に発火原因が作出された可能性が否定しきれないので，Xの主張・立証によって欠陥が具体的に「特定」される必要があるとされたものである。

## 2　欠陥の推定について

　Xは，本件車両をその合理的な使用期間内に通常の用法で使用していたにもかかわらず，Xらの身体，財産に危険を及ぼす異常が発生したことを主張立証すれば，欠陥が推定され，Yにおいて「欠陥」が製造上生じたものでないことを具体的に反証すべきであると主張したが，本判決は以下のように述べてこれを否定した。「このように製造時から相当期間を経過した後中古車として本件車両を取得し，さらに約1年半後本件事故が発生したが，その間，被告以外の第三者による整備・点検が繰り返された事案においては，原告らの主張するように，製造段階における「欠陥」の存在を前提として，「欠陥」の特定の程度を緩和し又は「欠陥」の存在を一応推定することはできないものと解するのが相当である。」

　確かに，製造物責任法の立法段階では，通常の用法で使用していたにもかかわらず製品事故が発生した場合には「欠陥」を推定する規定を導入すべきという議論があった。ただそれは，そもそも，あくまで消費者と製造業者と

の間の製造物に関する知識や情報の偏在に基づく欠陥立証の困難性に着目した議論である。これに対し，本件のような中古車でかつ製造から時間が経過している場合に，発火機序や発火原因を究明するに当たっての情報とは，製造されてからXが本件車両を取得するまでの使用実態やXが取得して以降も含めて整備や修理を誰にどのように依頼してきたのかといった事情であり，それらは，製造者のもとに偏っているというよりはむしろ製造者においてはわかりかねる事柄と言わざるを得ない。

　法2条2項において欠陥の判断の考慮要素として「その製造業者等が当該製造物を引き渡した時期」を挙げている以上，かような場合には，原則論に戻り，Xにおいて「欠陥」を特定すべく主張立証責任があるとされ，Xの主張が排斥されたのもやむを得なかろう。

　その点で，目的物が中古製品であることが，製造物責任を否定する事情として大きく影響した事案といえる。

### 3　整備業者の債務不履行責任

　また，本件では，Xは本件自動車を購入してから2回にわたる修理を担当した被告補助参加人（香川トヨタ自動車株式会社）に対して，修理義務を尽くさなかったとして，債務不履行責任も主張した。本判決は，修理依頼時の不具合の訴えの内容と香川トヨタによるその診断，修理の内容，修理の結果等を詳細に認定した上で，注意義務違反はなかったと認定して，債務不履行責任も否定した。

### 4　現実的解決は？〜車両保険との関係など

　以上の本判決の論理自体は何らおかしいものではないが，ただ，素朴に，なぜ本件車両が走行中に突如として発火して燃えてしまったのかという疑問は残る判決と言わざるを得ない。

　例えば，整備業者の整備上のミス（債務不履行）について，ハーネスの固定やチューブの配置や取り回しについて実験等を行って何らかの具体的で合理的な機序を主張立証する余地はなかったであろうか。

　ただ，本件が幸いにも物損事案であり，訴額も857万円余に過ぎないことからすれば，Xとしても実験費用等を投じることが必ずしも現実的でなかったのかもしれない。また，判決文からは保険関係は全くわからないが，仮に

本件車両に車両保険が付保されていれば，保険金が支払われる余地がある。車両火災については，欠陥や故障に該当する損害については免責となる（支払われない）が，欠陥や故障によって生じた後発損害（further damage）については偶発性がある限り保険金が支払われることになっている。ただし，改造車両等の場合は払われない。

　実際の解決がどのように図られたのか興味深い事件である。

【芳仲美惠子】

## 第2　製造業者の主張・立証

### 1　防虫防錆剤と部品・原材料製造業者の抗弁，開発危険の抗弁

〔44〕東京地判平成16年3月23日（平成12年（ワ）第26357号，平成13年（ワ）第7978号）
判例時報1908号143頁

☞　**概　　　要**

■　問題点

1　ピアノ用防虫防錆剤がピアノ内部で使用中に液状化したことが，設計上の欠陥，指示・警告上の欠陥といえるか

2　製造物責任法4条に規定される「部品・原材料製造業者の抗弁」（2号），「開発危険の抗弁」（1号）の成否

## 判決の内容

■　事案の概要

1　本件は，原告X社が，被告Y社に対し，ピアノ用防虫防錆剤（アップライトピアノ内部の防虫防錆のため，ピアノ内部に吊り下げて使用する袋詰めの錠剤。以下「本件錠剤」という。）の製造を委託し，できあがった錠剤を買い受けて楽器店等に販売していたところ，楽器店等から購入した消費者が使用中に，本件錠剤が液状化してピアノを損傷するなどしたとして，XがYに対し，製造物責任法（以下，単に「法」という。）に基づく損害賠償，債務不履行に基づき売買契約を解除したことによる原状回復等を求めたものである。

2　Yは，昭和45年頃から，Xの委託を受けて，本件錠剤と組成の異なる

ピアノ用防虫防錆剤を製造し，Ｘに納入していた。平成９年頃，Ｘから，同製品のナフタリン臭を抑え，防錆剤を主成分とする新商品の開発が持ちかけられたのに対し，Ｙは，防虫剤を減らすと防虫効果が半減し，防錆剤を増やすと固まらず打錠成型できないという問題点があるとして断ったことがあった。平成11年頃，Ｘからの再度の要請を受け，Ｙは，先の問題点を解決するために蒸散安定補助剤としてソルビットを配合することを案出し，Ｘに対して先の問題点を克服できた旨報告するとともに，本件錠剤のサンプル及び製品納入規格書を交付した。しかし，Ｙは，本件錠剤に配合した蒸散安定補助剤がソルビットであることは企業秘密であるとしてＸに伝えず，製品納入規格書にも記載しなかった。また，本件錠剤に液状化する危険があることについても言及も記載もしなかった。Ｘは，Ｙに対し，本件錠剤の量産を委託し，Ｙは，製造した錠剤をＸが支給する不織布製の袋（ガゼット袋）に入れて，ひもを付け，セロファン性の袋（BOPP袋）に詰めて封をし，Ｘに納入した。Ｘは，これを化粧箱に入れて楽器店等に販売したが，これを購入した消費者がピアノ内部で使用中，本件錠剤がべとべとに液状化し，ピアノを汚損するなどした。

　**3**　Ｘは，本件錠剤について，①設計上の欠陥，②指示・警告上の欠陥を主張した。すなわち，①本件錠剤が液状化したのは，本件錠剤の主成分であるソルビットの吸湿性が高く極めて水に溶けやすいという特質によるものであり，本件錠剤にソルビットを配合したことが設計上の欠陥に該当し，②ＹはＸに対して，本件錠剤にソルビットを配合していることを告げなかったことが指示・警告上の欠陥に該当するというものである。

　これに対し，Ｙは，①及び②の欠陥につき否認し争うとともに，③部品・原材料製造業者の抗弁，④開発危険の抗弁等を主張した。すなわち，③本件錠剤は，Ｘが製造する最終製造物，すなわち使用説明，主成分，製造元等を印字した化粧箱に入れて完成された製造物の一部を構成するものであり（部品性），仮に欠陥があったとしても，それはＸがＹに対し，無臭，微臭に関しての具体的な指示をし，製品の成分，コスト，形状等について，Ｙが提供したサンプルを検討した上で成分仕様につき了解し，このサンプルと同じ本件錠剤の製造を指示し，Ｙがこれに従った結果であり（設計に関する指示），

Yには，本件錠剤が通常の使用中に液状化することにつき，具体的予見可能性がなかったから（無過失），法4条2号により免責され，また，④本件錠剤が通常の使用中に液状化するという事実は，Yが本件錠剤をXに引き渡した当時の科学技術の水準では知悉し得ない事実であり，法4条1号により免責されるというものである。

■ 判決要旨

1 本判決は，本件錠剤の①設計上の欠陥を認めた。すなわち，「本件錠剤は，水に極めて溶けやすく，吸湿性があるソルビットという蒸散安定補助剤の特性により，一般家庭でアップライトピアノ内部に吊り下げて使用されている間に，空気中の湿気を吸い，溶けて液状化するという性質を有するものであったと認められる。そして，ピアノ内部において液状化すれば，これがピアノ内部を汚損するだけでなく，ピアノの部品に付着するなどして故障の原因になったり，流れ出して床を汚損するおそれが十分あったと認められる。にもかかわらず，Yが，その設計段階において，本件錠剤の液状化を防止するための工夫等を施した形跡は窺われないから，本件錠剤は，設計上，ピアノ用防虫防錆剤が通常有すべき安全性を欠いた製品であったと認めるのが相当である。」とした。

また，②指示・警告上の欠陥も認めた。すなわち，「Yは，本件錠剤の液状化の危険性について言及しなかったのみならず，本件錠剤には，ナフタリン臭を防ぎつつ打錠を可能にするという効用を持たせるためソルビットが配合されていること，そしてこれが水に溶けやすい特性を有していることをXに知らせておらず，効用との関係で除去し得ない危険性が存在する製造物について，その危険性の発現による事故を防止・回避するに適切な情報を与えなかったといえるから，本件錠剤には，指示警告上の欠陥があったものと認められる。」とした。

2 本判決は，③部品・原材料製造業者の抗弁については，「本件錠剤はYが製造し，ガゼット袋及びBOPP袋に入れた状態でXに納入し，Xはこれを本件化粧箱に入れて商品化するだけであるところ，化粧箱に入れることは『製造』にも『加工』にも該当しないから，本件錠剤を化粧箱に入れたも

のを本件錠剤とは別個の他の製造物ということはできない。」として同抗弁を排斥した。

また，④開発危険の抗弁についても，「1996年（平成8年）版の医薬品の解説書にも，ソルビットが水に極めて溶けやすく吸湿性である旨記載されていることが認められる。したがって，ソルビットを76〜87パーセント含有する本件錠剤が空気中の水分を吸い，溶けて液状化するということが，YがXに本件錠剤を引き渡した平成12年3月当時の科学技術水準では知悉し得ない事実であるとは認められない。」として同抗弁を排斥した。

本判決は，Yのその他の主張も排斥してYの製造物責任を認めた（控訴・和解成立）。

# 解　　説

## 1　ピアノ用防虫防錆剤

　ピアノは木，フェルト及び金属等で作られており，温度15～20度，湿度50～70％が適した環境とされている。梅雨の季節や，長期間使用しないときには，複雑な構造部分に空気がこもり，湿気により木にカビが生え，金属の弦が錆び，フェルト部分に虫食いが生じやすくなるといわれる。ピアノ用防虫防錆剤はその対策として使用され，価額は1000円～3000円程度で，有効期限は6か月～1年程度である。

## 2　欠　　陥

　法2条2項は，「欠陥」とは，「当該製造物の特性，その通常予見される使用形態，その製造業者等が当該製造物を引き渡した時期その他の当該製造物に係る事情を考慮して，当該製造物が通常有すべき安全性を欠いていることをいう」と規定しており，製造物が通常有すべき安全性を欠くことを示す概念である。一般に，欠陥は，「設計上の欠陥」，「製造上の欠陥」，「指示・警告上の欠陥」の3類型に分けて考えられている。本判決は，このうち「設計上の欠陥」と「指示・警告上の欠陥」に関するものである。

　本判決は，「設計上の欠陥」を上記要旨のとおり認めた。なお，液状化が発生した使用環境は本件錠剤の使用環境として通常予見されるものではない旨のYの主張については，本件錠剤は，密閉された温度30℃以上，湿度80％以上で水蒸気の供給が常にある環境で液状化することが判明しているとした上で，本件錠剤が使用され液状化が問題となった地域周辺は，夏季には，温度25℃以上，湿度80％以上という環境になることも珍しくなく，そのような環境は，たとえピアノに適した環境とはいえないとしても，経験則上，一般家庭におけるピアノの設置環境として，通常予見される本件錠剤の使用環境ということができる旨判断した。

　また，「指示・警告上の欠陥」も上記要旨のとおり認めた。なお，Yは，Xに交付した製品納入規格書にはソルビットの化学式とは異なるが似た化学式を記載していたから，Xはソルビットの含有を知り得たので，指示・警告上の欠陥はない旨主張するが，これについては，Yは，蒸散安定補助剤がソ

ルビットであることを企業秘密であるとして，意図的にXに伝えなかったものであり，たとえXに化成品に対する知識及び検査能力があったとしても，Xに不正確な化学式から調査をして危険性を予見する義務を課すことはできない旨判断した。

### 3 免責事由

法では，被害者救済の観点から，製造業者等の故意・過失ではなく，製造物の「欠陥」という製造物の客観的状態が責任の要件とされており，不法行為責任（民709条）の過失責任の原則が修正されている。ただし，第4条に免責事由が規定され，製造業者等が一定の事情を立証することによって賠償の責めを免れるとされており，製造業者等にも一定の配慮がされている。

### 4 部品・原材料製造業者の抗弁

#### (1) 意　義

法における「製造物」は「製造又は加工された動産」であり（2条1項），完成品に限定されていない。したがって，部品や原材料も「製造又は加工された動産」であれば「製造物」となり，部品や原材料（以下，「部品等」という。）に欠陥があった場合には，当該部品等の製造業者も製造物責任を負うこととなる。なお，この場合，部品等の製造業者の賠償責任と部品等が組み込まれた他の製造物（完成品や中間製品）の製造業者の賠償責任とは不真性連帯の関係となろう。

しかし，我が国では一般に，部品等の製造業者は，完成品製造業者の下請業者，中小・零細企業であることが多く，部品等の製造業者が賠償責任を負うことになると，経営が大きく圧迫されることが予想され，また，下請業者は完成品製造業者の指示に従わざるを得ない事情があることも想定される。そこで，これらの業者を救済する政策的観点から，「当該製造物が他の製造物の部品又は原材料として使用された場合において，その欠陥が専ら当該他の製造物の製造業者が行った設計に関する指示に従ったことにより生じ，かつ，その欠陥が生じたことにつき過失がないこと」を製造業者等が証明したときは，賠償責任を負わないとの免責事由が設けられた（4条2号）。

ところで，通常，消費者である被害者は，完成品を組成する，どの部品等の欠陥によって事故が発生したかを特定するのは困難であり，また，部品等

の製造業者より完成品の製造業者の方が資力がある場合が多いことから，消費者である被害者が部品等の製造業者に対し製造物責任を追及し，部品等の製造業者が本抗弁を主張する事例は多くないようである。本抗弁が主張されるのは，完成品の製造業者がいったん消費者である被害者に賠償義務を履行した後，完成品の製造業者から部品等の製造業者に対して製造物責任を追及する場面となろう。本件もそのような事案である。

(2) 要　件

① 「当該製造物が他の製造物の部品又は原材料として使用された場合」

製造業者が部品等のつもりで引き渡したかどうかではなく，実際に他の製造物の部品等として使用されたか否かにより判断される。

② 「設計に関する指示」

「指示」は，部品等の材料，構造，仕様等の設計に関するものでなければならず，例えば，部品等の価額を安くする指示や，納期を急がせる指示は含まれない。

③ 「専ら」

「専ら」とは，指示と欠陥との間に因果関係が存在し，かつ，指示に従ったことが主たる原因の場合である。

④ 「欠陥が生じたことにつき過失がない」

部品等の製造業者は「過失がない」ことを自ら証明する必要がある。

本判決は，Xは本件錠剤を化粧箱に入れて商品化しただけであるから，要件①の部品等として使用されたものとはいえないとして抗弁を排斥したが，本件は，要件②の指示もなく，要件④の無過失も認めがたい事案であろう。

(3) 判例の動向

本抗弁が問題となった判例として，東京地判平成19年4月11日（平成16年(ワ)第5388号）（ヒーターの爆発事故）があるが，抗弁は排斥されている。

### 5　開発危険の抗弁

(1) 意　義

開発危険とは，製品を流通においた時点における科学・技術知識の水準によっては，そこに内在する欠陥を発見することが不可能な危険をいう（経済企画庁国民生活局消費者行政第一課編『逐条解説　製造物責任法』108頁（商事法務研究

会，1995年））。法には，製造物に欠陥が認められたとしても，「当該製造物をその製造業者等が引き渡した時における科学又は技術に関する知見によっては，当該製造物にその欠陥があることを認識することができなかったこと」を製造業者等が証明したときは，賠償責任を負わないとの免責事由が設けられた（4条1号）。

立法過程においては，開発危険の抗弁を認めると，欠陥の認識可能性という予見可能性と類似の概念が製造物責任の判断に持ち込まれ，科学・技術水準の論争から訴訟の長期化が懸念される等の反対意見もあったが，この抗弁を認めなければ，研究・開発及び技術開発が阻害され，ひいては消費者の実質的な利益を損なうことになりかねないとして本抗弁が設けられるに至った。

(2) 要　件
① 「科学又は技術に関する知見」
「知見」とは客観的に社会に存在する知識の総体を指すものであり，開発危険の抗弁の認否に当たっては，入手可能な最高の科学・技術の水準が判断基準とされる。

② 「当該製造物に欠陥があることを認識することができなかったこと」
認識可能か否かは一般的に判断されるべきであり，個々の製造者等の企業規模や技術水準を前提に判断されるものではない。

本判決は，本件錠剤の液状化の数年前に出版された医薬品の解説書にソルビットが水に極めて溶けやすく吸湿性である旨記載されていることを具体的に指摘して，開発危険の抗弁を排斥した。

(3) 判例の動向
判断基準を入手可能な最高水準とすることから，開発危険の抗弁が認められる余地は広いとはいえず，もっぱら最先端の科学・技術が利用されている製品，医薬品等において，その成否が問題となるものと思われる。

本抗弁が争点になった判例には，東京地判平成14年12月13日判時1805号14頁，判タ1109号285頁〔**判例3**〕，東京地判平成15年3月20日判時1846号62頁，判タ1133号97頁（気管切開チューブの接続不具合による換気不全事故），名古屋高判平成21年2月26日（平成20年（ネ）第17号）（第一審：名古屋地判平成19年11月30

〔44〕東京地判平成16年3月23日（平成12年（ワ）第26357号，平成13年（ワ）第7978号）

日判時2001号69頁，判タ1281号237頁）（粉末あまめしばの摂取による呼吸器疾患発症），鹿児島地判平成20年5月20日判時2015号116頁（ST基準や国際的安全基準を満たしているカプセル入り玩具のカプセルの誤飲事故），東京地判平成20年8月29日判時2031号71頁，判タ1313号256頁（電気ストーブのエポキシ樹脂からの有害化学物質発生による健康被害）があるが，いずれも抗弁は排斥されている。

## 6 損害の範囲

本判決は，Xのクレーム処理費用等の損害のほか，Xが転売を予定して本件錠剤を納入させていたことは明らかであるとして，逸失利益も損害として認容した。

【垣内　惠子】

## 第2　製造業者の主張・立証

### 2　滑車の欠陥と点検不備

〔45〕東京地判平成22年2月10日（平成19年(ワ)第10470号）
LLI/DB 06530165

☞ **概　　要**

■ **問題点**

1　製造上の欠陥が認められた場合の指示・警告上の欠陥との関係

2　製造上の欠陥が認められた場合に，点検を怠った使用者に過失相殺が認められるか

## 判決の内容

■ **事案の概要**

1　本件は，被告 $Y_2$ 社が製造したデリック（貨物積卸用装置でクレーンの一種，以下「本件デリック」という。）が艤装された被告 $Y_1$ 社建造の船舶（以下「本船」という。）をパナマ法人の原告 $X_1$ 社が購入し，台湾法人の原告 $X_2$ 社が同船の管理を受託していたところ，同デリックのワイヤーロープが破断し，吊り上げていたスチールプレートが衝突して積荷作業員らが死傷する事故（以下「本件事故」という。）が発生し，Ｘらが作業員らに損害賠償金を支払ったことから，ＸらがＹらに対し，本件デリックには製造物の欠陥があったとして，製造物責任法（以下，単に「法」という。）に基づく損害賠償を求めたものである。

2　本船は平成15年9月に完成し，その後，Ｘらが航行を始め，平成16年

三連滑車 ベアリング

グリース受け溝

ローラピン（ころ）

シャフト

グリースニップル

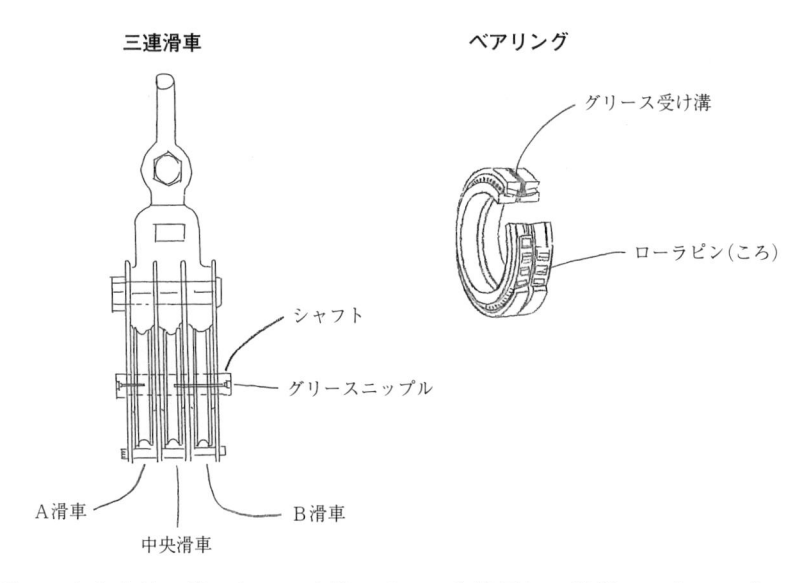

A滑車　B滑車
中央滑車

　３月９日から台湾の港において本件デリックを使用して積荷のスチールプレートの荷揚げを行っていたところ，翌10日にデリック上部のワイヤーロープが破断して吊り上げ中のプレートが積荷作業員らに衝突した。
　このワイヤーロープの破断は，本件デリックが繰り返し使用される中で，デリック最上部に位置し，ワイヤーロープを引っ掛けて滑らせる役割をする三連滑車（１個の回転軸に，滑車を３個並べて配置した滑車で，そのいずれの滑車にもワイヤーロープが掛けられているもの）のうち，中央に位置する滑車だけについて，その回転軸のベアリング（軸受）内のグリース（潤滑油）が欠乏状態となったために，ベアリング内のローラーピン（ころ）が損傷し，中央滑車が固着して正常に回転しなくなり，中央滑車とワイヤーロープとが接する受け溝（トラフ）がワイヤーロープとの摩擦によって摩耗して亀裂が生じ，ワイヤーロープがその亀裂と接触することによって生じたものであった。
　３　上記の三連滑車のシャフト（軸）の内部には，シャフトに設置される３個の滑車の各ベアリングにグリースを供給するための太さ6mmの給油回路が通っており，３個の滑車のうち，左端の滑車（A滑車）は，A滑車専用の給油口（グリースニップル）から専用の給油回路を通って，A滑車専用の注入穴から，そのベアリングへとグリースが排出される仕組みとなっている一

方，中央滑車と右端の滑車（Ｂ滑車）は，１個の給油口からＢ滑車のベアリングと中央滑車のベアリングの二つのベアリングに，グリースが給油される構造（２穴同時給油構造）となっており，太さ6mmの給油回路からＢ滑車のベアリングに通じるための注入穴（注入穴①）は，給油口の近くに位置し，中央滑車のベアリングに通じるための注入穴（注入穴②）は，給油口から遠く（奥）に位置していて，二つの注入穴は，いずれも同じ直径6mmの大きさで切削される設計となっていた。そしてこれらの注入穴から排出されるグリースが，各滑車のベアリングに刻まれた幅8mmの各グリース受け溝に供給されることにより，各ベアリングの円錐ころと，内輪と外輪の間に生ずる摩擦が抑制されていた。

　本件事故の後，台湾基隆地方検察庁から中央滑車の破損の原因調査を依頼された台湾の工業技術研究院（ITRI）は，中央滑車のベアリング内にはグリースがなかったこと，本件事故のはるか前から同ベアリング内に異常な摩擦を生じて徐々に損壊が進行していった形跡があること等は確認したが，グリースの欠乏とベアリングの摩擦損傷のいずれが先行したのかは不明である旨報告し，調査終了後，三連滑車を廃棄してしまった。

　４　Ｘらは，①三連滑車には，中央滑車のベアリングにグリースが届きにくいという設計上の欠陥，中央滑車のベアリングに通じる注入穴と同ベアリングのグリース受け溝の固定位置にずれが生じていたという製造上の欠陥があった，②滑車の取扱説明書及び保守・点検要領には，どのような現象が発生したときに損壊の危険があるか記載されていないなど指示・警告上の欠陥があったと主張した。これに対し，Ｙらは，いずれも否認ないし争い，中央滑車のベアリングにグリースの欠乏が生じたのは，Ｘらがデリックの引渡しを受けた後，十分なグリース給油をしていなかったことによると主張し，③仮に中央滑車に欠陥があったとしても，乗組員が適切な方法でグリース給油を行おうとしていれば，欠陥は事故以前に発見され，本件事故は防止できたはずであるとして，過失相殺を主張した。

■　判決要旨

１　本判決は，設計及び製造上の欠陥について，ITRIの報告書や国内の

専門家の意見書等から,「本件三連滑車のシャフトは,左右のナットの固定位置が左側に1.1mmずれていて,各注入穴も左側に1.1mmずれており,」ベアリングのグリース受け溝とずれて,「注入穴①は4mm,注入穴②は5mmふさがっていた可能性が相当程度あり,これが原因となって本件三連滑車にグリースの給油をしても本件中央滑車のベアリング内にグリースを充填することができなかったものと考えられる。」として,本件デリックには三連滑車のうちの中央滑車のベアリングへの給油が事実上困難となる製造上の欠陥があった旨判示した。

2 次に,指示・警告上の欠陥については,「荷役滑車取扱い説明書（保守,点検要領）」には,本件デリックの滑車については,作業前の点検以外に,1か月に1度は必ず滑車の回転不良,異常な摩擦等の入念な点検及びグリース給油を行うよう記載されるなどしており,「そうすると,適切にグリースの給油及び点検要領等に記載されているとおりの点検をしていることを前提に,更にどのような状態となった場合に交換の必要があるか,どのような現象が発生したときに損壊の危険性があり,場合によっては直ちに使用を中止すべきかについて,常に取扱説明及び保守・点検要領に指示・警告すべきであるとはいえず,（上記1の）製造上の欠陥と別個の欠陥には当たらない」として否定した。

3 さらに,本判決は,$X_2$の甲板長や船員が,本件事故の前に,グリース給油時に中央滑車の脇からグリースがあふれ出すのを確認したことがなく,回転不良や異常な摩擦がないかを確認したこともないと認定した上で,「デリックは,作業前の点検のほか,1か月に1回,2穴同時給油構造の滑車には特に入念にグリースの注入をすべきこと,滑車の回転不良,異常な摩擦等の入念な点検をすべきことが点検要領に指示されていたのであり,滑車の脇から古いグリースが押し出されるまでグリース給油をすべきことがグリース給油の基本中の基本であることはXらも認めるところであるから,これを怠ったことは,本船を管理すべき$X_2$の過失に当たり,$X_2$に本船の管理を委託していた$X_1$のYらに対して考慮すべき帰責事由に当たる」とし,「損害の公平な分担を図る見地から,Xらの過失割合を3割と認める」として,過失相殺した（控訴・和解成立）。

# 解　説

## 1　欠　陥

　法2条2項は，「欠陥」とは，「当該製造物の特性，その通常予見される使用形態，その製造業者等が当該製造物を引き渡した時期その他の当該製造物に係る事情を考慮して，当該製造物が通常有すべき安全性を欠いていることをいう」と規定しており，製造物が通常有すべき安全性を欠くことを示す概念である。一般に，欠陥は「設計上の欠陥」，「製造上の欠陥」，「指示・警告上の欠陥」の3類型に分けて考えられている。

　「製造上の欠陥」は，製造物の製造過程で粗悪な材料が混入したり，製造物の組立てに誤りがあったなどの原因により，製造物が設計・仕様どおりにつくられず安全性を欠く場合を，「設計上の欠陥」は，製造物の設計段階で十分に安全性に配慮しなかったために，製造物が安全性に欠ける結果となった場合を，「指示・警告上の欠陥」は，有用性ないし効用との関係で除去し得ない危険性が存在する製造物について，その危険性の発現による事故を消費者側で防止・回避するに適切な情報を製造者が与えなかった場合をそれぞれいうものである（経済企画庁国民生活局消費者行政第一課編『逐条解説　製造物責任法』65頁（商事法務研究会，1995年）参照）。

　本件では，Xらから3類型全てが主張されたが，本判決は「製造上の欠陥」のみを認めた。

### (1)　設計上の欠陥，製造上の欠陥

　本判決は，本件事故の原因は本件デリックの三連滑車のうちの中央滑車のベアリング内がグリース欠乏状態となったことにあるとした上で，グリース欠乏状態の原因について，①本船建造後，本件デリックが使用されたのは85時間にすぎないこと，②デリックが本船に艤装される前に実施された荷重検査で，$Y_2$が三連滑車にグリースを充填したこと，③事故当時，三連滑車のうち中央滑車のベアリングにはグリースはなかったが，左右の滑車のベアリングにはグリースがあり異常がなかったこと，④中央滑車のベアリングにグリースが少しでも充填されていれば，理論上3万時間の使用に耐えること，⑤$X_2$の乗船員の作成した月報には，数回にわたり「デリック　グリース給

油」等の記載があったこと等から，中央滑車のベアリング内のグリース欠乏は，三連滑車にグリースの給油をしても中央滑車のベアリング内にグリースが充填しないという製造物の欠陥が原因であると考えるのが相当であるとし，さらに，技術的な検討を行い，上記判示のとおり中央滑車のベアリングへの給油が事実上困難となる製造上の欠陥があったとしたものである。

　本判決が検討した国内の専門家の意見中には，2穴同時給付構造には奥の注入穴にグリースが届きにくい設計上の欠陥があり，かつ，本件ではシャフトの固定位置がずれて注入穴がふさがるという製造上の欠陥があったと述べてる部分もあるようだが，本判決は設計上の欠陥は認めなかったものと思われる。

(2)　指示・警告上の欠陥

　本判決は，取扱説明書等に，本件デリックの滑車につき，作業前の点検，1か月に1度の入念な点検及びグリース給油を行うよう記載され，さらに，細かな点検項目の指示や三連滑車のグリース給油の仕組みを踏まえた給付方法が指示もされていたことを認定し，そうであれば，使用者が指示されたとおりにグリース給油や点検を行っていることを前提にすればよく，更にどのような現象が発生したときに損壊の危険性があるか等について，常に取扱説明書等に指示・警告すべきであるとはいえないとして，製造上の欠陥と別個の指示・警告上の欠陥には当たらないとしている。

　「指示・警告上の欠陥」は，設計上，製造物に除去し得ない危険性がある場合に，それによる事故を防止・回避するための適切な指示・警告を行うことで，「欠陥」を免れることが可能になるという形で問題となり，多くの場合，「設計上の欠陥」と「指示・警告上の欠陥」とは相互補完的な関係にあると解される。例えば，副作用の危険はあるが有用性が認められる医薬品等は，製造物と一体として指示・警告の表示や取扱説明書の記載を考慮しなければ，「欠陥」を論じることはできない（鎌田薫「欠陥」判タ862号51頁参照）。また，想定される製品の使用者層は，どの程度の指示・警告が行われていれば「欠陥」を免れるか否かの判断要素となる。

　本判決は，三連滑車には設計と異なるシャフトの固定位置のずれがあり，これにより中央滑車にグリース給油ができないという製造上の欠陥があった

と判示しており，設計上意図していた構造・性能が製造上確保されていなかったことが欠陥とされたものであるから，設計上除去し得なかった危険性との関係で指示ないし警告が問題となる場面とはいえず，その意味では，何らかの指示ないし警告がされていたからといって製造上の欠陥が否定されることにはならないと考える。本判決は，本件における取扱説明書等の記載が，先に判断した製造上の欠陥とは別個に，指示・警告上の欠陥そのものに当たらないかという問題設定をし，一般的に本件のようなデレックや滑車の持つ危険性を前提に，Xらの属性も考慮の上，取扱説明書の記載の相当性について判断しているように思われる。

## 2　過失相殺
### (1)　製造物責任と過失相殺

　法6条は，「製造物の欠陥による製造業者等の損害賠償の責任については，この法律の規定によるほか，民法の規定による。」としており，これにより，過失相殺の規定（民722条2項）が製造物責任においても適用される。この点，無過失責任である製造物責任において被害者の過失を考慮することの是非が問題となり得るが，過失相殺における「被害者の過失」につき判例は，「不法行為者に対し積極的に損害賠償責任を負わせる問題とは趣を異にし，不法行為者が責任を負うべき損害賠償の額を定めるにつき，公平の見地から，損害発生についての被害者の不注意をいかにしんしゃくするかの問題に過ぎない」（最判昭和39年6月24日民集18巻5号854頁，判時376号10頁，判タ166号105頁）と判示しており，過失相殺が損害の公平な分担という観点からの制度であることに鑑みれば，製造物責任においても過失相殺を考慮することも問題はないといえよう（過失相殺につき詳しくは［判例48］の解説参照）。

### (2)　本判決における過失相殺

　本判決は，「本件中央滑車のベアリングの損傷は，グリースの欠乏により，本件デリックを稼働した初期のころから継続していたものと認められるから，$X_2$の甲板長又は船員が，本件中央滑車の脇からグリースがあふれ出ないことや，本件中央滑車の回転不良や異常な摩擦を確認していれば，本件中央滑車に異常が発生していることが確認でき，事故を防止することができたと考えられ，（中略）本件三連滑車の回転不良や異常な摩擦は，定期的な検

査の際に確認できるものであり，本件三連滑車を分解するなどの綿密な検査をしなくとも，これらの兆候を発見することはできたものと認められる。ところが，$X_2$の甲板長又は船員が，本件事故の前に，本件中央滑車の回転不良や異常な摩擦を確認したことはうかがわれない。」と判示した上で，上記のように，点検要領に指示された点検や滑車の脇からグリースが溢れ出る給油を怠ったことは，本船を管理すべき$X_2$の過失に当たり，$X_1$のYらに対して考慮すべき帰責事由に当たるとし，損害の公平な分担を図る見地から，Xらの過失割合を3割として，過失相殺を行った。

$X_2$の点検不備は，Yら側の製造上の欠陥を否定するものではないが，損害の公平な分担の見地から，$X_2$の属性，行うべき点検の態様，難易その他の事情を勘案して，X側の過失を認め過失相殺を行ったものであり，本判決は相当と思われる。

なお，仮に，Xらが長期にわたり全くグリース給油を行っていなかった場合に，それによって本件の製造上の欠陥がなくても事故が発生したと認められるときには，製造上の欠陥と事故との間の因果関係が否定されることが考えられる。

### 3　判例の動向

点検不備を理由に過失相殺した判例としては，東京地判平成21年8月7日判タ1346号225頁〔**判例40**〕，東京地判平成25年3月25日判時2197号56頁〔**判例21**〕があり，メンテナンス不良を理由に因果関係を否定した判例としては，大阪地判平成18年10月20日判時1982号125頁（ダクト式無煙ロースターからの出火事故）がある。

また，製造物責任法施行前の判例であるが，ホイスト（天井走行クレーン）のワイヤーロープ切断による負傷事故につき，岐阜地大垣支判昭和60年4月25日判時1169号105頁がある。

【垣内　惠子】

## 第2　製造業者の主張・立証

### 3　充電式フォークリフトの発火と誤使用

〔46〕東京地判平成23年10月27日（平成21年(ワ)第27895号）
判例タイムズ1379号237頁

☞ **概　　要**

■ **問題点**

水産仕様ではなく標準仕様の充電式フォークリフトを水産加工工場における冷凍鮭等の運搬に使用したことが，製造物責任法の「欠陥」を否定すべき誤使用といえるか

## 判決の内容

■ **事案の概要**

1　本件は，原告X保険会社との間で火災保険等の保険契約を締結していたZ社の水産加工工場及び機械設備等が，被告$Y_1$社製造のフォークリフト（以下「本件フォークリフト」という。）に装着されていた被告$Y_2$社製造の充電器（以下「本件充電器」という。）からの出火によって焼損したため，上記保険契約に基づき，Zに対し約3億円余の保険金を支払ったXが，Yらに対し，本件充電器を装着した本件フォークリフトには製造上の欠陥があったとして，製造物責任法（以下，単に「法」という。）に基づく損害賠償をZに代位して求めたものである。

2　Zは水産物加工・仕入れ販売等を業とし，主に鮭の加工を行う工場を北海道釧路市に有していたが，$Y_1$が製造した充電式フォークリフトについ

て，売主をD社とするリース契約を締結し，Dは平成19年8月11日，新車の本件フォークリフトをZの釧路工場に納入した。同車両には，$Y_2$製造の本件充電器が装着されていた。

Zは，本件フォークリフトを，釧路工場内の加工場において，冷凍の鮭等を運搬する用途に使用していたが，平成19年12月4日，充電中の同車両から出火し，加工場の一部及び機械設備等が焼損した（以下「本件火災」という。）。本件火災の原因は，本件フォークリフトに装着されていた本件充電器の充電用ハーネス中のコネクタ（ハーネスとは複数の配線を束にして集合部品としたもの，コネクタとは配線を接続するための部品で，これにより容易に脱着できるようになるもの，以下「本件コネクタ」という。）の端子部分から発火したことにあった。本件コネクタは，充電トランスにつながる赤色，白色及び黒色の3本の配線が接続された雄側と，充電操作パネルにつながる3本の配線が接続された雌側との雄雌1組から構成され，雄側が雌側にはめ込まれて接続されると，各電線が結線されているコネクタ内部の各端子が接触して通電するようになっていた。

3　Xは，Yらに対し，本件フォークリフトに装着されていた本件充電器の「製造上の欠陥」を主張した。すなわち，Zは，標準仕様車である本件フォークリフトをその特性に従い，通常予見される使用形態に沿って使用していたにもかかわらず，同車両は引渡しを受けてからわずか4か月余りで充電中に発火したのであるから，本件コネクタからどのような機序で出火したのかについては不明であるが，本件充電器には通常有すべき安全性を欠いた製造上の欠陥があったことは明らかであるというものである。なお，Xは，本件フォークリフトの使用において塩水がキャビネットや運転席にかかるような動作や状況はなかったと主張した。

これに対し，Yらは，①本件火災の発生原因につき，本件フォークリフトの使用場所，作業環境において塩水が同車両にかかるか，塩気が本件充電器の本件コネクタに侵入することにより，同コネクタの端子が短絡し，発火したものであるとし，②Zによる本件フォークリフトの使用は，標準仕様車である本件フォークリフトの想定する作業環境と異なるものであり，取扱説明書の記載にも違反した著しい誤使用であり，本件充電器に欠陥は存在しな

と主張した。

■ **判決要旨**

　**1**　本判決は，本件火災の発生原因につき，「本件火災が本件コネクタより発生したことは当事者間に争いがない」とした上で，出火の機序につき，「本件コネクタ端子の熔断はそれぞれ白線と赤線に接続された端子間でのトラッキング現象による火花やそれに伴う不連続で過大な電流等による発熱という電気的原因によって生じたものと推認され，本件火災もこれにより発生したものと考えられる。」と判示した。次いで，本件フォークリフトの使用状況について，水産加工場において，冷凍の鮭等を運搬していたもので，同車両に海水がかかるような操作が行われることもあったと考えられるなどとした上で，「本件コネクタからの発火が塩水の付着による絶縁劣化により発生したと考えることは十分に合理性があるといえる。」と判示した。さらに，他に考え得る原因として，本件コネクタに電線の接続の不完全やコードなどの心線の半断線などといった不具合があり，これによる接触不良から局部加熱が起こって出火に至ったとは考えられないかについても検討し，「本件コネクタの端子部分の接触不良により発火に至ったものと推認するに足る合理的根拠は見出しがたいといわざるを得ない。」と判示した。そして，結局，本件火災の発生原因は，「本件コネクタへの塩水付着による（中略）絶縁低下によるものと考えることに合理性がある」と結論づけた。

　**2**　本判決は，本件フォークリフトの使用状況が通常予見される使用形態であったかについて検討し，「$Y_1$は水や塩水が付着する現場向けには，本件充電器のような車載式充電器ではなく，定置式充電器を使用する水産仕様車をオプションとして設定しており，標準仕様車である本件フォークリフトの取扱説明書にも，充電時の注意事項として，『腐食や絶縁の劣化による火災が発生する危険があるので，次のような環境の場合は必ず定置式充電器を使用してください。（中略）水分が付着する環境，（中略）塩水の環境』と太字で明記されている。また，同取扱説明書には，『特殊な環境や無理な使い方の条件では，早期故障・短寿命・同じ部分の故障・通常は故障しない部分の異常や劣化などが発生します。』と記載され，特殊な環境や使い方の例とし

て，『塩水（中略）がある路面を走行したり，車両に直接降りかかったり，運転者の手足から間接的に付着する環境』，『潮風が当たる海岸付近の環境』，『(中略) 定常的に水が付着する環境』『本取扱説明書の禁止している使い方』などが挙げられている。」と判示した上で，これらの事実からすると「塩水による絶縁劣化を防止するための対策が取られている水産仕様車などの特別仕様車がある中で，それがとられていない標準仕様車である本件フォークリフトを，塩水が繰り返し付着するような環境において使用することは，本件フォークリフトの通常予見される使用形態ではなく，取扱説明書の複数箇所においてされている注意喚起に明らかに反する不合理な使用形態であったといわざるを得ない。」と判示した。

そして，結論として，「本件火災は，標準仕様車である本件フォークリフトを，製品の通常予見される使用形態に反して塩水の付着する環境において使用したというZの著しい誤使用により生じたものと考えられ」るとし，本件充電器及び本件フォークリフトの製造上の欠陥を否定した（控訴・控訴棄却）。

## 解　説

### 1　欠　陥

　法2条2項は,「欠陥」とは,「当該製造物の特性, その通常予見される使用形態, その製造業者等が当該製造物を引き渡した時期その他の当該製造物に係る事情を考慮して, 当該製造物が通常有すべき安全性を欠いていることをいう」と規定しており, 製造物が通常有すべき安全性を欠くことを示す概念である。一般に, 欠陥は「製造上の欠陥」,「設計上の欠陥」,「指示・警告上の欠陥」の3類型に分けて考えられている。

　「製造上の欠陥」は, 製造物の製造過程で粗悪な材料が混入したり, 製造物の組立てに誤りがあったなどの原因により, 製造物が設計・仕様どおりにつくられず安全性を欠く場合を,「設計上の欠陥」は, 製造物の設計段階で十分に安全性に配慮しなかったために, 製造物が安全性に欠ける結果となった場合を,「指示・警告上の欠陥」は, 有用性ないし効用との関係で除去し得ない危険性が存在する製造物について, その危険性の発現による事故を消費者側で防止・回避するに適切な情報を製造者が与えなかった場合をそれぞれいうものである(経済企画庁国民生活局消費者行政第一課編『逐条解説　製造物責任法』65頁(商事法務研究会, 1995年)参照)。

　本件において, Xは本件フォークリフトに装着された本件充電器に「製造上の欠陥」がある旨主張しているが, 本判決は, 本件火災の発生原因の検討において, 出火元である本件コネクタに電線の接続の不完全や電線の心線の半断線などといった不具合から接触不良が起こって出火に至ったとは認められないとしており, ここで, 本件コネクタにこのような不具合すなわち「製造上の欠陥」の存在があったことは否定していると思われる。その上で, 本件火災の発生原因は本件コネクタへの塩水付着により端子間の絶縁低下からトラッキング現象が発生したことにあるとの判示認定を前提に, 本件充電器ないしフォークリフトにそのような一連の事象が起こったことは, 充電器ないし車両に「設計上の欠陥」ないし「指示・警告上の欠陥」があったからではないかという検討に進み, Zの誤使用の点を中心に検討して判断しているものである。

## 2　本件火災の発生原因

　本件における主たる争点の一つは本件火災の発生原因であるが，Xが，本件コネクタから火災が発生した機序は不明であるとしつつ，新品の本件フォークリフトが4か月余りで発火したのは製造上の欠陥があったと推認できると主張したのに対し，Yらは本件コネクタに塩水等が進入して短絡して発火したのが原因であると反論する展開となっている。本判決は，各証拠から本件フォークリフトの具体的使用状況を認定し，本件コネクタの構造等を認定し，提出された鑑定結果及び試験結果から認められる諸事実を認定し，それら事実から，上記判決要旨のように，本件火災の発生原因が本件コネクタへの塩水付着により端子間の絶縁低下からトラッキング現象が発生したことにあると認めるに至っている。

　なお，法は，製造業者等への帰責の根拠を「過失」から「欠陥」へと転換させることによって，「過失」に関する証明の負担を免除して，製品事故の被害者の救済を図ろうとするものであるが，「欠陥」の存在及び因果関係についての推定規定は設けられておらず，立証責任の転換はされていない。もっとも，製造物が通常予想される方法等により使用されたにもかかわらず，事故が発生したような場合には，事実上の推定等によって事実上立証責任が転換されることもあり得よう。Xの主張はそのような趣旨と思われる。

## 3　製造物の特性

　法2条2項は，上記のように，「欠陥」の有無の判断要素として「当該製造物の特性」をあげている。これは，製造物自体が有する固有の事情であり，「製造物の効用・有用性」，「価格対効果」，「製造物の通常使用期間・耐用期間」などが考慮事情として含まれると考えられている。このうち「製造物の効用・有用性」は，当該製造物の効用・有用性の内容及び程度という事情であり，「価格対効果」は，ある製品に具備されている安全性は，当該製品との価額との関係で一定の幅があり，同じ価格帯に属する同種製品には，少なくとも当該価格帯における平均的な安全性が求められるという事情であるとされる（上記『逐条解説　製造物責任法』68頁参照）。

　例えば，軽自動車は大型自動車に比べれば低い安全性のまま流通しているが，これは常に完全な安全性が求められているのではなく，経済性との相関

において通常有すべき安全性の水準が設定されているからに他ならないと考えられる。このような製品について欠陥の有無を判断する際には,「製造物の効用・有用性」,「価格対効果」が考慮に入れられなければならず,合理的一般人及び当該被害者にとって,こうした有用性や費用対効果に関する考慮をすることが可能な状況にあることが不可欠の前提となるべきものと考えられる。この点で,後述の「製品の表示」が重要な機能を果たすことになろう(鎌田薫「欠陥」判タ862号51頁参照)。

本件フォークリフトについては,判示のように,$Y_1$は水や塩水が付着する現場向けに別に水産仕様車のフォークリフトを製造販売しており,標準仕様車の本件フォークリフトの取扱説明書には塩水の環境では水産仕様車を使用するようになどと記載されていたのであるから(なお,訴訟記録によると,標準仕様車は水産仕様車に比べて価額が安かった。),標準仕様車が塩水の環境に対応していなかったとしても,このことが「製造物の特性」という判断要素から見て「欠陥」に当たるということはできない。

### 4 製造物の誤使用

(1) 法2条2項は,上述のように,「欠陥」の有無の判断要素として「通常予見される使用形態」をあげている。これは製造物の使用に際しての事情であり,「製造物の合理的に予期される使用」等が含まれると考えられ,この「製造物の合理的に予期される使用」は,当該製造物の本来の使用形態及びその特性に応じて合理的に予見可能な範囲の誤使用については,製造物の設計や指示・警告の表示に際して,これを考慮して対応措置を講じておくべきと考えられるものであり,その範囲如何が考慮事情となると考えられている。すなわち,製造物の誤使用は,「通常予見される使用形態」という判断要素との関係で,それが当該製造物の本来の使用形態及びその特性から見て合理的に予期される範囲の誤使用であるのか,その範囲を超える誤使用であるのかにより,当該誤使用に対応する措置を製造物の設計又は指示・警告の表示において行っていないことが「欠陥」に該当するか否かが決まることになると考えられる(詳しくは〔**判例47**〕の解説参照)。

(2) ところで,誤使用が問題となるときには,「設計上の欠陥」と「指示・警告上の欠陥」とは,設計上対応することのできない使用者の誤使用の

危険等については適切な指示・警告を行うことで対応して,「欠陥」を免れることが可能となるというように,相互補完的な関係があると考えられる。

また,想定される製品の使用者層も,合理的に予見可能な誤使用か否かの判断要素となると考えられる（詳しくは〔判例47〕の解説参照）。

(3) 本判決における誤使用

本判決では,$Y_1$が塩水が付着する現場向けには,本件充電器のような車載式充電器ではなく,定置式充電器を使用する水産仕様車をオプションとして設定していること,標準仕様車である本件フォークリフトの取扱説明書に,塩水の環境の場合には必ず定置式充電器を使用するように求め,標準仕様車で塩水がある路面を走行すると早期故障等が発生することがあるなどの趣旨の記載があったこと等に照らして,水産加工業者であるZが,本件フォークリフトを塩水が繰り返し付着するような環境において使用することは,通常予見される使用形態ではなく,取扱説明書の複数箇所においてされている注意喚起に明らかに反する不合理な使用形態であったとして,「欠陥」を否定した。

判示認定のような事実関係を前提とすれば,Zの使用形態は合理的に予期できない誤使用であり,「設計上の欠陥」及び「指示・警告上の欠陥」が否定されるのは相当な判断ではないかと思われる。

## 5 判例の動向

誤使用についての判例は,〔判例47〕の解説を参照されたい。

【垣内　惠子】

## 第2　製造業者の主張・立証

### 4　便器洗浄剤による中毒と誤使用

〔47〕東京地判平成23年1月17日（平成20年（ワ）第30108号）
LLI/DB 06630105

☞ **概　　要**

■ **問題点**

小便器の尿石スケール除去のための塩化水素を主成分とする液体洗浄剤をビルの排水槽の清掃に使用したことが，製造物責任法の「欠陥」を否定すべき誤使用といえるか

## 判決の内容

■ **事案の概要**

**1**　本件は，原告$X_1$及び$X_2$（以下，両名を合わせて「Xら」という。）が，ビルの排水槽を清掃するために被告Y社の製造，販売する便器洗浄剤「ストール1号」を使用したところ，これに含まれる塩化水素と排水槽内の硫化物とが反応して排水槽内に硫化水素が発生し，Xらに硫化水素中毒になるなどの健康被害が生じたが，ストール1号には硫化水素発生の危険性及びその対処法についての指示・警告がされていない欠陥があるとして，Yに対し，製造物責任法（以下，単に「法」という。）に基づく損害賠償を求めたものである。

**2**　給排水機械の維持整備やビルの営繕工事及び清掃等を業とするA社の$X_2$は代表取締役であり，$X_1$は従業員（$X_2$の長男）であるが，A社は，ビル地下1階のトイレ床下にある排水槽（4.95m×2.68m四方，深さ1.65mで上部に直

径0.6mマンホール状の入り口があり，地下1階の飲食店舗及び便所からの汚水が流れ込む構造）の改修工事を請け負い，Xら及び3名の作業員（以下，5名を合わせて「X外ら」という。）が同工事に先だって清掃作業を行った。X外らは，排水槽から汚水を排出し，高圧洗浄機で内壁や床の汚れを落とした後，ストール1号約7リットルを水で約2倍半に希釈し，じょうろを使って浄化槽の床一面に散布した。その後，X外らは，昼食を取るため排水槽を離れ，約1時間後に$X_1$と作業員のうち1名が排水槽に立ち入ったところ，両名が倒れ込んで動かなくなり，$X_2$が排水槽の外から換気をするために大型換気扇を使って排水槽内に風を送り込んだが，外にいた$X_2$らも気分が悪くなって，Xら及び作業員2名は入院することとなり，結局，作業員1名が死亡し，$X_1$が高次脳機能障害を負い，$X_2$も一定の健康被害を被った（以下，一連の事故を「本件事故」という。）。

　ところで，Yが製造，販売するストール1号は塩化水素20％を主成分とする液体洗浄剤であり，「医薬用外劇物」に指定されており，その主たる用途は小便器に付着した尿石スケールを溶かして流れを良くし，悪臭を取り除くことであった。

　**3**　Xらは，①本件事故はストール1号に含まれる塩化水素と排水槽内の硫化物とが反応して発生した硫化水素による硫化水素中毒を原因とするものであり，②ストール1号には，使用場所によっては硫化物と混合して硫化水素が発生し，生命身体に重大な害悪を及ぼす危険性があるにもかかわらず，硫化物と反応し硫化水素を発生させる危険があるとの警告や，硫化物が存在する可能性のある場所での使用を控えること，十分な換気条件の下で使用するよう注意することといった指示は一切なかったもので，指示・警告上の欠陥があると主張した。

　これに対し，Yは，①のストール1号の使用による硫化水素の発生については否認し，②の指示・警告上の欠陥については，Xらが排水槽の清掃に本件ストール1号を大量に使用したのは，本来予定されたストール1号の使用方法を逸脱する誤使用であるから，そのような誤使用によって硫化水素が発生することなどについて指示・警告がなくとも，指示・警告上の欠陥があるとはいえないと主張し，さらに，③本件事故は，排水槽内の清掃作業を行う

に際して，安全確保のためにX外らが払うべき注意を怠って作業を行った結果発生したものであり，Yの製品の欠陥によるものではないとも主張した。

## ■ 判決要旨

**1** 本判決は，①ストール1号の使用と本件事故の発生との間の因果関係につき，事実経過を認定した上で，「本件事故は，本件排水槽内に存在した硫化物（本件排水槽の床の表面に付着していた黒い汚れに含まれていたと推認される。）と本件ストール1号とが化学反応を起こして発生した硫化水素をXらが吸入したことによって生じた硫化水素中毒によるものであったことを推認することができる。」として，これを認めた。

**2** 次に，本判決は，②指示・警告上の欠陥があったかどうかにつき，まず，「ストール1号のラベルには，小便器のスケール除去に1回当たり100ccを使用するほか，配管内のモルタル除去にも使用できる旨が表示されているにすぎないのであるから，これを，排水槽の床の汚れを落とす目的で，小便器とは比較にならないほどの多量の硫化物が存在する可能性のある排水槽内に立ち入り，表示された量の約70倍に当たる約7リットルもの量を床一面に散布したという本件における使用は，製品が想定している通常の使用方法からかけ離れた，合理性を欠く誤使用であったというほかはない。」として，Xらのストール1号の使用が合理性を欠く誤使用であった旨判示した。さらに，「（ストール1号の）主成分が塩化水素20％であること自体はラベルに明示されている上，ストール1号及びこれと同様に塩化水素を主成分とする他の同種製品が，硫化水素を発生させる危険性に係る格別の指示，警告がされることなく販売され，長年にわたり使用されているのに，これらの製品により硫化水素中毒事故が発生した旨の報告等がないことに照らせば，ストール1号のラベル等にXらが主張するような指示，警告がないからといって，製品が想定している本来の使用や通常予見することができる誤使用によって，その使用者らを硫化水素中毒に陥らせる危険が存するとまでは認められない。」として，指示・警告上の欠陥は認められない旨判示した。

**3** さらに，本判決は，「結局，本件事故は，主成分が塩化水素20％と明示され，小便器に少量を流し込んで使用することが想定されているストール

1号を，もともと換気が悪く酸素欠乏症や硫化水素中毒の発生の危険性が高い排水槽内において，硫化物が含まれていたと推認される汚れを落とすために，指示された量の約70倍にも当たる量を一度に使用したという誤使用により，また，いったん作業場所を離れたにもかかわらず，約1時間後に戻った際に硫化水素濃度等の測定はもとより十分な換気も実施しないで作業を再開したこと等の，排水槽内における硫化水素中毒の危険性の認識を著しく欠いた行動の結果として，発生したものであり，本件ストール1号の指示，警告上の欠陥により発生したものではない」として，仮に指示・警告上の欠陥があったとしても，それによって本件事故が発生したとはいえない旨も判示し，Xらの請求を棄却した（控訴）。

## 解　説

### 1　硫化水素中毒事故

　ストール1号は，塩化水素20％を主成分とし，医学用外劇物であって，「毒物及び劇物取締法」により，購入する際には，氏名，職業，住所等を記入し押印した書面を販売者に提出する必要があるとされ，18歳未満の者等は購入できないほか，保管及び廃棄についても規制されている。

　塩化水素は汚水中のし尿，洗剤やそれらに起因する物質中の硫化物と化学反応すると硫化水素が発生するが，硫化水素は目，皮膚，粘膜を刺激する有毒な気体であって，空気より重く，換気が行われていない場所では下層に滞留する性質を有する。

　硫化水素中毒は，濃度が20ppm以上で気管支炎，肺炎，肺水腫等となり，350ppm以上で生命の危険が生じ，700ppm以上になると瞬間的に嗅覚が麻痺し，臭気を感じることなく意識を失い，呼吸麻痺，昏倒，呼吸停止により死亡に至るというものである。

　昭和62年から平成18年までの，休業4日以上の硫化水素中毒事故は，発生件数86件，被災者数159名，死亡者数計86名に上り，発生形態としては，し尿，汚水等からの硫化水素の発生が大半であり，業種別では清掃業が最も多く，その中でも，し尿，汚水，汚泥等の槽を発生場所とするものが最も多い。厚生労働省は，硫化水素中毒の防止対策の重要性を訴えている。

### 2　欠　陥

　法2条2項は，「欠陥」とは，「当該製造物の特性，その通常予見される使用形態，その製造業者等が当該製造物を引き渡した時期その他の当該製造物に係る事情を考慮して，当該製造物が通常有すべき安全性を欠いていることをいう」と規定しており，製造物が通常有すべき安全性を欠くことを示す概念である。一般に，欠陥は「設計上の欠陥」，「製造上の欠陥」，「指示・警告上の欠陥」の3類型に分けて考えられている。

### 3　製造物の誤使用

　(1)　上記のように，法2条2項は，「欠陥」の有無の判断要素として「通常予見される使用形態」をあげている。これは，製造物の使用に際しての事

情であり,「製造物の合理的に予期される使用」,「製造物の使用者による損害防止の可能性」等が考えられるところ,前者の「製造物の合理的に予期される使用」は,当該製造物の本来の使用形態及びその特性に応じて合理的に予見可能な範囲の誤使用については,製造物の設計や指示・警告の表示に際して,これを考慮して対応措置を講じておくべきと考えられるから,その範囲如何が判断要素となり,後者の「製造物の使用者による損害防止の可能性」は,当該製造物に想定される使用者の資格・技能等にかんがみて,使用者が事故を回避することが合理的に期待できるかどうかという事情が判断要素となると考えられる(経済企画庁国民生活局消費者行政第一課編『逐条解説 製造物責任法』70頁(商事法務研究会,1995年)参照)。

　すなわち,製造物の誤使用は,「通常予見される使用形態」という判断要素との関係で,それが当該製造物の本来の使用形態及びその特性から見て合理的に予期される範囲の誤使用であるのか,その範囲を超える誤使用であるのかにより,当該誤使用に対応する措置を製造物の設計又は指示・警告の表示において行っていないことが「欠陥」に該当するか否かが決まることになる。予見不可能な不合理な誤使用によって事故が発生しても製造物に欠陥があるとはされず,誤使用があっても,それが合理的に予見可能であれば,それに対策を講じていない限り「欠陥」があるとされ得ることになる(鎌田薫「欠陥」判タ862号51頁参照)。

　(2)　ところで,誤使用が問題となるときには,「設計上の欠陥」と「指示・警告上の欠陥」とは,設計上対応することのできない使用者の誤使用の危険等については適切な指示・警告を行うことで対応して,「欠陥」を免れることが可能となるというように,相互補完的な関係があると考えられる。したがって,例えば,副作用の危険はあるが有用性が認められる医薬品等について見るときには,製造物と一体として指示・警告の表示や取扱説明書の記載を考慮しなければ,「欠陥」を論じることはできない。もっとも,重篤な被害を生じさせ得る危険がある場合に,容易に危険の原因を除去できるのに,これを除去せずに警告を表示するだけでは「欠陥」を免れないというべきであろう(上記鎌田論文「欠陥」参照)。

　また,想定される製品の使用者層も,合理的に予見可能な誤使用か否かの

判断要素となると考えられる。例えば，専門家のみが使用する製品と一般の消費者が使用する製品，特に高齢者や幼児も使用する製品とでは，後者の方が合理的に予期される誤使用といえる範囲が広くなり，製造者としては，より慎重な対策が必要となろう。

　訴訟においては，被害者が通常予見される使用形態で製造物を使用したと請求原因で主張し，これに対して，製造業者等が合理的に予期できない誤使用であったと主張するが，この誤使用の主張は，製造業者等による抗弁事由ではなく，欠陥を積極的に否認する事情である。

　(3)　本判決は，誤使用と欠陥の有無につき，「製品に関する指示，警告等の情報をラベルや取扱説明書等に表示・記載するに当たっては，通常予見することができる範囲の誤使用や合理的に予見することができる範囲の誤使用によって生じる危険についてはこれを考慮することが必要であるものの，その程度の表示・記載がなされれば足りるし，製品の使用者層を前提として，通常の使用者にとって明白な危険性については，その警告等の表示・記載がなくても，上記『欠陥』が存すると認めることはできない」との一般論を展開した上で，上記判決要旨2の判示を行ったものであり，誤使用に係る上記(1)(2)の考え方と基本的に同様の考え方と思われる。

　なお，本判決は，上記判決要旨3の判示において，Xらが労働安全衛生法施行令，酸素欠乏症等防止規則に違反して清掃作業を行っていたこと，排水槽内における清掃作業が有する危険性の認識に著しく欠けていたこと等を指摘し，仮に指示・警告上の欠陥があったとしても，それによって本件事故が発生したとはいえない旨述べているが，合理的に予見可能な範囲を逸脱する誤使用であることを理由にストール1号の欠陥を否定する以上，このような言及は必ずしも必要ないのではないかとも思われる。

### 4　判例の動向

　誤使用を理由に「欠陥」が否定された判例には，神戸地判平成15年11月27日（平成13年（ワ）第1220号等）（上腕骨骨折に対する上肢用プレートの破損事故），東京地判平成16年8月26日（平成15年（ワ）第23231号）（水槽用クーラーからの発火による火災），東京地判平成19年2月5日判時1970号60頁〔**判例42**〕，東京地判平成23年10月27日判タ1379号237頁〔**判例46**〕，甲府地判平成24年5月22日（平成

21年(ワ)第670号)(石油ストーブの異常燃焼による火災),東京地判平成25年4月19日判時2190号44頁,判タ1394号214頁〔**判例4**〕がある。

　誤使用を理由に因果関係が否定された判例として,東京地判平成20年4月24日判時2023号77頁〔**判例34**〕がある。

　これに対し,誤使用の主張があったが「欠陥」を認めた判例には,仙台地判平成13年4月26日判時1754号138頁〔**判例20**〕,東京地判平成15年7月31日判時1842号84頁,判タ1153号106頁〔**判例18**〕,福岡地判平成25年7月5日(平成23年(ワ)第3302号)(手すりの破損による転倒事故)がある。

　誤使用を理由に過失相殺をした判例には,東京高判平成13年4月12日判時1773号45頁〔**判例33**〕,東京地判平成17年8月26日(平成16年(ワ)第2664号)(排水用ポンプのナットが外れたことによる船舶の沈没),名古屋高金沢支判平成19年7月18日判タ1251号333頁〔**判例49**〕,大阪地判平成22年11月17日判時2146号80頁〔**判例23**〕がある。

　また,製造物責任法施行前ではあるが,洗剤が問題となった判例に,東京高判平成6年7月6日判時1511号72頁,判タ856号227頁〔ジョンソン・カビキラー事件〕(第一審:東京地判平成3年3月28日判時1381号21頁,判タ755号185頁)がある。

【垣内　惠子】

## 第2　製造業者の主張・立証

### 5　汎用品の製造物を食品解凍装置に装着した使用者の義務

〔48〕東京高判平成16年10月12日（平成15年(ネ)第6196号）
判例時報1912号20頁

☞ 概　　要

■ 問題点

1　汎用品であるポンプ，バルブにおけるバリの残存は，製造物責任法上の「欠陥」に当たるか

2　汎用品であるポンプ，バルブを食肉自動解凍装置に装着することは，通常予想される使用形態といえるか

3　食肉自動解凍装置に汎用品であるポンプ，バルブを装着した製造業者について過失相殺がされるか

## 判決の内容

■ 事案の概要

1　本件は，食品機械の設計製作等を行う控訴人（第一審原告）X社が，食肉の自動解凍装置を開発し，A食品会社と同装置の製作請負契約を締結し，被控訴人（第一審被告）$Y_1$社製造の汎用品のポンプ（以下「本件ポンプ」という。）及び被控訴人（第一審被告）$Y_2$社製造の汎用品のバルブ（以下「本件バルブ」という。）を装着した自動解凍装置（以下「本件装置」という。）を製作，納入したところ，同装置の稼働中に解凍食肉に金属異物が付着する事故（以下

「本件事故」という。）が発生したものであり，これにつき，Xが，本件事故は本件装置に装着した本件ポンプ及び本件バルブに残存したバリ（表面加工の欠如あるいは不十分に基因する機械製品表面の残存物）が原因となって発生したものであり，本件ポンプ及び本件バルブにバリが残存するのは欠陥に当たるとして，Yらに対し，製造物責任法（以下，単に「法」という。）に基づき，Aから損害賠償を請求されるなどして被った損害の賠償を求めた事案である。

2　本件装置は，食肉を解凍させるために，解凍液（塩水）を配管を通して循環させるものであり，この循環のために，数個の小型ステンレス製の本件ポンプと，30個以上の本件バルブ（本件バルブには流体の逆流を防止するチャッキバルブと，それ以外のバルブとが含まれていた。）が装着されていた。

Xが「欠陥」であると主張するのはバリの残存であるが，バリには，金属部品等の切削加工時に生じる「切削バリ」といわれるものや，鋳物の鋳造工程において生じる「鋳造バリ」といわれるもの等があり，これらを除去する工程を経てもなお残っているバリは「残留バリ」といわれる。

3　第一審判決（さいたま地判平成15年10月31日（平成13年（ワ）第690号））は，本件ポンプ及び本件バルブにバリが残存していたことを認めた上で，そのバリが剥れ落ちて解凍液に混入し，解凍食品に金属異物として付着したものとしたが，本件で認められる程度のバリが残存していても，汎用品のポンプ及びバルブとして通常有すべき安全性を欠いた「欠陥」があるとはいえないとして，Xの請求を棄却した。

この判決に対して，Xが控訴したのが本件である。

### ■ 判決要旨

1　まず，本判決は，①本件装置のフィルターに付着していた金属異物のうちの二つの金属片が，化学成分の分析結果から本件ポンプ及び本件バルブのうちのチャッキバルブ（以下「本件チャッキバルブ」という。）のバリによるものと推定されること，②本件装置は解体洗浄を行っても金属異物の流出が止まらなかったのに，本件ポンプ及び本件チャッキバルブのバリを除去したところ金属異物の流出が止まったことを総合すると，「解凍食肉に付着していた金属異物のうちのいくつかは，このようにして解凍液に混入した本件ポン

プ及び本件チャッキバルブのバリであることが推認される」とした。

2 次に，本判決は，「本件ポンプ及び本件チャッキバルブの製造物責任法2条2項の欠陥について バリが残留していた本件ポンプ及び本件チャッキバルブが，その特性，通常予見される使用形態その他当該製造物に係る事情を考慮して，通常有すべき安全性を欠いていたか否かを判断する。」とした上で，(1)製造物の特性に係る事情について，①Yらは，特注品ではなく汎用品である本件ポンプ及び本件チャッキバルブの製造工程において，切削加工時の切削バリを除去する工程を設けておらず，本件において残存していたバリは残留バリではなく切削バリであったこと，②Yら以外の複数のポンプ製造業者は，汎用標準使用品のポンプにおいても切削加工時に発生するバリの除去作業を実施する工程を設けており，切削バリが残っている場合は不健全部分として修正作業を行っていること等から，「本件ポンプ及び本件チャッキバルブに切削バリが存在したことは，本件ポンプ及び本件チャッキバルブとして通常有すべき安全性を欠いたものであると考えられる。」とし，また，(2)製造物の使用形態に係る事情について，①本件ポンプのパンフレットには，「用途」として「化学液，産業用，工業用水，給湯」と記載され，「標準仕様」の「取扱液」欄には，清水，油，化学液が挙げられ，取扱一覧表に液名として，海水のほか，果汁，ジュース，醤油，ミルク等食品に属する液体が多数挙げられており，他方，本件ポンプを食品用に使用することを禁ずる記載や，本件ポンプは，切削バリの除去作業を実施しておらず，使用中に切削バリが発生する危険性があるとの警告の記載，バリ取り等の対処を講じて使用するように注意した記載等はされていなかったこと，②本件バルブを含むバルブ全般のパンフレットには，本件チャッキバルブを含むシリーズのバルブについて，建築設備配管ラインの給湯，給水用バルブとして開発した旨の記載がされ，本件チャッキバルブのパンフレットには，マンホールユニットやビル建築設備配管と記載されているが，他方，本件チャッキバルブを食品用に使用することを禁ずる記載や，本件チャッキバルブは，切削バリの除去作業を実施しておらず，使用中に切削バリが発生する危険性があるとの警告の記載，バリ取り等の対処を講じて使用するように注意した記載等はされていなかったこと等に照らして，「食肉解凍装置である本件装置におい

て，食肉を解凍させるための解凍液（塩水）を配管を通して循環させるために本件ポンプを利用するという使用方法は，本件ポンプとして通常予見される使用形態であったと認められる」とし，結論として「切削バリが残っていた状態にあった本件ポンプは，その特性，通常予見される使用形態その他当該製造物に係る事情からして，通常有すべき安全性を欠いていた」と判示した（本件チャッキバルブについても同様に判示した。）。

**3** その上で，本判決は，「食品機械の設計・製作の専門業者であるＸとしては，自ら食品を扱う本件装置に使用するに相応な機器を選別し，本件装置に解凍食肉の汚染を防ぐための措置を講じるなどの注意義務を負っていると考えられるが，本件装置に使用するポンプやバルブを選定するに当たって，その仕上げの程度，安全面，機能面等において，本件装置に使用するのに適切か否かを製造業者であるＹらに確かめることをしないで，パンフレットの記載のみからその性能とコストを勘案して汎用品である本件ポンプ及び本件チャッキバルブを選定した点，及び本件装置の解凍槽及び調温槽の直前にフィルターを設置するなど解凍食肉の汚染を防ぐための措置を講じていない点において，Ｘの食品の安全性に対する認識が不十分であったといわざるを得ない。」として，Ｘの損害について５割の過失相殺を行った（上告受理申立・不受理決定）。

## 解　説

### 1　欠　陥

　法2条2項は,「欠陥」とは,「当該製造物の特性, その通常予見される使用形態, その製造業者等が当該製造物を引き渡した時期その他の当該製造物に係る事情を考慮して, 当該製造物が通常有すべき安全性を欠いていることをいう」と規定しており, 製造物が通常有すべき安全性を欠くことを示す概念である。一般に, 欠陥は,「設計上の欠陥」,「製造上の欠陥」「指示・警告上の欠陥」の3類型に分けて考えられている。

　「製造上の欠陥」は, 製造物の製造過程で粗悪な材料が混入したり, 製造物の組立てに誤りがあったなどの原因により, 製造物が設計・仕様どおりにつくられず安全性を欠く場合を,「設計上の欠陥」は, 製造物の設計段階で十分に安全性に配慮しなかったために, 製造物が安全性に欠ける結果となった場合を,「指示・警告上の欠陥」は, 有用性ないし効用との関係で除去し得ない危険性が存在する製造物について, その危険性の発現による事故を消費者側で防止・回避するに適切な情報を製造者が与えなかった場合をそれぞれいうものである（経済企画庁国民生活局消費者行政第一課編『逐条解説　製造物責任法』65頁（商事法務研究会, 1995年）参照）。

　本件においては, そもそもYらは本件ポンプ及び本件チャッキバルブの製造過程に切削バリを除去する工程を設けておらず, 汎用品であるこれら製造物にはバリが残存していてよいというのが製品の仕様であった（バリ取りはXの義務である。）というのであるから, 本件ポンプ及び本件チャッキバルブに切削バリが残存していたということは, 製造物が設計・仕様どおりにつくられなかった「製造上の欠陥」が問題となる事案ではなく, そのような汎用品である本件ポンプ及び本件チャッキバルブを食品用機械に使用したことをめぐって,「設計上の欠陥」ないし「指示・警告上の欠陥」が問題となる事案である。

### 2　製造物の特性

　法2条2項は, 上記のように,「欠陥」の有無の判断要素として「当該製造物の特性」をあげている。これは, 製造物自体が有する固有の事情であ

り，「製造物の効用・有用性」，「価格対効果」，「製造物の通常使用期間・耐用期間」などが考慮事情として含まれる。このうち「価格対効果」は，ある製品に具備されている安全性は，当該製品との価額との関係で一定の幅があり，同じ価格帯に属する同種製品には，少なくとも当該価格帯における平均的な安全性が求められるという事情であるとされる（詳しくは〔判例46〕の解説参照）。

　本件においては，ポンプ及びバルブについて，汎用品のみならず食品装置用に特化した特注品を発注することもできるのであり，そういう中で，安価な汎用品である本件ポンプ及び本件チャッキバルブに切削バリが残存していて食品装置に使用できないものであったことが，「製造物の特性」という判断要素からみて「欠陥」となるかが問題となる。

　この点につき，本判決は，汎用品である本件ポンプ及び本件チャッキバルブの製造工程においては，切削加工時の切削バリを除去する工程を設けておらず，本件において残存していたバリは残留バリではなく切削バリであったことを認め，また，加えてＹら以外のポンプやバルブ製造業者からの裁判所の調査嘱託結果やＸの照会回答，関係の大学教授の意見書等から，複数のポンプ製造業者が，汎用標準使用品のポンプにおいても切削加工時に発生するバリの除去作業を実施する工程を設けていること等を認めた上で，「本件ポンプ及び本件チャッキバルブに切削バリが存在したことは，本件ポンプ及び本件チャッキバルブとして通常有すべき安全性を欠いたものであると考えられる。」と判断した。

### 3　製造物の誤使用

　前項の判示に続いて，本判決は，Ｙらが，汎用品である本件ポンプ及び本件チャッキバルブはそもそも食品用の装置である本件装置に使用することができないものであったと主張しており，例えば，パンフレット等において食品用の装置に使用できない旨表示したり，切削バリに関する警告がされていた場合には，それにもかかわらず，これら製造物を本件装置に使用することは，「その通常予見される使用形態」ではないと考え得ると問題提起し，当該製造物につき通常予見される使用形態であったかどうか，すなわち「欠陥」を否定すべき誤使用ではなかったかについて検討している（誤使用につ

き，詳しくは〔**判例47**〕解説参照）。

　そして，本件ポンプ及び本件チャッキバルブのパンフレット等には，本件ポンプ及び本件チャッキバルブを食品用に使用することを禁ずる記載や，これら製造物には切削バリの除去作業を実施しておらず，使用中に切削バリが発生する危険性があるとの警告の記載，バリ取り等の対処を講じて使用するように注意する記載等がされていなかったこと等の事実を認定し，食肉解凍装置である本件装置に汎用品である本件ポンプ及び本件チャッキバルブを使用するという使用方法は，本件ポンプ及び本件チャッキバルブとして通常予見される使用形態であったと判断した。

　このようにして，本判決は，「製造物の特性」及び「通常予見される使用形態」の両観点からの検討の結果，本件ポンプ及び本件チャッキバルブの切削バリの残存は「欠陥」に当たると判示した。

### 4　過失相殺
#### (1)　製造物責任と過失相殺

　法6条は，「製造物の欠陥による製造業者等の損害賠償の責任については，この法律の規定によるほか，民法の規定による。」としており，これにより，過失相殺の規定（民722条2項）が製造物責任においても適用される。この点，無過失責任である製造物責任において被害者の過失を考慮することの是非が問題となり得るが，過失相殺における「被害者の過失」につき判例は，「不法行為者に対し積極的に損害賠償責任を負わせる問題とは趣を異にし，不法行為が責任を負うべき損害賠償の額を定めるにつき，公平の見地から，損害発生についての被害者の不注意をいかにしんしゃくするかの問題にすぎない」（最判昭和39年6月24日民集18巻5号854頁，判時376号10頁，判タ166号105頁）と判示しており，過失相殺が損害の公平な分担という観点からの制度であることに鑑みれば，製造物責任においても過失相殺を考慮することも問題はないと思われる。

　また，立法過程においては，誤使用を理由とする過失相殺につき，合理的に予見できる誤使用は「欠陥」の判定に織り込まれている以上，その部分につき過失相殺を認めるのは適切ではないとの見解があり，この見解を前提に，製造物責任では過失相殺の適用は相当制限されるとの見解もある（飯塚

和之「責任の減免―期間制限・過失相殺・免責条項―」判タ862号84頁)。しかし，当該誤使用が合理的に予見できるもので「欠陥」があると判定される場合であっても，過失相殺が損害の公平な分担という観点からの制度であることに鑑みれば，誤使用の場合を含め，製造物責任においても過失相殺は広く適用される余地があると思われ，実際，製造物責任関係の判例においても多数の過失相殺事案が存在している。

製造物責任の場合，不法行為責任（民709条）における過失相殺のように，加害者と被害者の過失を比較して過失割合を定めることはできないが，公平の見地から被害者の不注意を斟酌する際には，被害者の属性，被害者の不注意の程度，不注意が損害発生に与えた影響等の事情を考慮要素とすべきと思われる。

(2) 本判決における過失相殺

本判決は，上記のように，食品機械の設計・製作の専門業者であるというXの属性，本件ポンプ及び本件チャッキバルブを選定するに当たってYらに確かめることもせず，パンフレットの記載のみから選定し，食品の汚染を防ぐための措置を講じていなかったといったXの不注意の程度等を勘案して，5割の過失相殺をした。これらの考慮要素からすると，本件装置への使用が通常予見される使用形態であっても，損害の公平な分担という観点から，過失相殺がされることは相当と思われる。

5 判例の動向

汎用品を使用したことに関する判例として，東京地判平成15年7月31日判時1842号84頁，判タ1153号106頁〔判例18〕があり，バリに関する判例として，広島地判平成16年7月6日判時1868号101頁，判タ1175号301頁（幼児用自転車のバリによる傷害）がある。誤使用に関する判例は〔判例47〕の解説を参照されたい。

また，過失相殺に関する判例としては東京地判平成22年2月10日（平成19年(ワ)第10470号）〔判例45〕，名古屋高判平成21年2月26日（平成20年(ネ)第17号）（第一審：名古屋地判平成19年11月30日判時2001号69頁，判タ1281号237頁）（粉末あまめしばの摂取による呼吸器疾患発症）がある。

【垣内　惠子】

## 第2　製造業者の主張・立証

### 6　焼却炉からの発火と使用者の義務と過失相殺

〔49〕名古屋高金沢支判平成19年7月18日（平成18年（ネ）第36号）
　　　判例タイムズ1251号333頁
　　　（原審：富山地判平成17年12月20日（平成16年（ワ）第289号））

☞ **概　　要**

■ **問題点**

1　指示・警告上の欠陥と事業者
2　焼却炉からの発火と使用者の義務と過失相殺

## 判決の内容

■ **事案の概要**

1　木製サッシの製造販売業者である$X_1$社は，富山市内の工場に設置していた既存の焼却炉が廃棄物処理法施行規則規定のダイオキシン排出基準に適していなかったため，行政当局から同焼却炉の使用中止を指導された。そこで，$X_1$社は，焼却炉の製造販売業者であるY社に無煙型焼却炉1基を発注した。これを受け，Y社は，工場に焼却炉を設置し，試運転を行った上で同焼却炉を$X_1$社へ引き渡した（以下，「本件焼却炉」という。）。もっとも，本焼却炉に接続するサイロは既存焼却炉で使用していたものであって，サイロと本件焼却炉は適合するものではなかった。その後，本件焼却炉で燃焼中にバックファイヤー（燃焼爆発）が発生するなどしたため，Y社は，本件焼却炉の灰出し口の扉等を密閉するなどの改良工事を行った。

〔49〕名古屋高金沢支判平成19年7月18日（平成18年（ネ）第36号） 351

　このような経緯を経た後，本件焼却炉引渡後約1か月時点において，$X_1$社の従業員$X_2$が，本件焼却炉で焼却作業中に灰出し口の扉を開いたところ，バックファイヤーが発生し，$X_1$社の工場3棟が全焼するなどの損害が発生した。
　なお，Y社が$X_1$社に交付した取扱説明書には，焼却炉で燃焼中に灰出し口の扉を開けないようにとの注意書きはされていなかった。
　**2**　$X_1$社及び$X_2$は，法3条に基づき，本件焼却炉の①設計上の欠陥，②指示・警告上の欠陥により発生した火災等によって損害を被ったと主張した。すなわち，焼却炉は大量の可燃物を燃やす設備であって強い火炎が発生することから，製造業者は，炉外に大量の火炎が噴出するなどの危険がないように設計すべきである。本件事故においては使用者が灰出し口の扉を開けたところ，バックファイヤーによって本件焼却炉から3m程度の火柱が上がり火の粉が飛散しており，このようなバックファイヤーが発生して大量の炎が噴出したのは，明らかに設計上の欠陥であると主張した。
　また，このような火柱が上がり，火の粉が飛散する危険性があるのであれば，本件焼却炉の取扱説明書等にその旨を明記するとともに，口頭においても明確な説明をすべきところ，Y社が交付した取扱説明書にその旨の記載がなく，$X_1$社は口頭説明も受けていなかったのであるから，指示・警告上の欠陥があると$X_1$社らは主張した。
　**3**　原審（富山地判平成17年12月20日 NBL832号10頁）は，設計上の欠陥を否定した上で，本件焼却炉には指示・警告上の欠陥があることを肯定し，請求金額全額を認容したことから，Y社が控訴したのが本件である。
　**4**　控訴審において，Y社は，①$X_1$社は，事業者として焼却炉を業務に使用するものであり，焼却炉の燃焼中に灰出し口を開けてはならないことは事業者の基本的知識であるから，本件焼却炉に指示・警告上の欠陥はないと主張した。また，②$X_1$社は，事業者として本件焼却炉の燃焼中に灰出し口を開けることが危険なことを当然認識すべきであったにもかかわらず，$X_2$は，特段の必要性がないのに，灰出し口を開いて本件火災を招いたのであるから，過失相殺がなされるべきであると主張した。

## ■ 判決要旨

1 本判決は，次のとおり，本件焼却炉に指示・警告上の欠陥があると判示した。

まず，①「本件焼却炉を取り扱う $X_2$ は焼却炉に関する特別な資格や知識はなく，また，従前使用していた焼却炉は，300度前後の炉内温度で燃焼し，燃焼中に灰出し口を開いて炉内を撹拌することが予定されており，実際，そのように使用されていた」。また，②「Y社は，本件焼却炉を $X_1$ 社に販売した際，取扱いに特別な資格のいらない焼却炉として紹介，説明していた」。さらに，③Y社の営業技術課長が個人的に作成したマニュアルにも，本件焼却炉の燃焼中に灰出し口の扉を開けた場合にはバックファイヤーが発生する危険性が指摘され警告する注意書きがある。

よって，Y社には，$X_1$ 社が従前の焼却炉の使用方法に従って本件焼却炉の燃焼中に灰出し口の扉を開いてバックファイヤーを招く危険性を予見し，本件焼却炉の燃焼中に灰出し口を開けてはならないことやこれを開けた場合にはバックファイヤーが発生して火災が炉外に噴出する危険性があることについて，指示・警告する必要があったところ，これを怠ったことから，指示・警告上の欠陥があると判断した。

2 次に，本件焼却炉の燃焼中に $X_2$ が灰出し口を開けた過失について，$X_1$ 社においては，$X_2$ が本件焼却炉の燃焼中に灰出し口の扉を開いてバックファイヤーを招いた点に過失が存在するが，「本件バックファイヤーの主たる原因は，本件焼却炉の指示・警告上の欠陥にあり，本件バックファイヤー発生に関する $X_1$ 社の過失は15パーセントにとどまる」と判示した。

# 解　説

## 1　指示・警告上の欠陥と事業者

(1)　本件は，焼却炉に関する「指示・警告上の欠陥」が問題となった事案である。製造物である本件焼却炉の使用者が木製サッシの製造販売を業とする事業者であり，その業務のために本件焼却炉を使用していたことから，使用者が製造物の使用経験を有している点で，一般消費者の製品事故とは異なる特色を有する。

　この点，事業者には製造物の使用経験が一定程度見込まれるところ，事業者には，製造物についての知識・能力が期待されることから，製造業者に対して要求される指示・警告の度合いは，一般消費者に対して要求されるそれよりも軽減されると考えることもできる。しかし，一口に「事業者」と言っても大規模事業者から個人事業者までその規模は様々であることから，使用者が事業者であることを以って直ちに指示・警告の度合いを軽減することは妥当ではない。当該判断に当たっては使用者たる事業者の規模，製造物の使用目的，製造物の使用状況，製造物の導入の経緯等により，製造業者等に対して要求される指示・警告の度合いは変化するものと考えるべきである。

(2)　本件焼却炉は燃焼中に灰出し口の扉を開くと，バックファイヤーにより火炎が炉外に噴出する危険性が高いものであったところ，その取扱いに特別の資格等を必要とするものではなく，焼却炉の取扱いに詳しくない者が使用することもあり得たのであって，焼却炉に関する専門的知識を有する者が使用することを期待されていたものとは評価できない。

　また，焼却炉に関する知識を有さない者が炉内を撹拌するためなどに燃焼中に灰出し口の扉を開ける可能性も考えられ，実際に従業員である$X_2$が，従前の焼却炉の使用方法と同様に炉内を撹拌して早く木屑を燃焼させようとして灰出し口の扉を開けていた。

　さらに，Y社の営業技術課長が個人的に作成したマニュアルにも，本件焼却炉の燃焼中に灰出し口の扉を開いた場合にはバックファイヤーを招来する危険性を指摘し顧客に警告する旨の注意書きがあること等から，Y社には，$X_1$社が従前の焼却炉の使用方法に従って本件焼却炉の燃焼中に灰出し口の

扉を開いた場合にはバックファイヤーを発生させる危険性を予見し，これについて指示・警告する必要があったと判断されたものである。

## 2 製造物責任法と過失相殺

(1) 被害者側に，製品の使用方法について落ち度がある場合には，法6条により民法722条2項が適用される結果，被害者の過失を考慮して，賠償額を減額するように求めることができる。製造物責任法に基づく損害賠償請求においても，公平の観点から過失相殺は妨げられるべきものではないため，不法行為一般に適用される民法722条2項の適用が規定されている。

(2) 製造物責任においては，合理的に予見できる誤使用については，まず設計・製造上，誤使用を回避すべきであるし，設計・製造上回避が困難である場合には，指示・警告を明確かつ適切に行うべきである。それらの措置を伴わない場合には，被害者の使用方法に落ち度があっても，製造業者等は製造物責任を負担すべきである。

また，被害者が事業者である場合においては，過失相殺が損害の公平な分担を目的としていることからすれば，事業者には専門的知識が期待できるのであって，被害者側に過失があった場合には，被害者が一般消費者の場合の過失相殺よりも過失割合を大きく斟酌できるとも思える。

しかし，事業者が有する製造物に関する知識は一律ではなく，製造物の使用方法や使用目的も個別に異なることから，事業者であることのみを理由として過失割合を増加させるのは妥当ではない。個別に事案の性質を斟酌した上で，製造業者等と被害者側の損害の公平な分配を行うことが必要となる。

(3) 本判決においては，$X_1$社がダイオキシン排出基準を充たす焼却炉を設置するよう行政から指導を受けた文書には，基準を充たす焼却炉では，外気と遮断した状態で燃焼し，炉内の温度が800度以上になる旨記載されていた。すなわち，本来ダイオキシン排出基準を充たす焼却炉は外気を遮断する必要があり，燃焼中に，$X_2$は灰出し口の扉を開けるべきではなかったものである。このため，$X_2$が本件焼却炉の燃焼中に灰出し口の扉を開いてバックファイヤーを招いたことにつき，$X_1$社にも過失が存在するとし，製造物責任について過失相殺を認めたものであった。

【川原奈緒子】

## 第2　製造業者の主張・立証

### 7　携帯電話の発熱告知と過失相殺

〔50〕岡山地判平成23年1月27日（平成21年（ワ）第1363号）
LLI/DB 06650026

☞ 概　　要

■ 問題点

1　携帯電話の異常発熱と因果関係のある損害の範囲
2　携帯電話の異常発熱が告知されていた場合の過失相殺

## 判決の内容

■ 事案の概要

1　Xは，平成18年8月26日，携帯電話事業を行っている$Y_2$社から，$Y_1$社の製造にかかる携帯電話機（FOMA-D902iS，以下「本件携帯」という。）と付属の電池パック（以下，「本件電池パック」という。）等を購入した。

2　Xは，平成19年8月16日，自宅において，本件携帯を枕元に置き就寝していたところ，午前5時頃に異臭を感じて目を覚ました。すると，本件携帯から煙が発生していたため（以下，「本件事故」という。），Xは，本件携帯及びその周辺に水をかけるなどの対処を行った。

3　本件事故の原因は，本件電池パックに異常発熱が生じる不具合が存在したことであり，この点について，原被告間に争いはなかった。

4　本件における争点は，①本件事故と因果関係のある損害の範囲，及び②本件電池パックと同種の電池パックについて，$Y_2$社から欠陥の告知があ

ったにもかかわらず，Ｘが本件電池パックの交換を実施しなかったことによる過失相殺である。

**5** 争点①について，Ｘは，$Y_1$社及び$Y_2$社に対し，本件事故により，①床の修理費用等として10万7605円の物損が生じた外，②命の危険も生じさせる本件事故に遭い，心療内科に通院を開始し適応障害と診断されたなどとして，その治療費50万1910円，③通院交通費10万円，④本件事故に遭った環境にいることが治療の妨げになるため出費を余儀なくされた引越費用43万6850円，⑤本件事故により，体調不良となり仕事をすることができない又は半日勤務しかできないことによる休業損害200万円，⑥慰謝料600万円，⑦弁護士費用90万円の合計1004万6365円を，連帯して支払うよう求めた。

これらの損害のうち，$Y_1$社及び$Y_2$社は，①物損10万7605円の損害を認め，その余の損害については争った。

**6** また，争点②につき，$Y_1$社及び$Y_2$社は，Ｘは，平成18年12月ないしその翌月において，本件電池パックについての異常発熱の危険と無償交換を知らせるダイレクトメールを受け取っており，Ｘ名義の他の携帯電話機に付属する本件電池パックと同種の電池パックについては本件事故が発生する8か月前には交換が為されているのであるから，その後に発生した本件事故は，Ｘ自身の判断に起因するものであり，少なくとも過失相殺が認められるべきであると主張した。

■ **判決要旨**

**1** 本判決は，まず争点①について，Ｘは本件事故につき，Ｘの「生命身体を脅かす極めて危険な事故であったと主張し，本件携帯の置かれた位置によっては，頭や胸が貫通するとか同部位に突き刺さる危険があった」と主張するが，本件携帯の発火や爆発という事実をＸが現認していたものではない。また，生命身体を脅かす危険性の根拠は，消防署職員がＸに対し「たまたま無傷であったのは奇跡であり，軽くて火傷，リチウムイオンが眼に入っていたら失明，目が覚めなかった家ごと燃えていた，電池が頭や胸に飛んでいたら即死していたなど話し」たという点にあるが，かかる発言内容も，これを裏付ける具体的な根拠が不明であり，本件事故がＸの生命身体を脅かす

極めて危険な事故であったとまでいえない，と判断した。

　そして，適応障害は「外的ストレスに対する過剰な反応を内容とし，個人的要因が強いことは一般によく知られているところ」，本件事故によってＸに不安，不眠等適応障害の症状が通常生じ得るものであるとはいえないなどとして，損害のうち②治療費③通院交通費④引越費用⑤休業損害の相当因果関係を否定した。⑥慰謝料については，本件事故の態様に鑑みて，「これに遭遇した者に一定の精神的苦痛が生ずることは否定でき」ないとして，10万円の支払を認めた。

　2　また争点②について，本件電池パックと同種のD06については，表面にきずやへこみがつく程度の外部的な力が加わった場合に，内部短絡を惹起する可能性があるという不具合を有するものが含まれていることが本件事故前に判明しており，$Y_2$社は，平成18年12月7日にかかる不具合の可能性を報道発表の上，ホームページに掲載していた。そして，翌8日には新聞紙上に謝罪広告を掲載し，同月19日から平成19年1月26日までの間において，個別に購入者宛に不具合の可能性を告知して，電池パックの交換を促すダイレクトメールを発送する一方，同期間中に再度新聞紙上に謝罪広告を掲載していたものである。さらに，$Y_2$社は既に交換用の電池パックを発送していながらも，回収対象となる電池パックが返送されてこない購入者には，同年4月24日から同年5月17日までの間に，再度ダイレクトメールを発送した。かかる$Y_2$社の対応により，Ｘも$Y_2$から平成18年12月ないしその翌月には本件電池パックについて，異常発熱の危険と無償交換を知らせるダイレクトメールを受け取っていた。また，Ｘ名義の他の携帯電話機に付属する本件電池パックと同種の電池パックについては，平成18年12月12日に交換が行われていたことを認定の上，$Y_2$社は，「本件電池パックの危険性とその交換に関してＸに対しても告知したにもかかわらず，Ｘはこれに対応しなかったと認められるところ，Ｘ側の上記事情も本件事故の一因となっているものであるから，これを過失相殺として考慮すべきである」と判断した。そして，その具体的過失割合について，「損害発生の根本原因は被告らにあることにかんがみると，過失相殺率は1割とするのが相当である」として，1割の範囲で過失相殺を認めたものである。

## 解　説

### 1　携帯電話の異常発熱と因果関係のある損害

(1) 被害者が製造物責任法に基づいて製造業者等に対し賠償責任を追及するためには，製品の欠陥によって損害を被ったことを主張立証しなければならない。具体的には，①流通開始時点における欠陥の損害，②損害の発生，③欠陥と損害との間の因果関係の存在について主張・立証する必要がある。

本件では，①流通開始時点において，本件電池パックに異常発熱するという欠陥があったこと，及びかかる欠陥により煙が発生するという事故が発生したことに争いはなかったところ，Xに生じた損害と本件電池パックの欠陥と損害の間に因果関係が認められるかが問題となった。

(2) 事故と損害との因果関係は，「欠陥により発生した事故から，被害者の被った損害が通常発生するか否か」を基準として判断される。例えば，発火による建物損傷部分の修繕費や火傷に対する一般的治療費等は，当然に事故と因果関係を持つ損害に該当する。一方で，同じ治療費であっても，医学的・社会的な要素から常識的に考えて必要性が認められない治療については，もはや欠陥により発生した事故から通常発生する損害とはいえず，因果関係は存在しないと言えよう。

(3) 本件においては，Xは本件事故の結果，心療内科等における治療を余儀なくされたと主張していた。Xは，不安，不眠，食欲不振，意識消失症状等について，医師から適応障害・不眠症と診断を受けているところ，かかる適応障害については，個人的要因が強いことが一般に知られている。Xの症状は，平成20年1月頃に父親が死去したことにより症状が強まったほか，その後発生した視力低下や瞼の痙攣についても，医師により心因的要素が強いという判断が為されていたものである。

このように，Xの心療内科等における治療は，本件事故から通常生じるものとは言えず，本判決は常識的な判断を為したものと評価できる。

### 2　製造業者等による欠陥の告知と製品交換の打診に応じなかったことによる過失相殺

(1) 製造物責任法においては，6条により民法722条2項が適用されるた

め，被害者側に過失がある場合には，公平の観点から賠償額を減額することができる。これにより，事案の内容に応じて，加害者と被害者との間において，適切かつ柔軟な責任の分配を実現している。

(2) 本件においては，本件電池パックに欠陥があることに何ら争いはなかったところ，欠陥があることを前提として，製造業者等が欠陥の告知及び欠陥品回収のために新聞やホームページ，ダイレクトメールを活用して，周知活動に努めていた。その活動は功を奏し，本件事故当時，本件電池パックと同種の電池パックの回収率は80パーセントであり，広く一般に電池パックの危険性についての告知は行われていたといえる。

(3) 一方，Xについては，$Y_2$社からのダイレクトメールを受け取っている外，X名義の他の携帯電話機に付属する本件電池パックと同種の電池パックについて交換を終えていることから，Xは本件電池パックの危険性について認識していた，又は少なくとも認識できたものと考えられる。

かかる認識ができたにもかかわらず，本件電池パックを継続して使用続けた点に，Xの落ち度があったといわざるを得ない。

(4) 一方，消費者は製品の安全性を製造業者等に依拠するしかないところ，製造物は一旦流通に置かれれば，市場に拡散してしまう。そして，欠陥ある製品は，消費者の生活の安全に対して脅威となるものである。

かかる意味において，製品流通後に欠陥が判明した場合に，消費者に製品の欠陥とその危険性について告知し，製品の回収に努力したとしても，欠陥ある製品を流通に置いた製造業者等の責任は容易に軽減されるべきではない。欠陥を広告・報道することにより製造物責任が容易に相殺されることになれば，製造物責任法により敢えて製造業者等に賠償責任を負担させ，消費者を保護しようとした法の趣旨を没却することになりかねないのである。

(5) 本件においては，被害者が本件電池パックと同種の電池パックについて，他の被害者名義の携帯電話付属の電池パックについては既に交換を行っていた，という特殊事情があったため，過失相殺が認められてもやむを得ないものであったといえる。製造業者等が購入者に対して製品の欠陥や無償交換の告知があったことを以って，直ちに過失相殺が認められたものではないこと留意が必要である。

【川原奈緒子】

# 第6章

# 保険，期間

# 概　　説

## 1　PL 保険

### (1)　内　　容

　PL 保険とは，生産物賠償責任保険の別称である。PL 法立法以前から（昭和30年代）取り扱われている。

　製造又は販売された商品や提供された仕事・サービスの結果に起因する対人・対物事故を保険事故とする事業者向けの賠償責任保険の一つである。

　保険の対象となる生産物とは，約款で「被保険者が製造，販売もしくは施工した保険証券記載の財物」と規定されており，製造業者が商品として販売するすべての財物を指すと解され，PL 法上の動産はもとより，PL 法に含まれない不動産や設計・ノウハウ・パテントやあらゆるサービスも含まれるとされる。

　保険事故とされるのは，保険の対象となる商品に起因する他人の身体損害や財物損害が発生したことにより，商品の生産者・販売者等が被害者等に対する法律上の損害賠償責任を負担すること，とされている。ここで，法律上の責任とは，PL 法上の責任はもちろん，民法上の不法行為責任や債務不履行責任等も含み，PL 法上の責任に止まらない。

### (2)　主たる免責事項

　PL 保険金の支払の対象とならない事由には，被保険者の故意，戦争，地震，噴火，津波等の保険契約共通の免責事由のほか，PL 保険特有の事項として，以下のものがある。

　① 　生産物の性質又は瑕疵による当該生産物自体の損壊による損害賠償責任

　これは，メーカーの，使用者に対する瑕疵担保責任を除外する趣旨である。

　② 　被保険者が故意又は重大な過失により，法令に違反して製造，販売，引渡し若しくは施工した生産物に起因する損害賠償責任

　賠償責任保険では，一般的な重過失責任は保険金支払の対象となるが，被

保険者の事業（＝保険の対象となる生産物を製造・販売する事業）上規制を受ける法令に対し重過失による違反行為があった場合には，それによる賠償責任は，保険金支払の対象とならない。

③　被保険者と他人との間に損害賠償に関する特別な約定がある場合において，その約定によって加算された損害賠償責任

被保険者が他人との間で損害賠償についての契約をし，例えば，本来他の者が負うべき賠償責任を肩代わりして負うとか，法律上課せられるべき責任以上の賠償責任を負うとかという場合，この加算された部分については免責となる。メーカーと販売者間，部品メーカーと完成品メーカー間等の力関係により，このような契約が存在することも稀ではないが，このような場合は免責とされている。

## 2　期　　　間

PL法は，製造物責任を請求できる期間との起算点として，次の3種を規定した。

①　被害者又はその法定代理人が損害及び賠償義務者を知ってから3年間（法5条1項前段）
②　製造業者が当該製品を引渡しした時から10年間（法5条1項後段）
③　身体の蓄積被害，潜伏被害の場合は，その損害が生じた時から期間を起算する（法5条2項）

特に②については，不法行為による損害賠償が行為の時から20年間（民724条）としているのを短縮している。これは，PL法という民法の特別法として，権利関係を早く確定させるという要請とともに，PL法がモデルとしたEC指令（1985年7月）が10年としていることにならったものである。

この10年という期間が，消滅時効期間なのか，除斥期間なのかにつき，争いがある。消滅時効とすると，中断が認められ，権利関係が不確定な状態が長期間続くことになる。一方，除斥期間とすると，権利関係は早期に確定するが，被害者の権利保護に欠けることになる可能性がある。民法の特別法という点を考えれば，除斥期間と考えるべきであろうか。

【羽成　　守】

# 第1　PL法と保険

## 1　生産物賠償責任　保険約款

〔51〕大阪高判平成21年9月11日（平成21年（ネ）第1165号）
判例時報2070号141頁

☞ **概　　要**

■ **問題点**

賠償責任保険契約における生産物特約条項の適用の可否

## 判決の内容

■ **事案の概要**

1　フィルムの加工等を業とする会社であるX社は，保険会社Y社と賠償責任保険契約を締結していた。当該保険契約に適用される生産物特約条項2条においては，仕事の目的物の損壊それ自体の賠償責任を負担することによって被保険者が被る損害を塡補しない，と定められているところ，本件において，当該条項の適用が争点となった（争点①）。
　すなわち，X社は，Z社から光拡散フィルムの片面に塗料でコーティング加工を施す業務の委託を受け，これを実施したところ，ステンレス製のドクター刃がセラミック製のグラビアロール（光拡散フィルムに塗料を転写するための機材）によって削られ，その金属片が光拡散フィルム表面のコーティング部分に混入する事故が発生した（以下，「本件事故」という。）。そして，Z社の受注先が，金属片が混入した光拡散フィルム（以下，「本件保護マット」という。）を使って液晶パネルを製造しようとした際，かかる金属片によって輝

度上昇レンズが損傷した。

　X社は，本件事故に関し，Z社から受注先において輝度上昇レンズの損傷が生じたことによる損害215万2753円のほか，納入された本件保護マットを受注先に納入できなくなった損害6390万1385円等合計約7300万円の補償を要求され，これを支払ったものである。

　X社は，争点①に関し，X社とZ社との間における光拡散フィルムのコーティング加工契約は請負契約であるところ，X社が行った仕事は，保護フィルムマットの製造過程の一部である光拡散フィルムの片面のコーティング加工のみであると主張した。そして，その仕事の目的物は光拡散フィルムの片面上のコーティング部分に限定され，保護フィルムマット全体ではないことから，本件保護マットは光拡散フィルムの片面とは別個の商品であって仕事の目的物ではなく，本件保護マットを受注先に納入できなくなった損害は，生産物特約条項2条による免責の対象とはならない，と主張した。

　これに対し，Y社は，X社とZ社との間における契約の実質は製造物供給契約であるから，本件保護マットを受注先に納入できなくなった損害は，あくまで本件保護マット自体の損害であり，本件保護マットは生産物特約条項2条所定の「生産物」に該当すると主張した。また，仮にX社とZ社との間における契約が請負契約だとしても，本件保護マットは，「仕事の目的物」に該当するとして，本件事故による本件保護マット自体の損害は，生産物又は仕事の目的物たる本件保護マットそれ自体の損壊によるものであり，いずれによっても，保険金の支払を免れると主張したものである。

　**2**　本件においては，さらに，Z社の受注先が被った輝度上昇レンズの損傷に係る損害について，普通保険約款に，被保険者と他人との間に損害賠償に関する特別の約定がある場合において，その約定によって加重された賠償責任を負担することによる被保険者の損害は填補しない旨の規定があるところ，X社とZ社との間の契約においては，欠陥品の補償に関する特約が定められていた。そこで，Y社は，本件保護マットを発注先に納入できなくなったことによる損害金は上記特約に基づき加重された賠償責任である，また，X社において法律上負担すべき適正な損害賠償責任の立証がないのであるから，結局，一切の保険金支払義務を負わないと主張した（争点②）。

3　原審（大阪地判平成21年3月26日判時2070号146頁）は，X社とZ社との間の契約を請負契約と認定した上で，本件事故による本件保護マットそれ自体に係る損害は，生産物特約条項2条「仕事の瑕疵に基づく仕事の目的物の損壊それ自体の賠償責任を負担することによって被保険者が被る損害」に該当することから，Y社は，保険金の支払義務を免れると判断した。また，Z社の受注先において輝度上昇レンズの損傷が生じたことによる損害についてのX社のZ社に対する支払は，X社とZ社との間における契約の特約に基づくものではなく，法律上の賠償責任の履行としてなされたものであるとして，Y社の主張を排斥した。これに対し，X社が控訴を行ったのが本件である。

■ **判決要旨**

1　本判決は，争点①に関し，X社とZ社との間における契約は，X社がZ社から供給された光拡散フィルムの片面上に塗料によるコーティングを施すという加工作業を目的としており，その法的性質は請負契約であると明示した上で，「本件事故は，上記加工作業中にドクター刃の金属片が同コーティング部分に混入したというものであるから，上記生産物特約2条にいう『仕事の瑕疵』に該当することは明らかである」と判断した。そして，生産物特約2条にいう「『仕事の目的物』とは，仕事の内容が加工作業の場合においては，当該加工作業の対象とする物を指す」と定義を明らかにし，Z社から供給された光拡散フィルムに塗料によるコーティングを施された本件保護マット（光拡散フィルム全体）をもって，本件におけるX社の仕事の目的物というべきであると判断した。その上で，X社は，Z社が本件保護マットを受注先に納入できなくなったことによる損害6390万1385円を支払ったものであるが，「当該損害は，あくまで本件保護マット自体の損害であり，生産物特約条項2条に該当する」ことから，Y社は免責されると判示した。

2　また，争点②に関し，Z社の受注先において輝度上昇レンズの損傷が生じたことによる損害215万2753円のX社による補償は，X社とZ社の間における欠陥品の補償に関する特約に基づいて支払われたものではなく，法律上の賠償責任の履行としてなされたものであり，保険契約の塡補の対象となると判断した。

# 解　説

## 1　生産物賠償責任保険の概要
### (1)　生産物賠償責任保険の概要

　賠償責任保険には，①生産物賠償責任保険のような企業向けの賠償責任保険，②医師賠償責任保険や弁護士賠償責任保険のような専門職業を対象とした賠償責任保険，③ゴルファー保険のような個人を対象とした賠償責任保険がある。生産物賠償責任保険は①に分類され，事業活動において生じる賠償責任事故のうち，製造又は販売された商品や提供された仕事・サービスの結果に起因する損害を担保する保険である。

　その約款は，各種の賠償責任保険に共通して適用される賠償責任保険普通保険約款に，各種の特約を付帯する構成が取られるのが一般的である。

　本件においても生産物特約が付帯され，普通約款と当該特約が相まって，生産物賠償責任保険が構成されていた。

### (2)　生産物賠償責任保険の対象

　生産物賠償責任保険の対象は，生産物又は仕事である。すなわち，被保険者が製造又は販売した財物によって発生した事故や，被保険者が行った仕事により仕事の終了後に発生した事故によって生じた損害について，被保険者の賠償責任を担保する役割を果たす。

　各保険契約における対象物については，保険約款において「被保険者が製造，加工，販売もしくは輸入した保険証券記載の製品」と一般規定が置かれた上，保険証券に具体的な記載が為されるのが通常である。製造物責任法上の動産は当然のことながら，設計・ノウハウ等サービスも対象とすることができる。

　そして，保険の対象となる製品に起因して，他人の生命若しくは身体を害し，又はその財物を滅失，毀損若しくは汚損した場合において，製品の生産者又は販売者等の製品の提供者が被害者等に対して法律上の賠償責任を負担することによって生じる損害が担保の対象となる。

　法律上の賠償責任には，製造物責任法上の責任はもとより，民法上の不法行為責任や債務不履行責任も含まれる。

## 2　生産物賠償責任保険の免責事由
### (1)　生産物賠償責任保険の免責事由
　生産物賠償責任保険の対象となる事故が発生した場合であっても，直ちに保険金支払の対象となるわけではない。被保険者の故意により発生させた損害等が普通保険約款で免責とされていることに加え，生産物又は仕事の瑕疵に基づく，生産物又は仕事の目的物そのものの損害については被保険者が負担すべき損害であるとして，免責事由が定められている。これは，生産物や仕事の目的物そのもの自体の損害は，これらに起因して発生する損害と比較して発生頻度が高いため区別する必要があること，生産物や仕事の目的物そのものについては，被保険者の技術力等被保険者の性質に依拠する部分が多く，均質なリスクを有する集団を前提とし，保険料率を定める保険にはなじみにくいことに起因する。

### (2)　本件における生産物特約条項2条について
　本件では生産物特約条項2条において，「生産物又は仕事の瑕疵に基づく生産物又は仕事の目的物の損壊それ自体の賠償責任を負担することによって被保険者が被る損害を塡補しない」と定めているところ，当該生産物特約条項により，保険会社の賠償責任が免責されるかが主要な争点となった（争点①）。本件保護マットを「仕事の目的物」と解釈すると賠償責任の免責の対象となるが，Xが行うべき仕事を本件保護マットの製造過程の一部である光拡散フィルムのコーティング加工のみととらえれば，本件保護マットは「仕事の目的物」に該当しないことになり，Y社は免責されないことになる。
　この点，「仕事の目的物」とは仕事の内容が加工作業の場合においては，当該加工作業の対象とする物と解すべきところ，「仕事の目的物」に該当するか否かは，①保険契約における保険証券に記載された「生産物又は仕事」の内容，②当該加工作業を実施することによる製品の物理的・機能的変化，③当該作業により完成する製品の機能に鑑みて，総合的に判断されるべきである。
　本件においては，①保険証券に記載された「生産物又は仕事」は「表面保護フィルムマット等製造」とされており，X社とY社の間において，「仕事の目的物」を光拡散フィルムのコーティング加工に限定した事情はなかっ

た。また、②本件保護マットは光拡散フィルムのコーティング加工を施すことによって初めて表面保護マットとしての機能を有することから、光拡散フィルムと本件保護マットは物理的・機能的にも一体性を有している。さらに、③本件保護マットは光拡散フィルムがコーティング加工されることにより、全体として一つの液晶パネルの部品になるものである。このような事情からすれば、光拡散フィルムのコーティング加工のみが本件保護マットの製造から独立した加工作業の対象物とはいえない。

かかる判断は、加工作業の内容、加工作業により完成する製品の機能、及び保険証券記載の「生産物又は仕事」に沿って「仕事の目的物」を解釈するものであり、実態に即した判断が為されているものと言えよう。

(3) **本件における生産物特約条項４条２項について**

Ｙ社は、Ｚ社の受注先が被った輝度上昇レンズの損傷に係る損害については、Ｘ社がＺ社に対し、欠陥品の補償に関する契約上の特約９条に基づいて支払ったものであり、生産物特約条項４条２項に定める「法律上の賠償責任を負担することによって被保険者が被る損害」に該当しない、と主張していたが、本判決はかかる主張を排斥し、少なくともＺ社の受注先において輝度上昇レンズの損傷が生じたことによる損害賠償は、契約上の特約９条に基づく賠償ではなく、法律上の賠償責任の履行としてなされたものであると判断した。

この点、法律上の賠償責任と契約上の賠償責任は必ずしも明確に区別できるものではなく、契約に当たって法律上の賠償責任を確認的に規定することは実務上珍しいことはではない。また、生産物特約は、契約上の特約があることを以って直ちに法律上の賠償責任性を否定するものではない。

本件においても、本件保護マットの欠陥によって輝度上昇レンズが損傷したというのであるから、かかる損害の賠償はまさしく本件保護マットに起因する賠償責任の履行であり、本判決の判断は妥当なものであろう。

【川原奈緒子】

## 第2　時　効

### 1　除斥期間

〔52〕神戸地尼崎支判平成24年5月10日（平成21年（ワ）第1968号）
判例時報2165号123頁

☞　**概　　要**

■ 問題点

1　製造物責任と除斥期間
2　法5条1項後段規定の「引き渡した時」の意義

## 判決の内容

■ 事案の概要

1　X社はA社及びB社との間で，排ガス・排液処理装置の設計合意をし，同社らからその仕様書を受領した。Y社は，A社との間で，前記仕様書及びY社作成の見積仕様書等に基づいて排ガス・排液処理装置の一部である沈降槽（以下，「本件沈降層」という。）の他，同種の沈降槽2機等を製造する旨の契約を締結した。

2　Y社は，平成10年9月30日，本件沈降槽をX社の工場に搬入し，同所において，A社に対して引き渡した。本件沈降槽の設置は，A社及びB社が行ったものである。

3　X社は，平成11年10月31日，A社及びB社から本件沈降槽を含む排ガス・排液処理装置の引渡しを受け，検収確認を行った。

4　その後，本件沈降槽は稼動を続けていたところ，平成20年7月16日，

断裂を生じ，酸性液が約60トン流出したため（以下，「本件事故」という。），X社は3か月半に渡り，工場の操業を停止した。

5　X社は，平成21年になって，本件沈降槽の破損は，同沈降槽の製造を担当したY社の施工の欠陥に基づくものであると主張して，Y社に対し，法2条2項，3条及び民法709条に基づく損害賠償請求を行ったものである。

6　これに対し，Y社は，Y社がA社に対し本件沈降槽を引き渡した平成10年9月30日から既に10年以上経過していることから，本件沈降槽に関する製造物責任法上の損害賠償請求権は既に消滅しているとして，製造物責任法における除斥期間の経過を主張した。

■ **判決要旨**

1　本判決は，まず法5条1項後段の性質について，「『その製造業者等が当該製造物を引き渡したときから10年を経過したとき』に損害賠償請求権が消滅するものとして，除斥期間を規定していると解される（民法724条後段参照）。」と明示した。

そして，本件において，「Y社は，平成10年9月30日，注文主であるA社」に対して「本件沈降槽を引き渡していると認められることから，かかる時点が，Y社において本件沈降槽を『引渡したとき』（法5条1項後段）にあたるものと認められ」，その結果，「平成20年9月30日の経過により，その損害賠償請求権は消滅している」と結論づけた。

なお，X社は，X社が本件沈降槽を含む排ガス・排液処理装置の引渡しを受けた平成11年10月31日を除斥期間の起算点とすべきであると主張したが，これは，飽くまで，X社が，A社らから，排ガス・排液処理装置全体の引渡しを受けた時点にすぎず，その他の事情を勘案しても，除斥期間の起算点を遅らせる合理的理由はないと判示した。

2　また，本件沈降層の欠陥についても付言し，Y社による設計段階において，本件沈降槽の「破損に繋がる欠陥が存在したことを認めるに足る証拠はない」などとし，X社の主張を排斥した。

# 解　説

## 1　製造物責任と除斥期間

(1)　法5条は，製造物責任法に基づく損害賠償請求権の期間制限を規定している。すなわち，法5条1項前段においては，製造物の欠陥により他人の生命，身体又は財産が侵害された場合において，「被害者又はその法定代理人が損害及び賠償義務者を知った時から3年間」，損害賠償請求権を行使しないときは，法に基づく損害賠償請求権は「時効によって消滅する」と規定する。かかる規定は，「損害及び損害賠償義務者（加害者）を知った時から」3年が経過することを以って，時効により損害賠償請求権が消滅する，と規定する点で民法724条前段に基づく不法行為責任と同様の規定である。

(2)　一方，法5条1項前段の規定のみによった場合には，被害者又はその法定代理人が損害及び加害者を認識しない限り，期間の制限なく製造物責任の追及が可能になり，法律関係が不安定な状況が永続することになる。これを防止するため，同項後段は，「製造業者等が当該製造物を引き渡した時から10年を経過したとき」にも，損害賠償請求権が消滅すると規定した。期間の長さと起算点について差異は認められるが，民法724条後段の規定と同趣旨の規定であり，民法724条後段に関する解釈が妥当する。

なお，製造業者等が製造物を引き渡した時から10年を超えた場合には，民法の定める過失責任に基づく不法行為責任を追及するほかない。

(3)　法5条1項後段が規定する10年の期間には，その法的性質について，消滅時効期間説と除斥期間説の争いがある。除斥期間であるとすれば，加害者側からの援用行為が不要であり，時効の中断も認められないことになる。民法724条後段に規定する20年の期間の趣旨についても同様の争いがあり，当初は消滅時効説が有力であったが，後に除斥期間説が通説となった。最高裁も，かかる期間について除斥期間であると判示した（最判平成元年12月21日民集43巻12号2209頁，判時1379号76頁，判タ753号84頁）。

(4)　法5条1項後段は，同条が民法724条と同様の形式で制定されていることや立法の経緯からして，民法724条後段に規定する期間と異なる性質の期間を定めたものとは考え難い。よって，法5条1項後段の規定が除斥期間

を定めたと解するのが妥当であり，同様の見解が通説となっている。

本判決においても，「製造物責任法5条1項後段は，『その製造業者等が当該製造物を引き渡したときから10年を経過したとき』に損害賠償請求権が消滅するものとして，除斥期間を規定していると解される（民法724条後段参照）。」と，同項後段の期間を除斥期間であると明示した上，Y社が当該製造物を引き渡してから10年が経過した時点において，その損害賠償請求権は消滅していると判示し，通説的見解に立脚することを明らかにした。

### 2 法5条1項後段規定の「引き渡した時」の意義

(1) 法5条1項後段は，製造業者等が当該製造物を「引き渡した時から10年を経過したとき」に，損害賠償請求権が消滅すると規定する。

本件には，製造業者Y社が本件沈降槽を引き渡した相手方は被害者のX社ではなく，Y社の契約の直接の相手方A社であったという特徴がある。すなわち，被害者であるX社に対する引渡しは，製造業者Y社ではなく，A社が行っていたものであった。そして，Y社からA社への引渡しとA社からY社への引渡しの間には，1年1か月の時間の経過があった。

そのため，本件訴訟提起時において，Y社からA社への引渡しを基準にした場合には法5条1項後段に規定する除斥期間10年が経過していたが，A社からX社に対する引渡しを基準とした場合には除斥期間が経過する以前であったため，「当該製造物を引き渡した時」の意義が争点となったものである。

(2) 法5条1項後段の期間の起算点については，立法過程において様々な検討が為されたが，製造物引渡しの時点が製造業者等が製造物に関与する最終時点であることや諸外国の立法例から，明確な起算点として「引き渡した時」が起算点であると規定された。「引き渡した」とは，法3条規定の「引き渡した」と同義であり，自らの意思に基づいて占有を移転させることを示す。より具体的には，製造業者等が製品を販売業者に引き渡した時，あるいは直接消費者に引き渡した時等，製造業者等が製品を流通に置いた時を指す。

(3) さて，本件沈降槽について，X社は，X社の工場に本件沈降槽を含む排ガス・排液処理装置の引渡しを受けたのは平成11年10月31日であること

から、かかる時点が法5条1項後段規定の「引き渡した時」であると主張した。

しかし、Y社が請け負っていたのは、A社がX社から注文を受けた排ガス・排液処理装置の一部である本件沈降槽の製造であり、その発注元はX社ではなく、A社であった。また、A社とY社との間における本件沈降槽の引渡しは車上引渡しの方法によることが合意されていたものであり、Y社は、かかる合意に従い、A社に対して本件沈降槽の引渡しを完了していたものであった。

よって、本判決は、Y社の製造物責任に関し、Y社のA社に対する引渡しを以って、法5条1項後段に基づく引渡しと認定した。そして、本件訴訟提起時においては、既に当該時点より10年間が経過していたことから、その損害賠償請求権は消滅していると判断したものである。本判決は、「引渡し」に関して直接的に判断を行った初めての事例でもあった。

(4) 仮に、X社の主張に従い、A社からX社からの引渡時点を期間の起算点とした場合には、Y社が負担する製造物責任の期間は、第三者の行為により延長されることになる。すなわち、Y社はA社に対して当然に製造物責任を負っているところ、A社が第三者に対し、製造物を引き渡した時点からY社が当該第三者に対しても製造物責任を負うとすれば、結果的にY社の負担する製造物責任の期間は容易に延長することができることになり、製造業者に過度の負担を強いることになる。

元請業者と下請業者の関係に照らしてみれば、元請業者の完成品の引渡時期を下請業者は決定できない一方で、元請業者から発注者への完成品の引渡時期を除斥期間の起算点とすれば、下請業者の製造物責任は長期間継続することになり、下請業者に過度の負担を強いることになる。

さらに、一般に転々流通する製造物には複数の引渡しが観念されるところ、後発する引渡しにより除斥期間の起算点が変更されるとすれば、除斥期間の明確性を欠くことになりかねない。

この意味において、本判決の判断は、極めて妥当な判断であると解する。

【川原奈緒子】

# 第2 時　効

## 2 消滅時効の起算点

〔53〕名古屋地判平成16年4月9日（平成14年（ワ）第2803号）
判例時報1869号61頁，判例タイムズ1168号280頁

☞ **概　　要**

■ 問題点

1　製造物責任法における医薬品の欠陥判断基準
2　後遺障害に基づく損害賠償請求権の消滅時効の起算点

## 判決の内容

■ 事案の概要

1　主婦であるXは，平成7年7月から平成9年6月まで，冷え性治療のため，医師の処方により，Y社が輸入した医薬用漢方薬「天津当帰四逆加呉茱萸生姜湯エキス顆粒「KM」医薬用（KM-38）」（以下，「KM」という。）を服用していたところ，平成8年末頃から口の渇き等を感じるようになり，平成9年11月頃からは嘔吐の症状が現れた。同年12月，Xは腎障害の診断を受け投薬治療を続けたが，腎障害は進行し，平成12年11月15日には，血液透析が必要な状態に至った。

本件は，XがKMの輸入業者であるY社に対し，KMを服用したことにより腎不全に罹患したとして，法3条本文に基づき，損害賠償を請求した事案である。

2　本件においては，①KMの製造物責任法上の欠陥の有無，及び②製

造物責任法上の損賠賠償請求権の消滅時効の成否が争点となった。

3　Xは，①につき，最先端の医薬品のように，高度の有効性のために相当の危険性があってもそれを社会的に許容しなければならない場合があるとし，欠陥の有無の判断には副作用だけでなく，薬効も考慮に入れる必要があると主張する一方，薬効が重要なものではなく，又は代替性があるのに対し，重篤な副作用がある場合にはやはり欠陥があると指摘した。そして，KMにはしもやけ，頭痛等に効能があるとされるが，このような症状の対処薬は他にも多数存在していることから，重篤な腎機能障害を甘受してまで使用する必要はなく，KMには冷え性の薬としての服用を予定されたものが，腎不全という通常許されるべき範囲を遥かに超えた結果を生じさせた欠陥があると主張した。

また，医薬品の場合には，副作用の存在等が十分に認識・理解される必要があり，少なくとも，その医薬品を投薬する医師がこれを明確に認識・理解できるように表示をすべきところ，KMに含まれるアリストロキア酸が腎機能に障害を与えることにつき，医師が入手できる添付文書にはその記載等がなかったことから，副作用の出現を警告しなかった欠陥があると主張した。

4　これに対し，Y社は，①を争うと共に，②につき，XのY社に対する損害賠償請求権は時効消滅していると主張した。

■　**判決要旨**

1　本判決は，争点①につき，「製造物責任法2条は，『欠陥』とは『当該製造物の特性，その通常予見される使用形態，その製造業者等が当該製造物を引き渡した時期その他の当該製造物に係る事情を考慮して，当該製造物が通常有すべき安全性を欠いていることをいう』と定めている」と明示した上で，「KMのような医薬品は，一定の効能がある反面，ある程度の副作用は避けられないという性質を有していることから，輸入された医薬品が『欠陥』を有するかどうかは，当該医薬品の効能，通常予見される処方によって使用した場合に生じ得る副作用の内容及び程度，副作用の表示及び警告の有無，他の安全な医薬品による代替性の有無並びに当該医薬品を引渡した時期における薬学上の水準等の諸般の事情を総合考慮して判断するのが相当であ

る」と，医薬品に関する「欠陥」の判断基準を示した。

　そして，これをKMにおいて検討し，「KMの効能が，手足のしびれを感じ，下肢が冷えると下肢又は下腹部が痛くなりやすい者のしもやけ，頭痛，下腹部痛及び腰痛を改善することであるのに対し，長期間服用することによる副作用は腎障害であることから，効能と副作用を比較する限り，効能に比し副作用の重篤さは顕著であるというべきであり，平成6年1月の時点で，アリストロキア酸を漢方薬として使用した場合にも腎障害が発症することを知り得たにもかかわらず，KMには副作用として腎障害があることが表示されていない上，上記KMの効能は，アリストロキア酸を含まない『木通』を成分とした当帰四逆加呉茱萸生姜湯によって容易に代替できることが認められる」として，Y社の主張を退け，KMに欠陥があると判断した。

　**2**　そして，争点②につき，「製造物責任法が，『被害者が…損害及び賠償義務者を知った』場合に短期消滅時効を認めたのは，被害者が事実上損害賠償請求権の行使が可能な程度の認識を有するに至ったからにほかならないのであって，被害者が事実上損害賠償請求権を行使するには，抽象的に後遺障害が生じる可能性を認識するだけでは足りず，損害の範囲を確定し，損害額を概算できる程度に，後遺障害の内容及び程度を具体的に把握する必要がある」ことを根拠として，「腎機能障害の発症後，回復に向けて治療を継続するも，日々刻々と症状が進行し，一定の後遺障害を残す形で症状が固定した場合，『被害者が…損害…を知った』というためには，被害者が，治癒することのできない残存症状を後遺障害として認識し，後遺障害による損害の範囲及び損害額を把握しうる程度の事実を認識することが必要である」と後遺障害に基づく損害賠償請求権の消滅時効の起算点の判断基準を示した。

　そして，Y社の主張する消滅時効起算点のうち，最も遅い時点でさえ，Xの症状は未だ固定していないばかりか，Xが同時点以降に医薬品機構に対して請求した障害年金支給請求が，Xの障害の程度では政令で定める障害等級に該当しないという理由で不支給とされており，Xが「損害…を知った」ということはできないとして，Y社の後遺障害に基づく逸失利益及び慰謝料については，Y社の消滅時効の抗弁を排斥した。一方，Xの損害のうち，治療費の立替分については，Xは，医薬品機構から，平成11年3月19日付で，

「医薬品の副作用による疾病」を「間質性腎炎」,「副作用の原因と考えられる又は推定される医薬品」を「KM」であるとして医療費等の支給決定を受けていることから,遅くともこの時点において,「損害及び賠償義務者を知った」と認められる,として同日から3年を経過した時点で,損害賠償請求権は時効消滅しているとして,被告の消滅時効の抗弁を認めた。

## 解　説

### 1　製造物責任法における医薬品の欠陥判断基準

(1)　医薬品は疾病を治療する効果があるが，本質的に副作用のない医薬品は存在しない。明らかに強い副作用が存在する場合でも，効果が顕著な医薬品や治療の代替方法がない場合における医薬品には有用性が認められている。かかる医薬品の特殊性に鑑み，国生審（国民生活審議会）報告でも，医薬品の欠陥の判断基準について，以下のとおり指摘が為されている。

「製品によっては，極めて高い有用性のために高い危険性を社会的に許容しなければならないものがある。このような製品は，その危険性が有用性を上回る場合に限り欠陥があると判断されることが必要である。その代表例は医薬品であるが，当該医薬品に副作用があることのみをもって直ちに欠陥があるというのは適当ではない。副作用による有害性の程度が，その医薬品の有用性を考慮してもなお許容されない場合に，当該医薬品に欠陥が存在すると解すべきである。」

また，中央薬事審議会製造物責任制度等特別部会報告（平成5年11月15日）においては，医薬品の欠陥判断に当たって，「流通に置かれた時点で既に知られていた医薬品の副作用については，医師，歯科医師，薬剤師等に対する指示・警告が適切になされていれば，欠陥に該当しないものと解される」とされ，既知の副作用に関しては，指示・警告が適切に為されることを以って，「欠陥」に該当しないとの見解を明らかにしている。

(2)　さて，製造物責任法上の欠陥については，設計上の欠陥，製造上の欠陥，表示上の欠陥の概念に分類されるところ，医薬品の場合には，設計上の欠陥及び表示上の欠陥が問題になることが多い。本判決においては，これらの概念について直接触れることなく，医薬品についての欠陥判断基準を示した上で，欠陥該当性を判断した。

すなわち，本判決は，製造物責任法上の欠陥の存否の判断基準について，①当該医薬品の効能，②通常予見される処方によって使用した場合に生じ得る副作用の内容及び程度，③副作用の表示及び警告の有無，④他の安全な医薬品による代替性の有無，⑤当該医薬品を引き渡した時期における薬学上の

水準等の諸般の事情を総合考慮して判断する，と示したのである。
　そして，本件においては，KM は冷え症の者の頭痛等に効能があるものであるが（基準①），KM はアリストロキア酸を含有する漢方薬であるところ，長期間，これを継続的に処方することは通常予見される処方であり，KM を通常予見される処方によって使用した場合に生じ得る副作用として，腎障害が認められるとした（基準②）。そして，KM の添付文書には，副作用として腎障害があることの表示及び警告がないことが認められ（基準③），また，KM と同様の漢方薬でアリストロキア酸を含まない木通を使用した漢方薬が多数存在しており，腎毒性を有するアリストロキア酸を含まない木通を使用した同様の漢方薬をもって KM に代替することは容易に可能であったし（基準④），既に平成6年1月の段階で，アリストロキア酸を含む漢方薬の服用によって腎障害を来した症例を知ることは可能であった（基準⑤）として，KM には，製造物責任法上の欠陥があったと判断した。
　(3) 本判決は，医薬品の欠陥の認定につき，法2条2項の規定に従って医薬品における欠陥の判断基準を示し，これに沿って諸般の事情を総合考慮の上，欠陥を認めたものである。本件は，医薬品について製造物責任法上の欠陥を初めて認めた事例であり，今後の判断に対する役割は大きいものであろう。
　もっとも，欠陥を認定するに当たり，諸般の事情を総合考慮する方法を厳格に行うと，不法行為における過失認定に近づくことになり，製造物責任を無過失責任とした法の趣旨を没却する恐れがある（木村久也「漢方薬の副作用と製造物責任」NBL795号10頁）。本件においては，当該医薬品の引渡時期における薬学上の水準に関し，製造業者等が副作用の症例報告を知ることができたという事実を認定しているが，症例報告が無ければ欠陥も認められない，というのであれば，製造物責任は過失責任ということになりかねないであろう。

## 2　後遺障害に基づく損害賠償請求権の消滅時効の起算点
　(1) 後遺障害による損害賠償請求権の起算点について，製造物責任法は，「損害及び損害賠償義務者を知った時から」3年間，製造物責任法に基づく損害賠償請求権を行使しないときは，その請求権は時効により消滅すると規

定する（法5条1項前段）。当該規定は，文言に差異はあるものの，不法行為責任の消滅時効を定めた民法724条前段と同様の規定であり，短期の消滅時効を規定したものである。

消滅時効の起算点となる「損害及び賠償義務者を知った時」とは，「単に加害行為により損害が発生したことを知っただけではなく，その加害行為が不法行為を構成することをも知った時」を意味する（最判昭和42年11月30日裁判集民89号279頁）。

そして，「損害を知った」とは単に損害の発生を知ることのみでは足りず，「製造物の欠陥により損害が発生したことを知る」ことが必要になる。「損害賠償義務者を知った」とは，不法行為における損害賠償責任について，「『加害者ヲ知リタル時』とは，……加害者に対する賠償請求が事実上可能な状況のもとに，その可能な程度にこれを知つた時を意味するものと解するのが相当」であると判断されていることからすれば（最判昭和48年11月16日民集27巻10号1374頁），製造物責任法においては，「特定の製造業者等に対する賠償請求が事実上可能な状況のものに，請求することができることを認識したこと」まで必要になると解される。

(2) では，後遺障害に基づく損害賠償請求権の消滅時効は，いつから進行するのであろうか。学説においては，客観的に症状が固定した時とする見解，後遺症について症状固定の診断がなされた時とする見解，被害者が後遺症による損害発生及び当該不法行為とその損害との間の因果関係の存在を知った時とする見解等がある。

裁判例は，後遺障害について「損害を知った」とは，「当該不法行為によって受傷し，その部位と程度に照らすと，具体的な後遺障害の等級は別として，後遺障害の発生を一応一般的，抽象的に予見することができるものの，引き続き治療を継続し，その後治癒せずに後遺障害が残存し，症状が固定した場合には，治癒しない症状の残存とその内容・程度が明らかになり，一般通常人において，残存する症状を後遺障害として認識，把握しうべき程度に至った時，又は社会通念上，後遺障害による損害及び損害額を算定し得る程度に病状が固定した時」（仙台高判平成10年8月5日判時1678号91頁）として，一般に症状固定時に立脚しており，多数説も同様である。後遺症の症状が固定

するまでは，後遺症により見込まれる治療費や労働力喪失率が確定できず，損害賠償請求権の行使を期待できないからである。

　本判決においても，「腎機能障害の発症後，回復に向けて治療を継続するも，日々刻々と症状が進行し，一定の後遺障害を残す形で症状が固定した場合，『被害者が…損害…を知った』というためには，被害者が，治癒することのできない残存症状を後遺障害として認識し，後遺障害による損害の範囲及び損害額を把握しうる程度の事実を認識することが必要であると解すべき」として，損害の範囲及び損害額の算定が可能な時期を起算点として認定しており，不法行為における後遺障害の起算点の考え方を踏襲しているといえる。

　(3)　一方，本判決は，後遺障害が固定する以前に発生した治療費については，後遺障害に基づく損害賠償請求権とは別に消滅時効が進行すると判断し，本件においては消滅時効が完成していると判断した。

　しかし，後遺障害に起因する賠償責任は一体として捉えられるものであり，症状固定以前に発生した治療費であったとしても，後遺障害による損害賠償責任に何ら変わりはないのであるから，消滅時効の起算点を違えることは妥当でないと考える。

　本件における治療費の消滅時効についても，症状固定時と考えることが妥当であったといえよう。

【川原奈緒子】

# 資　　　料

## 民間 PL センター一覧（民間の製品分野別裁判外紛争処理機関の連絡先）

| 機関名 | 所在地・電話番号・受付時間<br>（土・日・祝日を除く） | 対象品目 |
|---|---|---|
| 医薬品 PL センター | 〒103-0023<br>東京都中央区日本橋本町3-4-18<br>昭和薬貿ビル5階<br>フリーダイヤル：0120-876-532（9:30～16:30） | 医薬品<br>（医薬部外品を含む） |
| 化学製品 PL 相談センター | 〒104-0033<br>東京都中央区新川1-4-1<br>住友六甲ビル7階<br>フリーダイヤル：0120-886-931（9:30～16:00） | 化学製品<br>（食品は除く。医薬品、化粧品、塗料、建材は別に該当する機関がある） |
| ガス石油機器 PL センター | 〒101-0046<br>東京都千代田区神田多町2-11<br>ガス石油機器会館1階<br>フリーダイヤル：0120-335-500（10:00～16:00） | ガス・石油機器 |
| 家電製品 PL センター | 〒105-8472<br>東京都港区愛宕1-1-11<br>虎ノ門八束ビル3階<br>フリーダイヤル：0120-551-110（9:30～16:30） | 家電製品 |
| （公財）自動車製造物責任相談センター | 〒105-0001<br>東京都港区虎ノ門1-19-5<br>虎ノ門1丁目森ビル3階<br>フリーダイヤル：0120-028-222（9:30～17:00）<br>（12:00～13:00を除く） | 自動車（二輪自動車、部品用品も含む） |
| 住宅部品 PL 室 | 〒102-0073<br>東京都千代田区九段北4-1-7<br>九段センタービル3階 （公財）住宅リフォーム・紛争処理支援センター内<br>ナビダイヤル0570-016-100（10:00～17:00） | 相談は「住宅紛争処理支援センター」（電話：0570-016-100）<br>住宅部品のあっせん・調停（ドア、キッチンシステム、浴室ユニット、サッシ、建材等） |
| 消費生活用製品 PL センター | 〒110-0012<br>東京都台東区竜泉2-20-2ミサワホームズ三ノ輪2階 製品安全協会内<br>フリーダイヤル：0120-11-5457（10:00～16:00）<br>（12:00～13:00を除く） | 消費生活用製品<br>（乳幼児用品、家具・家庭・厨房用品、スポーツ・レジャー用品、高齢者用品、自転車、喫煙具等） |
| 生活用品 PL センター | 〒103-0013<br>東京都中央区日本橋人形町2-15-2 松島ビル4階 （財）生活用品振興センター内<br>フリーダイヤル：0120-090-671（10:00～16:00・水曜日のみ） | 家具、硝子製品、食卓・台所製品、プラスチック製品、文房具、玩具、釣具、運動具、装身具、靴、楽器等 |

| | | |
|---|---|---|
| 日本化粧品工業連合会 PL 相談室 | 〒105-0001<br>東京都港区虎ノ門5-1-5<br>虎ノ門45 MT ビル6階<br>東日本：03-5472-2532（9:00～17:00）<br>西日本：06-6941-6996（9:00～17:00）<br>中日本：052-971-1476（9:00～17:00） | 化粧品<br>(薬用化粧品、育毛剤、除毛剤、てんか粉剤、脇臭防止剤などの医薬部外品を含む) |
| 防災製品 PL センター | 〒105-0001<br>東京都港区虎ノ門2-9-16<br>日本消防会館7階　（財）日本消防設備安全センター内<br>フリーダイヤル：0120-553-119（9:30～17:30）<br>(12:00～13:00を除く) | 防災製品<br>(消火器、スプリンクラー設備、自動火災報知設備等の消防用設備・機器、防災物品・製品、消防用服装装備品、危険物容器、ガソリン計量機等) |
| プレジャーボート製品相談室 | 〒104-0061<br>東京都中央区銀座2-5-1<br>浅野ビル6階　（社）日本舟艇工業会内<br>フリーダイヤル：0120-356-441（10:00～17:00）<br>(12:00～13:00を除く) | プレジャーボート及びその関連製品<br>(モーターボート、ヨット、パーソナルウォータークラフト、船外機（機関）、航海機器、ディーゼルエンジン（機関）) |
| 玩具 PL センター | 〒130-8611<br>東京都墨田区東駒形4-22-4<br>（社）日本玩具協会内<br>フリーダイヤル：0120-152-117（9:00～17:00）<br>(12:00～13:00を除く) | 玩具 |
| 日本塗料工業会 PL 相談室 | 〒150-0013<br>東京都渋谷区恵比寿3-12-8<br>東京塗料会館1階<br>（社）日本塗料工業会内<br>03-3443-2074（9:00～17:00） | 塗料 |
| 建材・住宅設備 PL 相談室 | 〒103-0007<br>東京都中央区日本橋浜町2-17-8<br>KDX 浜長ビル<br>（社）日本建材・住宅設備産業協会内<br>03-5640-0902（10:00～17:00）<br>(11:45～12:45を除く) | 建材・住宅設備機器 |

消費者庁 HP より

# 製造物責任法

(平成6年7月1日法律第85号)

**(目的)**
**第1条** この法律は，製造物の欠陥により人の生命，身体又は財産に係る被害が生じた場合における製造業者等の損害賠償の責任について定めることにより，被害者の保護を図り，もって国民生活の安定向上と国民経済の健全な発展に寄与することを目的とする。

**(定義)**
**第2条** この法律において「製造物」とは，製造又は加工された動産をいう。
2 この法律において「欠陥」とは，当該製造物の特性，その通常予見される使用形態，その製造業者等が当該製造物を引き渡した時期その他の当該製造物に係る事情を考慮して，当該製造物が通常有すべき安全性を欠いていることをいう。
3 この法律において「製造業者等」とは，次のいずれかに該当する者をいう。
   一 当該製造物を業として製造，加工又は輸入した者(以下単に「製造業者」という。)
   二 自ら当該製造物の製造業者として当該製造物にその氏名，商号，商標その他の表示(以下「氏名等の表示」という。)をした者又は当該製造物にその製造業者と誤認させるような氏名等の表示をした者
   三 前号に掲げる者のほか，当該製造物の製造，加工，輸入又は販売に係る形態その他の事情からみて，当該製造物にその実質的な製造業者と認めることができる氏名等の表示をした者

**(製造物責任)**
**第3条** 製造業者等は，その製造，加工，輸入又は前条第3項第2号若しくは第3号の氏名等の表示をした製造物であって，その引き渡したものの欠陥により他人の生命，身体又は財産を侵害したときは，これによって生じた損害を賠償する責めに任ずる。ただし，その損害が当該製造物についてのみ生じたときは，この限りでない。

**(免責事由)**
**第4条** 前条の場合において，製造業者等は，次の各号に掲げる事項を証明したときは，同条に規定する賠償の責めに任じない。
   一 当該製造物をその製造業者等が引き渡した時における科学又は技術に関する知見によっては，当該製造物にその欠陥があることを認識することができなかったこと。
   二 当該製造物が他の製造物の部品又は原材料として使用された場合において，その欠陥が専ら当該他の製造物の製造業者が行った設計に関する指示に従ったことにより生じ，かつ，その欠陥が生じたことにつき過失がないこと。

**(期間の制限)**
**第5条** 第3条に規定する損害賠償の請求権は，被害者又はその法定代理人が損害及び賠償義務者を知った時から3年間行わないときは，時効によって消滅する。その製造業者

等が当該製造物を引き渡した時から10年を経過したときも，同様とする。
2　前項後段の期間は，身体に蓄積した場合に人の健康を害することとなる物質による損害又は一定の潜伏期間が経過した後に症状が現れる損害については，その損害が生じた時から起算する。
**（民法の適用）**
**第6条**　製造物の欠陥による製造業者等の損害賠償の責任については，この法律の規定によるほか，民法（明治29年法律第89号）の規定による。

　　附　則　抄

**（施行期日等）**
1　この法律は，公布の日から起算して1年を経過した日から施行し，その法律の施行後にその製造業者等が引き渡した製造物について適用する。

## 製造物責任法案に対する附帯決議

［衆議院商工委員会］
［平成6年6月15日］

　政府は，本法施行に当たり，製造物の欠陥による被害の防止と円滑な救済等を図るため，次の諸点について適切な措置を講ずべきである。
一　本法は，製造物の欠陥によって生じる責任のあり方を基本的に改めるものであり，その内容について，一般消費者，中小企業者等に的確に周知を図り，被害者救済を適切に実現するため，当委員会の審議を通じて明らかにされた立法の趣旨，条項の解釈等につき，関係者に十分周知徹底されるよう各般の方法による広報に努めること。
　　特に，輸血用血液製剤については，その特殊性にかんがみ，審議における政府見解の周知徹底を図ること。
二　日本赤十字社の血液事業について，現場の業務手順の作成等により，同社の職員が安心して業務ができるよう措置するとともに，献血者の問診等が献血者にとって煩雑なものとならないよう配慮し，必要な協力が得られるようにすること。
三　被害者の立証負担の軽減を図るため，国，地方自治体等の検査分析機関及び公平かつ中立的である民間の各種検査・調査・研究機関の体制の整備に努めるとともに，相互の連携の強化により多様な事故に対する原因究明機能を充実強化すること。
四　裁判によらない迅速公正な被害救済システムの有効性にかんがみ，裁判外の紛争処理体制を充実強化すること。
五　中小企業の負担軽減のため，製品安全対策，クレーム処理等についての相談・指導体制の充実を図るとともに，安全な製品を供給するための各種の活動につき積極的支援を図ること。
　　また，下請事業者に不当な負担を及ぼすこととならないよう十分な配慮を払うこと。
六　製造物に係る事故原因の調査結果については，事故の再発防止を図る観点から，企業秘密やプライバシーの保護及び円滑な情報収集の確保に配慮しつつ積極的に公開するよう努める等，事故情報の提供の一層の拡充・強化を図ること。
　　また，消費者安全に係る消費者教育の充実に努めること。
七　各種法令による安全規制については，対象品目，規制基準等について，最新の技術等の環境の変化に適切に対応させ，危害の予防に万全を期すること。
　　右決議する。

## 製造物責任法案に対する附帯決議

[参議院商工委員会]
[平成6年6月22日]

　本法は，製造物の欠陥によって生じる責任のあり方を基本的に改めるものである。施行後の本法の運用が円滑に行われるとともに，製造物の欠陥による被害の防止と救済の実効を高めるため，政府は，本法施行に当たり，次の諸点について適切な措置を講ずべきである。

一　立法の趣旨や条項の解釈等，当委員会の審議を通じて明らかにされた内容について，消費者，中小企業者等関係者に十分周知徹底されるよう努めること。

二　欠陥の存在，欠陥と損害との因果関係等について，被害者の立証負担の軽減を図るため，国及び地方自治体の検査機関，国民生活センターや消費生活センター等，公平かつ中立的な民間検査機関等の検査体制の整備に努めるとともに，相互の連携強化により，多様な事故に対する原因究明機能の充実強化を図ること。

三　被害の迅速かつ簡便な救済を図るため，裁判外の紛争処理体制の整備を図ること。

四　欠陥の早期発見，再発防止を図る観点から，事故情報の収集体制を整備するとともに，企業秘密やプライバシーの保護及び情報収集面への影響にも配慮しつつ，情報公開に努める等，事故情報の積極的な提供を図ること。

五　輸血用血液製剤の欠陥については，その使用が緊急避難的なものであること，副作用等についての明確な警告表示がなされていること，世界最高水準の安全対策が講じられているものであること等，当委員会の審議を通じて明らかにされた製品の特殊性を考慮して総合的に判断されるものであることを周知徹底すること。

六　輸血用血液製剤による被害者の救済については，その特殊性にかんがみ，特別の救済機関等の設置に努めること。

七　中小企業者の負担を軽減するため，製品安全対策，クレーム処理等について相談・指導体制の充実を図るとともに，製品安全対策の推進のための積極的な支援を行うこと。
　また，下請事業者に不当な負担を及ぼすこととならないよう十分配慮すること。

八　国の製品安全規制については，経済・社会の変化や技術革新に対応し，適時適切に見直すことにより，危害の予防に万全を期すること。

九　製品被害の未然防止を図るため，製造者が添付する製品取扱説明書及び警告表示について適切かつ理解しやすいものとなるようにするとともに，消費者の安全に係る教育，啓発に努めること。

　　右決議する。

# 判例索引

## 【大審院】

〔大正〕

大判大正14年3月13日民集4巻217頁 ················································· 40
大判大正15年5月22日民集5巻386頁〔富貴丸事件〕····························· 269

## 【最高裁判所】

〔昭和〕

最判昭和35年12月2日民集14巻13号2893頁 ········································ 55
最判昭和36年12月15日民集15巻11号2852頁，判時283号23頁············· 40, 41
最判昭和37年9月4日民集16巻9号1834頁 ········································· 41
最判昭和39年6月24日民集18巻5号854頁，判時376号10頁，判タ166号105頁 ··· 58, 324, 348
最判昭和42年11月30日裁判集民89号279頁········································ 382
最判昭和44年2月27日民集23巻2号441頁，判時548号19頁，判タ232号276頁············· 40
最判昭和45年8月20日民集24巻9号1268頁，判時600号71頁，判タ252号135頁············· 63
最判昭和47年1月25日判時662号85頁，判タ276号146頁 ························ 55
最判昭和48年6月7日民集27巻6号681頁············································ 269
最判昭和48年11月16日民集27巻10号1374頁 ······································ 382
最判昭和53年7月4日民集32巻5号809頁，判時904号52頁，判タ370号68頁············· 63
最判昭和56年10月16日民集35巻7号1224頁，判時1020号9頁，判タ452号77頁〔マレーシア航空事件〕·················································································· 6, 7

〔平成〕

最判平成元年12月21日民集43巻12号2209頁，判時1379号76頁，判タ753号84頁········ 4, 373
最判平成9年11月11日民集51巻10号4055頁，判時1626号74頁，判タ960号102頁〔ファミリー事件〕················································································· 6, 8
最判平成20年6月10日判時2042号5頁，判タ1316号142頁 ······················ 262
最判平成25年4月12日民集67巻4号899頁，判時2189号53頁，判タ1390号146頁
······································································ 188, 238, 241

## 【高等裁判所】

〔昭和〕

東京高判昭和50年6月30日東高民時報26巻6号115頁，判タ330号287頁················ 256
大阪高判昭和63年4月27日判タ685号241頁··········································· 34

〔平成〕

東京高判平成6年7月6日判時1511号72頁，判タ856号227頁〔ジョンソン・カビキラー事件〕……………………………………………………………………… 341
仙台高判平成10年8月5日判時1678号91頁 ……………………………………… 382
東京高判平成13年4月12日判時1773号45頁 ……………………………… 130, 228, 341
東京高判平成16年10月12日判時1912号20頁 ……………………………………… 342
大阪高判平成18年2月16日（平成17年（ネ）第981号）…………………………… 227
東京高判平成18年8月31日判時1959号3頁 ………………………………………… 77
名古屋高金沢支判平成19年7月18日判タ1251号333頁 ……………… 175, 341, 350
名古屋高判平成21年2月26日（平成20年（ワ）第17号）………………………… 316, 349
大阪高判平成21年9月11日判時2070号141頁 ……………………………………… 365
仙台高判平成22年4月22日判時2086号42頁 …………………………… 148, 149, 278
名古屋高判平成23年10月13日判時2138号57頁，判タ1364号248頁 …………… 152, 175
東京高判平成23年11月15日判時2131号35頁，判タ1361号142頁 ……… 111, 189, 220
大阪高判平成24年5月25日訟月59巻3号740頁 …………………………………… 189

## 【地方裁判所】

〔昭和〕

金沢地判昭和53年3月1日判時879号26頁，判タ359号143頁 ………………………… 99
東京地判昭和53年8月3日判時899号48頁，判タ365号99頁 …………………………… 99
広島地判昭和54年2月22日判時920号19頁 …………………………………………… 99
大阪地判昭和56年9月25日判タ456号162頁 …………………………………………… 57
横浜地判昭和60年2月27日判時554号238頁 …………………………………………… 27
岐阜地大垣支判昭和60年4月25日判時1169号105頁 ……………………………… 325
大阪地判昭和61年2月14日判時1196号132頁，判タ597号58頁 ……………………… 55

〔平成〕

東京地判平成3年3月28日判時1381号21頁，判タ755号185頁 ………………… 220, 341
東京地判平成3年6月14日判時1413号78頁，判タ775号178頁 …………………… 27
鹿児島地判平成3年6月28日判時1402号104頁，判タ770号211頁 ……………… 220
東京地判平成5年1月28日判時1473号80頁 …………………………………………… 34
東京地判平成7年7月24日判タ903号168頁 ………………………………………… 231
千葉地判平成9年7月24日判時1639号86頁 …………………………………………… 14
名古屋地判平成11年6月30日判時1682号106頁〔ジュース異物混入事件〕……… 22
名古屋地判平成11年9月10日判時1718号108頁 …………………………………… 129
東京地判平成12年5月22日判時1718号3頁 ………………………………………… 190
東京地判平成13年2月28日判タ1068号181頁 …………………………… 22, 257, 272
仙台地判平成13年4月26日判時1754号138頁 …………………………… 122, 130, 138, 341

判例索引　　395

大阪地判平成14年9月24日判タ1129号174頁 ………………………………………… 303
札幌地判平成14年11月22日判時1824号90頁 ……………………………………… 101
東京地判平成14年12月13日判時1805号14頁，判タ1109号285頁 ……………… 18, 100, 316
東京地判平成15年1月31日（LLI/DB 05830422） …………………………………… 31
東京地判平成15年3月20日判時1846号62頁，判タ1133号97頁 ……………………… 175, 316
東京地判平成15年7月31日判時1842号84頁，判タ1153号106頁 …………… 126, 341, 349
奈良地判平成15年10月8日判時1840号49頁 ……………………………… 122, 123, 135, 169
さいたま地判平成15年10月31日（平成13年（ワ）第690号） ……………………… 343
神戸地判平成15年11月27日（平成13年（ワ）第1220号等） ……………………… 340
東京地判平成16年3月23日判時1908号143頁 ……………………………………… 309
名古屋地判平成16年4月9日判時1869号61頁，判タ1168号280頁 …………… 100, 246, 376
広島地判平成16年7月6日判時1868号101頁，判タ1175号301頁 …………… 175, 196, 349
東京地判平成16年8月26日（平成15年（ワ）第23231号） ………………………… 340
東京地判平成16年12月22日判時1905号94頁，判タ1194号171頁 ………………… 34
大阪地判平成17年1月12日判時1913号97頁，判タ1273号249頁 ………………… 251
東京地判平成17年3月24日判時1921号96頁 ………………………………………… 76
東京地判平成17年7月19日判時1976号76頁 ………………………………………… 263
東京地判平成17年8月26日（平成16年（ワ）第2664号） …………………………… 341
東京地判平成17年9月28日（平成16年（ワ）第15070号，第24890号） …………… 195
富山地判平成17年12月20日（平成16年（ワ）第289号） ……………… 175, 350, 351
東京地判（中間判決）平成18年4月4日判時1940号130頁，判タ1233号332頁 …… 5
東京地判平成18年4月28日（LLI/DB 06131849） …………………………………… 202
東京地判平成18年7月10日（LLI/DB 06132708） …………………………………… 119
大阪地判平成18年10月20日判時1982号125頁 …………………………………… 124, 325
京都地判平成18年11月30日判時1971号146頁 ……………………………………… 36
東京地判平成19年2月5日判時1970号60頁 ………………………………… 206, 297, 340
京都地判平成19年2月13日（LLI/DB 06250036） …………………………………… 132
東京地判平成19年4月11日（LLI/DB 06231705） ……………………………… 65, 315
東京地判平成19年5月17日（LLI/DB 06232163） …………………………………… 11
東京地判平成19年7月9日（LLI/DB 06232992） …………………………………… 88
仙台地判平成19年7月10日判時1981号66頁 ……………………………………… 278, 280
東京地判平成19年10月19日（平成18年（ワ）第17089号） ………………………… 201
名古屋地判平成19年11月30日判時2001号69頁，判タ1281号237頁 ……… 95, 316, 349
東京地判平成20年4月24日判時2023号77頁 ……………………………………… 234, 341
鹿児島地判平成20年5月20日判時2015号116頁 ……………………… 142, 175, 223, 317
東京地判平成20年8月29日判時2031号71頁，判タ1313号256頁 ………………… 317
大阪地判平成21年3月26日判時2070号146頁 ……………………………………… 367

奈良地判平成21年5月26日　(LLI/DB 06450317) ………………………………………59
奈良地判平成21年5月26日　(平成16年(ワ)第783号) …………………………………61
東京地判平成21年8月7日判タ1346号225頁 …………………………… 148, 283, 325
東京地判平成21年10月21日判時2069号67頁、判タ1320号246頁 ……………………30
東京地判平成22年2月10日　(LLI/DB 06530165) ……………………… 143, 318, 349
東京地判平成22年4月21日　(LLI/DB 06530282) ……………………49, 51, 57, 272
東京地判平成22年5月26日判時2098号69頁、判タ1333号199頁 ……………………183
大阪地判平成22年7月7日判時2100号97頁、判タ1332号193頁 …………… 56, 83, 294
高松地判平成22年8月18日判タ1363号197頁 …………………………………………176
岐阜地判平成22年9月14日判時2138号61頁 ……………………………………………152
大阪地判平成22年11月17日判時2146号80頁 ……………………………………161, 341
神戸地姫路支判平成22年11月17日判時2096号116頁、判タ1340号206頁 ……………216
東京地判平成22年12月22日訟月58巻3号1132頁、判時2118号50頁、判タ1382号173頁
………………………………………………………………………………49, 55, 56, 57, 289
東京地判平成23年1月17日　(LLI/DB 06630105) ……………………………………334
岡山地判平成23年1月27日　(LLI/DB 06650026) ……………………………………355
東京地判平成23年2月9日判時2113号110頁、判タ1360号240頁 ………………30, 211
大阪地判平成23年2月25日訟月58巻3号1132頁 …………………………189, 220, 245
東京地判平成23年3月23日判時2124号202頁 …………………………………………189
東京地判平成23年5月12日　(LLI/DB 06630240) ………………………………………42
東京地判平成23年10月27日判タ1379号237頁 …………………………………326, 340
神戸地尼崎支判平成24年5月10日判時2165号123頁 …………………………………371
甲府地判平成24年5月22日　(平成21年(ワ)第670号) ………………………………340
東京地判平成24年11月26日　(平成22年(ワ)第37858号) ……………………………175
東京地判平成25年1月22日判時2202号45頁 ……………………………………………55
東京地判平成25年3月25日判時2197号56頁 ……………………………………145, 325
東京地判平成25年4月19日判時2190号44頁、判タ1394号214頁 …………………24, 341
福岡地判平成25年7月5日　(平成23年(ワ)第3302号) ………………………………341

■編 者

羽 成　守（はなり　まもる）
　（弁護士　ひびき綜合法律事務所）

青 木　荘太郎（あおき　そうたろう）
　（弁護士　青木法律事務所）

製造物責任
判例ハンドブック

2014年10月24日　初版第1刷印刷
2014年11月7日　初版第1刷発行

| 廃検<br>止印 | ⓒ編者 | 羽 成　　　守 |
| --- | --- | --- |
|  |  | 青 木　荘太郎 |
|  | 発行者 | 逸 見　慎 一 |

発行所　東京都文京区　株式　青林書院
　　　　本郷6丁目4の7　会社
振替口座　00110-9-16920／電話03(3815)5897〜8／郵便番号113-0033
http://www.seirin.co.jp

印刷・星野精版印刷㈱／落丁・乱丁本はお取替え致します。
Printed in Japan　ISBN978-4-417-01637-3

JCOPY 〈㈳出版者著作権管理機構 委託出版物〉
本書の無断複写は著作権法上での例外を除き禁じられています。複写される場合は，そのつど事前に，㈳出版者著作権管理機構（電話 03-3513-6969，FAX 03-3513-6979，e-mail:info@jcopy.or.jp）の許諾を得てください。